公務員試験
出るとこ過去問
7 政治学
国家一般職・地方上級レベル対応
セレクト SELECT
100
新装第2版

JN015525

TAC出版
TAC PUBLISHING Group

● はじめに ●

目指す場所に必ずたどり着きたい方のために――
『出るとこ過去問』は、超実践的〝要点整理集＋過去問集〟です。

「公務員試験に合格したい」

この本を手にされた方は、きっと心からそう願っていると思います。

公務員試験に合格することは、けっして容易なものではありません。勉強すべき科目は多く、参考書は分厚い。合格に必要な勉強時間はおおよそ1500～2000時間といわれており、準備に半年～1年かける方が大半でしょう。覚悟を決め、必死で取り組まなければなりません。

たとえ予備校に通っていても、カリキュラムをひたすらこなすだけでせいいっぱいという方もいるでしょう。独学の場合はなおさら、スケジュールどおりに勉強を進めていくには、相当な自制心が必要です。試験の日程が近づいているにもかかわらず、「まだ手をつけていない科目がこんなにある」と落ち込んでしまう方もいるかもしれません。

そんな時こそ、本書の出番です。この『出るとこ過去問』は、公務員試験合格のための超実践的〝要点整理集＋過去問集〟です。絶対に合格を勝ち取りたい方が最後に頼る存在になるべく作られました。

おさえるべき要点はきちんと整理して理解する。解けるべき過去問はきちんと解けるようにしておく。それが公務員試験で合格するためには必須です。**本書は、合格のために〝絶対理解しておかなければならない要点〟の簡潔なまとめと、これまで公務員試験の中で〝何度も出題されてきた過去問〟だけを掲載しています。**だからこそ、超実践的なのです。

たくさんの時間を使い、たくさん勉強してきたけれど、まだ完全に消化しきれていない科目がある。そんな方にとって、本書は道を照らす最後の明かりです。**本書のPOINT整理やPointCheckを頼りに重要事項を整理して理解し、過去問が解けるところまでいけば、合格はもうすぐです。**

いろいろと参考書を手にしてみたものの、どれもしっくりとせず、試験の日程ばかりが迫ってきている。そんな方にとって、本書は頼もしい最後の武器です。**本書をぎりぎりまで何度も繰り返し勉強することで、合格レベルまで底上げが可能となります。**

道がどんなに険しくても、そこに行き先を照らす明かりがあれば、効果的な武器があれば、目指す場所に必ずたどり着くことができます。

みなさんが輝かしい未来を勝ち取るために、本書がお役に立てれば幸いです。

2020年3月　TAC出版編集部

● 本書のコンセプトと活用法 ●

本書のコンセプト

1．過去問の洗い直しをし、得点力になる問題だけを厳選

その年度だけ出題された難問・奇問は省く一方、近年の傾向に合わせた過去問の類題・改題はしっかり掲載しています。本書で得点力になる問題を把握しましょう。

<出題形式について>
旧国家Ⅱ種・裁判所事務官の出題内容も、国家一般・裁判所職員に含め表記しています。また、地方上級レベルの問題は地方上級と表示しています。

2．基本問題のLevel 1、発展問題のLevel 2のレベルアップ構成

Level 1の基本問題は、これまでの公務員試験でたびたび出題されてきた問題です。何回か繰り返して解くことをおすすめします。科目学習の優先順位が低い人でも、最低限ここまではきちんとマスターしておくことが重要です。さらに得点力をアップしたい方はLevel 2の発展問題へ進みましょう。

3．POINT整理と見開き2ページ完結の問題演習

各章の冒頭の**POINT整理**では、その章の全体像がつかめるように内容をまとめています。全体の把握、知識の確認・整理に活用しましょう。この内容は、Level 1、Level 2の両方に対応しています。また、**Q&A**形式の問題演習では、問題、解答解説および、その問題に対応する**PointCheck**を見開きで掲載しています。重要ポイントの理解を深めましょう。

● 基本的な学習の進め方

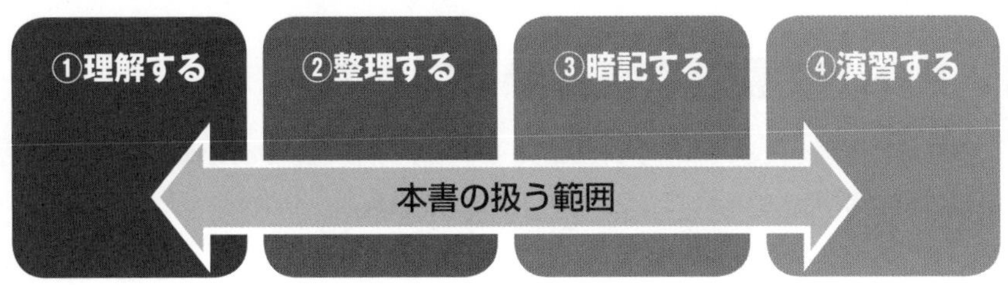

どんな勉強にもいえる、学習に必要な4つのポイントは次のとおりです。本書は、この①～④のポイントに沿って学習を進めていきます。

①理解する

問題を解くためには、必要な知識を得て、理解することが大切です。

②整理する

ただ知っているだけでは、必要なときに取り出して使うことができません。理解したあとは、整理して自分のものにする必要があります。

③暗記する　④演習する

問題に行き詰まったときは、その原因がどこにあるのか、上記①～④をふりかえって考え、対処しましょう。

本書の活用法

1. POINT整理で全体像をつかむ

POINT整理を読み、わからないところがあれば、各問題の**PointCheck**および解説を参照して疑問点をつぶしておきましょう。関連する**Q&A**のリンクも掲載しています。

2. Level 1・Level 2のQ&Aに取り組む

ここからは自分にあった学習スタイルを選びましょう。苦手な論点は、繰り返し問題を解いて何度も確認をすることで自然と力がついてきます。

Level 2の **Level up Point!** は得点力をつけるアドバイスです。当該テーマの出題傾向や、問題文の目のつけどころ、今後の学習の指針などを簡潔にまとめています。

●本書を繰り返し解き、力をつけたら、本試験形式の問題集にも取り組んでみましょう。公務員試験では、問題の時間配分も重要なポイントです。

➡ 本試験形式問題集
『本試験過去問題集』（国家一般職・国税専門官・裁判所職員ほか）

●全体像をつかむ POINT整理
①学習内容の概略
全体像・概略をつかむ
②関連問題リンク
各項目に関連する問題を表示
③詳細解説リンク
PointCheckの対応する解説を表示
●Q&A（Level 1・Level 2）
④問題
過去問あるいは過去問の類題・改題で構成
⑦知識を広げる
得点力を確実に上げるために知っておきたい項目
⑧重要度
学習項目の重要度を★マークの3段階で表示
⑤PointCheck
問題のポイントに対応した、論点の体系、参考資料、発展テーマなど
⑥繰り返し確認
反復学習で確実に覚えたい項目
⑨理解を深める
一歩踏み込んだ理解を目指すポイント
⑩解答解説
正誤のポイントをわかりやすく解説

● 効率的『出るとこ過去問』学習法 ●

1周目

最初は科目の骨組みをつかんで、計画どおりスムーズに学習を進めることが大切です。1周目は学習ポイントの①概要・体系の理解と、②整理の仕方を把握することが目標になります。

最初は、誰でも、「わからなくて当然」「難しくて当たり前」です。初めての内容を無理やり覚えようとしても混乱するだけで終わってしまうことがあります。頭に残るのは全体像やイメージといった形で大丈夫です。また、自力で問題を解いたり、暗記に時間をかけたりするのは効率的ではありません。問題・解説を使って整理・理解していきましょう。

1. POINT整理をチェック

やみくもに問題を解いても、学習範囲の概要がわからなければ知識として定着させることはできません。知識の中身を学習する前に、その章の流れ・体系をつかんでおきます。

POINT整理は見開き構成で、章の全体像がつかめるようになっています。一目で学習範囲がわかるので、演習の問題・解説がスムーズに進むだけでなく、しっかりした知識の定着が可能になります。ここは重要な準備作業なので詳しく説明します。

(1)**各項目を概観**（5分程度）

次の3点をテンポよく行ってください。

①章の内容がどんな構成になっているか確認

②何が中心的なテーマか、どのあたりが難しそうかを把握

③まとめの文章を読んで、理解できる部分を探す

最初はわからなくても大丈夫です。大切なのは問題・解説を学習するときに、その項目・位置づけがわかることです。ここでは知識の中身よりも、組立て・骨組み・章の全体像をイメージします。

(2)**気になる項目を確認**（30分程度）

問題・解説の内容を、先取りして予習する感覚で確認します。

①リファレンスを頼りに各問題や、問題の**PointCheck**を確認

②まったく知らない用語・理論などは「眺めるだけ」

③知っている、聞いたことがある用語・理論などは自分の理解との違いをチェック

全体像を確認したら、次にやることは「道しるべ」を作っておくことです。内容を軽く確認する作業ですが、知らないことや細かい内容はとばして、自分が知っている用語や理解できる内容を確認し、学習を進める時の印をつけておきます。

2. Level 1 の問題にトライ（問題・解説で1問あたり15分以内が目標）

まずは読む訓練と割り切りましょう。正解をみてもかまいません。むしろ○×を確認してから、どこが間違っているのか、理解が難しいのかを判断する程度で十分です。問題を読んで理解できない場合は、すぐに解説を読んで正誤のポイントを理解するようにしてください。

はじめは、問題を自力で解くことや、答えの正解不正解は全く考慮しません。また、ここで深く考える必要もありません。大切だとされる知識を「初めて学ぶ」感覚で十分です。問題で学ぶメリットを最大限に生かしましょう。

3. Level 1 の PointCheck を確認（15分程度）

学習内容の理解の仕方や程度を**PointCheck**で把握します。問題を解くための、理解のコツ、整理の仕方、解法テクニックなどを確認する作業です。暗記が必要な部分は、**PointCheck**の文中に印をしておき、次の学習ですぐ目につくようにします。

4. Level 2 の問題の正誤ポイントを確認

Level 1の問題と同様に読む訓練だと考えて、正誤のポイントを確認するようにしましょう。ただ、長い文章や、**POINT 整理**にない知識、未履修の範囲などが混在している場合があるので、学習効果を考えると1回目は軽く流す程度でいいでしょう。また、Level 1の**PointCheck**と同様、覚えておくべき部分には印をしておきます。

Level 2は2周目で重点的に確認するようにします。1周目はとばしてもかまいません。ただ、これからやる学習範囲でも、眺めておくだけで後の理解の役に立ちます。「なんとなくわかった」レベルの理解で先に進んでも大丈夫です。

2周目以降

ここからは、問題を解きながら覚える作業です。大切なのは、「理解できたか・できないか」「整理されているか・されていないか」「暗記したか・していないか」を、自分なりにチェックしていくこと。できたところと、難しいところを分けていきましょう。

2周目でも、100パーセントの体系的理解は必要ありません。どうすれば正解に至ることができるかを自分なりに把握できればいいのです。最終的には自分の頭で処理できることが目標なのです。

2周目以降は、もうやらなくていい問題を見つける作業だと考えてください。「ここだけ覚えればいい」「もう忘れない」と感じた問題は切り捨てて、「反復が必要」「他の問題もあたっておく」と感じる問題にチェックをしていきます。

ここからが一般的な問題集の学習です。3周目は1日で全体の確認・復習ができるようになります。ここまで本書で学習を進めれば、あとは問題を解いていくことで、より得点力を上げていくこともできます。一覧性を高め、内容を絞り込んだ本書の利点を生かして、短期間のスピード完成を目指してください。

出るとこ過去問　政治学セレクト100

公務員試験

国家一般職
地方上級レベル対応

出るとこ過去問

7

政治学

セレクト100

第1章 政治権力論Ⅰ

Level 1 p4～p17　Level 2 p18～p23

1 政治権力の見方

Level 1 ▷ Q01,Q02　Level 2 ▷ Q08,Q09

権力は実体論と関係論という２つの観点からとらえられる。

⑴実体論（N. マキャヴェリ、K. マルクス、H.D. ラズウェルなど） ▶p4 ▶p6

警察・軍隊・有力者など目に見える形で権力をとらえる。

「物理的強制力をはじめとする社会的強制力を独占するところに権力は生まれる」

「ある特定の者が何らかの価値ないし能力を有するがゆえに権力をもつ」

⑵関係論（R.A. ダールなど） ▶p4 ▶p21

支配者と被支配者との社会的関係から権力をとらえる。

「支配される者たちがある人物を支配者と認めるところに権力は生まれる」

⑶権力の新しいとらえ方 ▶p5 ▶p19 ▶p21

①非決定権力（P. バクラック、M.S. バラッツ）

不都合な争点を表面化させない権力

②三次元的権力概念（ルークス）

無意識下で不平不満をもたせなくする権力

③政治権力の社会的機能（T. パーソンズ）

(a) ゼロサム・ゲーム的理解

一方が他方から価値を奪うとするもので、政治学に伝統的な見方（N. マキャヴェリ、T. ホッブズ）。

(b) ノンゼロサム・ゲーム的理解

権力の共同体的理解であり、統治に参加する関係者全員に価値付与をもたらす。(H. アレント、T. パーソンズ)

2 政治権力の効率化

Level 1 ▷ Q03,Q04,Q07

権力の効率化…強制力に頼らず自発的に権力者に従わせること（権力の権威化）。

→大衆の理性や感情に訴えかけるさまざまな理由づけやシンボル操作を行う

⑴ミランダとクレデンダ（C. E. メリアム） ▶p8 ▶p10

C. E. メリアムの理論：権力を維持するための強制力によらない手段

①ミランダ

シンボルを用いて人の非合理的側面、感情や情動的な面に訴える。

→具体例…国旗、記念日、儀式、君主、音楽、芸術など

②クレデンダ

人の知的合理的側面に作用させ、知的なものに訴える。

→具体例…理論や統治に対する尊敬、イデオロギーなど

⑵支配の３類型（M. ウェーバー） ▶p15

支配の正統性：被支配者が支配者の権力行使を妥当と認めること。

①伝統的正統性（伝統・慣習による支配）

②カリスマ的正統性（超人的資質による支配）

③合法的正統性（法律・規則による支配）

⑶権威 ▶p16

権力の権威化（被支配者が自発的に服従）による支配の効率化。

3 政治権力の構造

Level 1 ▷ Q05,Q06　Level 2 ▷ Q10

政治権力はつねに少数者によって掌握されるのが現実である。

⑴少数支配の原理（M. ウェーバー） ▶p12

「政治権力はつねに少数者によって掌握され運営される」

＝少数者が物理的な強制力を独占することにより、多数者に対する支配が可能になる。

⑵少数支配の原則（G. モスカ） ▶p12

「少数の支配する階級が多数の支配される階級を支配する権力をもちうるのは、支配する階級が組織化されているのに対し、支配される階級が組織化されていないことにある」

＝多数者は多数であるゆえに組織できず、組織化された少数者が支配する。

⑶寡頭制の鉄則（R. ミヘルス） ▶p23

「いかなる組織もそれが組織なるがゆえに、その発展と拡大は、必然的に少数者に権力を集中させる」

＝権力者は地位の維持を欲し、大衆は指導者を求めることで権力が集中する。

4 エリートに関する理論

Level 1 ▷ Q05　Level 2 ▷ Q10

⑴パワー・エリート（C.W. ミルズ） ▶p13 ▶p22

政府機関の有力者、大企業幹部、軍部の首脳＝相互に利害が一致した緊密な関係

→国家の政策形成を支配する権力を独占するグループを形成する

⑵エリートの周流（V. パレート） ▶p13

社会状況等の変化が、期待されるエリートのパターンを変化させる。

→エリートの入れ替えが必要になり、エリート交替によって社会的均衡が保持される

Q01 政治権力の定義

問 権力に関する次の記述のうち、妥当なものはどれか。 （地方上級類題）

1 ウェーバーは、AがBに普通ならBがやらないことをやらせた場合、AはBに対して権力をもつと規定した。
2 権力は政治の舞台でのみ成立し、社会生活のあらゆる領域に存在するというのは誤りである。
3 支配される者たちがある人物を支配者と認めるところに権力は生まれるとする考え方が実体論である。
4 権力を維持するために必要となる物理的強制力は、具体的には警察や軍隊などの暴力装置を指すが、これを維持するには膨大なコストがかかる。
5 人に対する心理的手段を用いることなく、物理的強制力を背景とするだけで権力は十分に維持できる。

PointCheck

◉政治権力の定義……………………………………………………………………【★★★】

政治権力は政治の基礎概念といわれ、頻繁に出題されているテーマである。

人が他者に対してその意思に反して行動させる力を権力と呼び、このときその人は権力をもっているという。権力について、R.A. ダールは「A がＢに、普通ならＢがやらないことをやらせた場合、ＡはＢに対して権力をもつ」と規定し、また M. ウェーバーも「社会関係の中でその抵抗に逆らってまで自己の意思を貫徹すること」と述べている。つまり権力とは相手方の抵抗を排除してまでもその行動をコントロールできる力のことを指す。こうした権力は社会生活のあらゆる領域で成立・存在するが、特に政治がもつ権力を政治権力という。

◉政治権力に関する２つの観点……………………………………………………【★★★】

⑴実体論

権力は物理的強制力をはじめとする社会的強制力を独占するところに生まれる。物理的強制力とは警察や軍隊などの暴力装置を指す。つまり、この立場では現実社会で目に見えるように形作られたもの（実体）を権力ととらえる。「権力の座」とか「権力把握」という表現は、その対象が社会的に存在するものととらえる実体論を前提としている。

⑵関係論

権力は被支配者がある人物を支配者と認める場合に生まれると考える。支配者と被支配者の社会的関係から権力は生まれることになる。上述の R.A. ダールの「他からの働きかけがなければＢがしないであろうことを、A がＢに行わせることができる」という表現は、ＡとＢの人的関係において権力をとらえるものであり、関係論の立場にある。

知識を広げる

権力の効率化の必要性

特に実体論の立場で権力を行使することは、非常にコストがかかる。大規模な軍隊や警察を掌握し維持するのは大きな負担だからである。そこで問題になるのが、強制力に頼らずいかに自発的に従わせるかという権力の効率化（**Q03** 参照）である。

◉権力の新しい見方 理解を深める……………………………………………【★★☆】

ダールの権力観は複数の集団の影響力の違いに着目した多元的アプローチによるものであるが、次の見解のように、さらに多元的分析を深める立場もある。

⑴「非決定権力論」（P. バクラック、M.S. バラッツ）

ダールのいう権力は権力の１つの顔にすぎず、権力にはもう１つの顔（非決定権力）がある。非決定権力とは、権力者の側からみて安全な争点に決定作成の範囲を制限するような権力のことで、権力者に不都合な挑戦を表面化させない力である。

⑵「三次元的権力」（S. ルークス）

人々の知覚、認識、さらには選好までも形成し、それがいかなる程度であれ、かれらに不平不満をもたせない権力の行使がある。つまりは、支配していることを悟らせないような、陰険で巧妙なやり方ということ。

知識を広げる

政治の定義

時代背景や視点の違いにより多様な説明がなされるので、キーワードのみをおさえる。

・ラズウェル ……… 権力の形成・分配・行使
・マルクス ………… 国家権力をめぐる諸階級の闘争の総体
・C. シュミット …… 敵と味方の区別を指標とする友敵関係
・イーストン ……… 社会的諸価値の権威的配分
・R.A. ダール ……… コントロール・影響・権力・権威を含む人間関係の持続的パターン
・M. ウェーバー …… 物理力行使または威嚇による一定地域における継続的秩序の樹立

A01 正解－4

1－誤　本肢はダールの政治権力の定義であり、ウェーバーは権力を「社会関係の中でその抵抗に逆らってまで自己の意思を貫徹すること」と規定している。
2－誤　権力は社会生活のあらゆる領域で成立し、その中で政治がもつ権力を特に、政治権力という。
3－誤　本肢は関係論についての定義である。
4－正　このことによる課題は、物理的強制力に頼らず自発的に従わせる権力の効率化である。
5－誤　物理的強制力に頼るだけでなく、自発的に従わせることが必要になる（**Q03** 参照）。

Q02 政治権力の概念

問 権力論に関する記述として、妥当なのはどれか。 （地方上級）

1 ラズウェルは、権力を二人の行為者の関係としてとらえ、明確な関係概念に立って権力論を展開し、権力の源泉、基盤、手段、範囲などで、行為者間の権力関係が変化していくことを量的に分析しようとした。

2 ダールは、権力を行使している者が立脚している基盤を権力基底と呼び、軍隊の集中及び生産手段の所有が権力の基盤であるとした。

3 パーソンズは、政治権力は服従者の利益を収奪することによって成立しているという権力観に立ち、政治権力が収奪したものと服従者が収奪されたものを差し引きすればゼロに落ち着くという零和概念を唱えた。

4 メリアムは、権力関係を安定させる手段として、理性に働きかけ権力の合理化を測るクレデンダと象徴を巧みに使って感情に働きかけるミランダとがあるとした。

5 ミルズは、権力構造の多元性を唱え、多元的で参加の可能性が高く、権力が批判的にさらされやすい政治体系をポリアーキーと呼んだ。

PointCheck

◉政治権力の定義 繰り返し確認 …………【★★★】

権力は社会生活のあらゆる領域で成立、存在している。
→特に政治がもつ権力を政治権力という。

(1) **R.A. ダール**……「ＡがＢに、普通ならＢがやらないことをやらせた場合、ＡはＢに対して権力をもつ」

(2) **M. ウェーバー**…「社会関係の中でその抵抗に逆らってまで自己の意思を貫徹すること」

◉政治権力の２つの観点 繰り返し確認 …………【★★★】

権力は実体論と関係論という２つの側面からとらえることができる。

まず実体論とは物理的強制力をはじめとする社会的強制力を独占するところに権力は生まれ、また、ある特定の者が何らかの価値ないし能力を有するがゆえに権力をもつと考える。

これに対し、関係論は支配される者たちがある人物を支配者と認めるところに権力は生まれると考えるもので、支配者と被支配者との社会的関係から権力をとらえるものである。

◉実体的権力観の立場…………【★★☆】

(1) H.D. ラズウェルの政治権力

政治とは権力の形成と分配の過程であるとし、権力は限定された社会的価値・資源を独占することによって生じると考えた。そして、価値を独占した支配者によって、価値の付与と剥奪が行われることで権力が行使されるとした。

※ラズウェルは、権力の源泉となる社会的価値として、富・技能・知識・力のほかに、健康・高潔・尊敬・愛情を挙げている。

⑵ C.W. ミルズのパワー・エリート

1950 年代の権力構造を分析し、軍部・企業・官僚の権力組織の管理者が複合体を形成し、「パワー・エリート」として国家権力を独占しているとした。これは、アメリカ社会の現実の政治権力が、関係論の立場がいうような多元主義的な構造（利益集団が相互に競争しあう関係）ではないことを指摘するものである。

知識を広げる

ゼロサム・ゲーム的権力観（T. パーソンズ）

社会学者であるパーソンズは、ミルズのパワー・エリート論に対して、「権力の総量は一定で、権力を配分しても総和は変わらない」というゼロサム的な権力観に基づくものと批判した。実体的な権力観に基づけば、権力の争奪としての政治的闘争の面しかとらえられないが、実際の権力関係は、支配者・被支配者の協力関係や共同体の利益実現といったノンゼロサム・ゲーム的な理解が可能なのである（**Q09** 参照）。

A02 正解－4

1－誤　支配者と被支配者の社会的関係から権力が生じる、すなわち被支配者が支配者と認めるような関係から権力をとらえるのが関係概念である。ラズウェルは、富や技能、知識、力などの８つの価値・資源を独占することで権力が生じると考えるので、権力の実体概念に立った権力論である。

2－誤　ダールは２人の人間関係から権力を説明する、権力の関係概念に立っている。軍隊の集中および生産手段の所有が権力の基盤と考えるのは実体概念である。

3－誤　服従者の利益を収奪することによって権力が成立すると捉えるのは、権力の実体概念に立ったものである。パーソンズは、実体的権力観を「ゼロサム的権力観」と批判している。

4－正　ラズウェルの師であるメリアムは、権力の維持手段についてミランダ・クレデンダという概念を用いて説明をした（**Q03** 参照）。

5－誤　理念型としての民主主義と、現実に存在する民主主義（ポリアーキー）を区別したのは、ダールである（**Q85** 参照）。ミルズは、軍部・企業・官僚による複合体（パワー・エリート）が権力を独占すると指摘した。

Q03 政治権力の維持

問　権力に関する次の記述のうち、妥当なものはどれか。　（地方上級）

1　政治権力は強制力によってのみ維持されるのではなく、その維持のためにさまざまな理由づけやシンボル操作を必要とする。
2　メリアムは、権力を社会の統合に有効不可欠な手段であるとし、その強制力行使の方法をミランダとクレデンダという観点から説明した。
3　理論や統治に対する尊敬、イデオロギーなどによって人の知的合理的側面に作用させるのが、ミランダである。
4　クレデンダとミランダを比較した場合、クレデンダの方が権力維持のための有効な手段になるといわれている。
5　権力と権威とは同義であり、いずれも強制力をもって人々を服従させることをいう。

PointCheck

◉権力のコストと効率化……………………………………………………【★★★】

政治権力を実体論の見地から行使するにはコストがかかる。例えば、軍事・警察権力に依存して政治を安定させることは多大な負担を伴うものであり、ときに政治の不安定化を招くことがある。特にファシズムや権威主義体制といった政治体制の安定化にとっては不可避の問題意識である。

ここで、実体的権力や強制力の度合いではなく、政治権力の効率化つまり政治権力に対する大衆の自発的な支持や維持の度合いが問題になり、政治権力の維持には、大衆の理性と感情を巧妙に利用する必要があるという主張が生まれてくる。

◉ミランダとクレデンダ（C.E. メリアム）……………………………………【★★★】

メリアムは、政治権力を維持するための心理的手段をミランダとクレデンダに分けた。ミランダは、人の非合理的側面つまり情緒や情動的な側面に訴える手段である。例えば、国旗、国歌、記念日や儀式などのシンボル操作である。これは組織象徴または感情象徴と呼ばれ、大衆の帰属感、一体感、連帯感を補強する。クレデンダは、人の知的合理的側面つまり政治理念や統治構造に対する理性的な側面に訴える手段である。これは、認識象徴または知的象徴と呼ばれる。

権力者は、この２つを利用して大衆の自発的な服従を引き出す。権力者にとっては、クレデンダよりミランダの方が権力維持に有効な手段であり、特に現代のような大衆民主主義の時代になるとその利用が顕著になる。

◉**権力の効率化と人間観** 理解を深める ……………………………………【★☆☆】

⑴非合理的人間像

G. ウォーラスは、特に人間のもつ本能、衝動、暗示などの作用を強調した。その背景には、20 世紀以降顕著になった大衆社会の出現に伴って、従来の主知主義的人間像では現実の政治を説明できないという判断があった。彼によれば、人間の知性を過大視することを克服しなければならないのである。

⑵関心領域のカプセル化

現代社会は管理社会であり、消費主体となった個人の関心領域はカプセル化、つまり自己の閉塞的な関心空間への安住が促進される。個人の政治的社会的責任感は相対的に減少し、公的な政治空間と私的な生活空間との乖離が顕著になる。

⑶政治的疎外感とミランダの活用

政治問題は複雑化かつ専門化したため、大衆がそれを理解して合理的な判断を下すことが不可能になった。大衆は政治に対して影響力をもっているという実感をもてず、政治的疎外感を味わう。そこで、政治権力はミランダを活用して政治権力の基盤を構築する。

知識を広げる

権力と権威

権力関係が成立し、非権力者が権力者との権力格差を正当なものと認めるためには、非権力者が自ら進んで服従するような根拠が必要となる。これが権威である。政治権力は自らを権威化することで、実効的で安定的な権力行使が可能となるのである。

さらに、権力関係が組織化制度化され、命令に対する継続的な服従の調達が可能な状態が形成されると、権力関係は支配関係として被支配者に受け入れられる。すなわち、権威は権力の裏側にあり、支配を効率的に行い、自発的な服従を引き出すための根拠なのである。これを被支配者の立場から、「支配－服従の内面化」という（**Q07** 参照）。

〔権威〕－正当化→〔権力〕－制度化→〔支配〕－受容→〔服従〕

A03 正解－1

1―正　これが権力の効率化の問題である。

2―誤　ミランダとクレデンダは、強制力によらずに権力を維持する手段である。

3―誤　本肢はクレデンダについての定義である。

4―誤　権力者にとって、人の感情や情動的な面に訴えた方が大衆社会においては効率的であり、ミランダの方が有効な手段になるといわれている。

5―誤　支配される者が強制力によらず自発的に権力者に従うようになったとき、権力は権威と呼ばれる（**Q07** 参照）。

第1章 政治権力論Ⅰ Level 1

Q04 ミランダとクレデンダ

問　シンボルに関する次の記述のうち、妥当なものはどれか。　　(地方上級)

1　「王権神授説」は国王の権力の源泉を神に求めるという非合理的な根拠によって被治者の心情に訴えるものであるから、ミランダに分類される。
2　共産主義体制やファシズム体制においては政治的儀式などのミランダによる大衆の熱狂的服従の確保が重視されるが、民主主義体制においてはミランダが用いられることはほとんどない。
3　ミランダとクレデンダによって支配者は被治者より自発的服従を引き出すが、支配者はクレデンダよりミランダによって護られる方が有効に統治できる。
4　ミランダとクレデンダはどちらも権力が尊敬され正当化されるために利用される象徴であり、国家的英雄などの人的象徴をミランダといい、壮大な建造物など物的象徴をクレデンダという。
5　ミランダやクレデンダは現代における公民教育の理念に反するものであるから、公民教育の場からできるだけ排除している。

PointCheck

◉ミランダの位置づけ……【★★☆】

C.E. メリアムは、どんな権力であれ露骨な物理的な力だけでは維持できないと考え、権力の基盤である正義や秩序、正当性を形成する力の根拠を別に求めた。メリアムは、権力を安定させるためには、クレデンダつまり政治的知性に訴えるだけでなく、人間の感情や欲望といった心的作用に働きかけ、視覚や聴覚、美的感覚さらに身体感覚を利用しなければならないと考えた。これがミランダである。クレデンダが権力を「合理化する象徴」であるとすれば、ミランダは権力に「同一化する象徴」である。

ミランダとクレデンダは、イデオロギーではない。心理的手段または象徴形式のことであり、価値体系や理念自体を意味するものではない（**Q15** 参照）。

⑴ミランダの象徴形式

ミランダは、組織象徴の形式を用いて服従を獲得する。象徴形式の例としては、記念日、記念碑、物語や歴史、神話、公共建築物におけるデザインがある。象徴形式を媒介にして大衆には連帯意識が生まれる一方で、それに抵抗することが困難になり、それ自体が強制力をもつようになる。

⑵ S. ルークスの権力概念とミランダ

ミランダは、ルークスが提唱した三次元的権力観と親和性を有する。ルークスによれば、人間の知覚や感性にまで影響を及ぼし、権力者に対して抵抗をもたせない権力が三次元的権力であり、ミランダと同様に人間の心的作用に視点を置いている。

◉**ミランダと政治宣伝** 理解を深める……………………………………【★☆☆】

ミランダは、現代の高度大衆社会における政治的現象に対する大衆の認識や評価、態度に大きな影響を及ぼす。ナチスドイツの例を持ち出すまでもなく、大衆のもつ非合理的な心理や態度が政治を動かしはじめたと同時に、支配者の側でも大衆の非合理性情緒性に訴え、大衆の政治意識を操作しようと考える。

⑴フロム心理学とミランダ

E. フロムは、ドイツのナチズム体制を支えた人間の深層心理を分析し、ヒトラーとナチズムの組織が、自己消滅のマゾヒズムと他者支配のサディズムとが共棲(きょうせい)する権威主義的性格であるとした。そして、同じような傾向は被支配者側のドイツ国民にも見出すことができると指摘した(**Q55** 参照)。つまり、ドイツ国民全体の社会的性格が権威主義的であり、ナチスドイツは、ミランダを利用しながらさまざまな政治宣伝を行い、この社会的性格を権力基盤として利用したのである。

⑵政治意識とミランダ

ミランダにより操作を受ける大衆の政治意識とは、政治に対する関心や信頼の度合い、国家、国防、憲法、政党などに対する意識、生活や階層意識などに分類される。

この政治意識は、世論調査などを通じて実証的に分析されて、政治学における政治行動論、特に投票行動論の基盤になるものである(**Q54**、**Q55** 参照)。

A04 正解－3

1－誤　ミランダとは人の非合理的側面に作用するものをいう。それに対してクレデンダとは人の知的合理的側面に作用するものを指す。王権神授説は理論であり、人を納得させようとするものであるからクレデンダに分類される。

2－誤　権力を効率化する場面では、体制の違いは関係ない。民主主義体制であっても当然ミランダは用いられる。民主主義国家であっても国旗・国歌は存在し、軍事パレードが行われている。

3－正　ミランダは人の非合理的側面に作用するものである。例えば人の感情や情動的側面である。人は感情的一体感をもった者に対しては理由の如何を問わずつき従っていくものである。したがって、ミランダの方がより有効といえる。

4－誤　ミランダは組織象徴、クレデンダは認識象徴であり、人的・物的の区別ではない。

5－誤　権力の効率化のため公民教育でも利用されている。国旗・国歌に関する教育はこの典型である。

Q05 政治権力の構造

問 権力に関する次の記述のうち、妥当なものはどれか。 （地方上級）

1 R. ミヘルスは、権力者がその権力を行使することが、支配される者から正しいと認められることを支配の正当性と呼び、その根拠を３つに分類した。
2 支配の正当性は理念型だといわれるが、現実の政治はその３分類のいずれかにあてはめて考えることができる。
3 G. モスカは、エリートが非エリートを支配できる権力をもちうるのは、エリートが組織化されていることによるとした。
4 M. ウェーバーは、いかなる組織もその発展と拡大においては、必然的に少数者に権力を集中させる寡頭制の鉄則が現れるとした。
5 V. パレートは、政府機関の有力者、大企業幹部、そして軍部の首脳らは相互に利害が一致した緊密な関係にあり、国家の政策形成を支配する権力を独占するグループを形成すると述べた。

PointCheck

◉政治権力の構造……………………………………………………………………【★★★】

権力がいかに構造化されているかは国やそれぞれの歴史によっても異なるが、いかなる国においても実際の政治においては、政治権力はつねに少数者によって掌握されるという現実がある。

⑴少数支配の原理

M. ウェーバーは、政治権力がつねに少数者によって掌握され運営されることを「少数支配の原理」と呼び、少数者が物理的な強制力を独占することによって少数者の多数者に対する支配が可能になると主張した。

⑵少数支配の原則

G. モスカは少数の支配する階級（エリート）が多数の支配される階級（非エリート）を支配できる権力をもちうるのは、支配する階級が組織化されているのに対し、支配される階級が組織化されていないことにあると述べた。

⑶寡頭制の鉄則

R. ミヘルスはいかなる組織も、それが組織なるがゆえにその発展と拡大には必然的に少数者に権力を集中させる寡頭制の鉄則が現れるとし、その理由として、権力者側はその地位を維持することに意欲をもち、大衆の側は無力感から指導者を求める傾向があると主張した（**Q37** 参照）。

◉エリート論……………………………………………………………………………………【★★★】

一般にエリートとは、社会階層で高位の指導的支配的役割にある者を意味し、社会の各分野で存在する。これに対して政治上のエリートとは、政治的権力を保有することによって政治的意思決定に重大な影響力を及ぼす少数者である。この意味で、モスカやミヘルスの少数支配構造の指摘もエリート論に含めて考えることができる。

⑴エリートの周流

社会状況等の変化によって期待されるエリートのパターンは変化し、時にエリートの入れ替えが必要になり、エリートの交替によって社会的な均衡が保持されるとし、V. パレートはこれを「エリートの周流」と呼んだ。

パレートはエリートを狐型とライオン型に分け、例えば停滞した社会の下では、知的で説得力のある狐型エリートが台頭し、その後、社会が不安定になると、秩序を求め堅実で実力のあるライオン型エリートに交代するとした。

⑵パワー・エリート

C.W. ミルズは政府機関の有力者、大企業幹部そして軍部の首脳らは相互に利害が一致した緊密な関係にあって、国家の政策形成を支配する権力を独占するグループを形成するとして、これを「パワー・エリート」と呼んだ。しかもこれに支配される大衆は受動的な無力の存在だと述べている（**Q10** 参照）。

知識を広げる

エリート論の背景

パレートやモスカのエリート論は、19 世紀末に進展したマルクス主義（国家・支配階級は消滅すると主張）に対する批判であり、また 20 世紀的大衆社会での民主主義の形骸化の指摘でもある。この社会への警告という点では、現代でも、シュンペーターにより、エリート間の競争による民主主義を確保すべきだとの主張がある（競争的エリート民主主義論、**Q75** 参照）。

A05 正解ー3

1ー誤　支配の正統（正当）性を述べたのは M. ウェーバーである（**Q06** 参照）。

2ー誤　支配の正統（正当）性はあくまで理念型であり、現実の政治がすべてその分類にあてはまるとは限らない。

3ー正　モスカの少数支配の原則に関する記述である。

4ー誤　寡頭制の鉄則は R. ミヘルスの理論である。

5ー誤　本肢はパワー・エリートについての記述であるが、これを述べたのは C.W. ミルズである。

Q06 政治的支配

問 政治的支配に関する次の記述のうち、妥当なものはどれか。 （地方上級）

1 H.D. ラズウェルは、『権力と人間』において、私的な動機を公的な目標で置き換え、公共の利益の名において私的な動機を合理化する「政治的タイプ」を定式化し、分類して、そこから職業政治家の理想像としての「哲人王」を導き出し、その育成こそがマス・デモクラシーの基本であると論じた。

2 M. ウェーバーは、『職業としての政治』において、伝統的支配とカリスマ的支配とに対して合理的支配を対置し、非合理的な心情に動かされるカリスマ指導者の危険性について警告し、合理的支配の中に伝統的支配を織り込む役割を職業政治家に期待した。

3 R. ミヘルスは、『政党の社会学』において、非合理的な大衆と合理的な指導者とが両立するかどうかを問題にし、政党組織に支持された有能な指導者も最終的には多数の力に頼らざるを得ないから、大衆社会の政治は「多数者の専制」に帰結することになると述べた。

4 W. リップマンは、『世論』において、「模倣の法則」を主張し、大衆の非合理的な心情が画一的な意見へと集約され、「ステレオタイプ」が形成されると考えたが、同時に個人の内面に形成される自由なイメージの世界を「擬似環境」と呼んで、自由主義の基盤であるとした。

5 G. ウォーラスは、『政治における人間性』において、政治の課題は制度の問題に還元できず、必ずしも合理的でない人間性の複雑さを考慮に入れなければならないとしたが、その主たる関心は、真の意味での合理的な思考を政治の世界で実現することにあった。

PointCheck

◉実体論の権力観……………………………………………………………………【★☆☆】

⑴ H.D. ラズウェルの政治権力観

H.D. ラズウェルにとって権力の行使とは「ある行為の型に違反すれば、その結果重大な価値剥奪が期待されるような関係」である（**Q02** 参照）。これは、政治家のパーソナリティの形成と関係が深い（**Q55** 参照）。

ラズウェルは、権力の追求の背後には私的動機があり、これは、人格形成期（幼少期）の価値剥奪やトラウマ（＝精神的な傷）を回復する場合に形成されやすいと指摘する。

⑵プラトンの政治権力観

プラトンは、『国家』の中で、「哲人政治」を提唱した。これは、知恵がある哲人が支配し、勇気がある軍人がこれを助け、節制がある庶民がこれに従う政治である。そして、正義を実現するために「哲人政治」という政治形態を必要とする。

「哲人政治」では、哲人王が最高位の支配者層の中から最終的に唯一選出され、統治の実効を上げるための「高貴な嘘」までも容認されることで、理性による一人支配が可能になる。この哲人王が支配する国家は理想国家であり、法の支配を必要としない。

◉ **M. ウェーバーの支配の３類型** ……………………………………………………【★★★】

支配の正統性（正当性）とは、支配者が保持する権力を行使することは妥当であると被支配者から認められることである。M. ウェーバーはその根拠を、次の３つに分類した。

⑴**伝統的正統性**…正統性の根拠を伝統や慣習に求める場合である。この場合は、支配者の個性やルールによる支配は重視されない。中世までの農村社会や共同体社会に顕著であったものだが、システム化された現代社会でも重要な支配の根拠である。

⑵**カリスマ的正統性**…正統性の根拠を超人的な資質であるカリスマをもった支配者に求める場合である。現代社会においても条件さえ整えば成立する。カリスマ的な支配者は、権力の効率化の観点から大衆に対してミランダによって政治的主張を訴え、権力の基盤を築く。

⑶**合法的正統性**…正統性の根拠を、予測可能性と明示性を特徴とするルール、つまり法律や規則に求める場合である。官僚制はこの合法的正統性を担保する政治制度である。

知識を広げる

W. リップマンの「ステレオタイプ」

アメリカのジャーナリストであったリップマンは、マス・メディアの研究を行い、現実環境を象徴化した擬似環境がマス・メディアによって固定化され、ステレオタイプな見方につながることを指摘した。擬似環境とは人々が自分の頭の中で描いているイメージであり、これが直接体験できる現実の諸対象と異なり、ゆがんだ形で理解されてしまうということである（**Q53** 参照）。

A06 正解－5

1－誤　理想国家の条件として哲人が支配する政治を説いたのはプラトンである。プラトンによれば、民主制は理想国家ではない。

2－誤　ウェーバーによる「支配の３類型」は理念型（分析概念）であり、合理的支配の中に伝統的支配を織り込むなどとは主張していない。むしろ官僚による非人格的な合法的支配に加え、政治家には情熱と責任倫理（類稀なる資質という意味で一種のカリスマ）が必要だと論じている（**Q13** 参照）。

3－誤　ミヘルスが論じたのは「寡頭制の鉄則」であり、少数支配は組織の必然であると主張した（**Q05** 参照）。

4－誤　リップマンによれば、大衆が抱く「ステレオタイプ」は、マス・メディアが「擬似環境」を作り上げ、伝達することにより形成される。

5－正　人間の知性を過大視せず、現実の政治を正しく分析しようとした（**Q03** 参照）。

Q07 権威と服従

問 政治権力に関する次の記述のうち、妥当なものはどれか。 （国家一般）

1 政治権力が成立し、事実上その機能を発揮するためには、支配者が被支配者にこれを告知することをもって足り、権威の承認まで必要とするものではない。
2 我が国の官僚出身の政策担当者に見られるように、支配者と被支配者の間に心理的隔壁をつくれば、カリスマ的支配が常に可能となる。
3 政治権力は常に少数者の手中に握られており、「多数者支配」をもってデモクラシーの本質とすることはフィクションである。
4 権力とは「他人からの指示内容を吟味することなく受容すること」をいう。
5 権力を被支配者が受容するためには正当性が必要であるが、この正当性は合理的なものであることを要する。

PointCheck

◉権威による権力の効率化……………………………………………………………【★★☆】

権威とは一般的に、自発的な服従や同意を引き出す関係を指す。権力が物理的強制力を用いなくても、被支配者が自発的に服従する形（支配－服従の内面化）が、権力者にとっては望ましい。権力を権威化することが、権力・支配の効率化となるのである。

⑴権威の定義

①H.A. サイモン

「他人からの指示をその内容を吟味することなく、自ら進んで受容する現象」と定義。

②D. イーストンの権威

「もしＡがあるメッセージをＢに送り、Ｂがその状況において何が望ましいかということについて、何らかの自分独自の基準をもってそのメッセージを評価することをせずに、そのメッセージを自分の行動の根拠として受け入れるとき、ＡがＢに権威を及ぼした」と定義。

⑵権威の源泉

権威はそれがどこから生じるかにより、３つに分類することができる。

①信条に対する権威：技能や知識、さらに先見性などのある特殊な知恵や啓示

②協約による権威：合意された手続き

③課せられた権威：権力によって強いられた事態と認識すること

知識を広げる

服従の類型

被支配者が支配者に対して提供する服従を類型化すると次の６つになる（単純な知識確認問題として過去に出題されているので注意)。

①盲従：支配者に対する人間的魅力や信頼・尊敬に基づく、被支配者の盲目的服従
（人間関係が深く情緒的・権威的な前近代社会に発生、カリスマに対する服従）

②信従：支配者の決定権限に対して、被支配者が倫理的に是認した場合の服従
（服従に理論的根拠が必要だと自覚している政治的中間層において生じる現象）

③賛従：支配者の決定内容に対して、被支配者が同意した場合の服従
（市民革命後の民主主義体制で、権力の制度的根拠）

④欲従：支配者への服従について、反対給付・見返りを期待する場合の服従
（ビスマルクにより「アメとムチ」と表現された服従確保の手段）

⑤畏従：支配者への不服従について、被支配者が制裁を畏怖してする服従
（制裁＝ムチを避けるため渋々従う状態、忍従）

⑥被操縦：支配者への服従を自覚しないが、被支配者が実際上服従している状態
（世論調査やマスコミの発達により大衆から服従を獲得する現代的手段）

A07 正解－3

1－誤　被支配者の承認があってはじめて支配は有効かつ効率的に行える。政治権力が「その機能を発揮するため」には、権威の承認が必要である。

2－誤　カリスマ的支配は支配者の超人的資質に基づき、その権力行使を被支配者が妥当だと認めるもので、支配者と被支配者の間に心理的隔壁をつくることでは、支配－服従とはならない。もちろん、官僚出身の政策担当者にカリスマ支配が可能ともいえない。

3－正　民主主義、多数者支配といっても、現実には少数のエリートが存在しており、彼らが社会を支配している。R. ミヘルスの寡頭制の鉄則について述べたものである（**Q05** 参照）。

4－誤　権力と権威の違いについて再度確認しておくこと（**Q03** 参照）。本肢はH.A. サイモンの「権威」の定義である。

5－誤　正当性とは「正しい」ということである。しかし、この「正しい」ということは正しくみえることが重要なのであって、現実として、あるいは客観的に「正しい」ということを意味しない。M. ウェーバーの「支配の正統性」も「伝統」「カリスマ」「合法」の３つに分けられ､必ずしも合理的であることを要しない。

Q08 権力論

問 権力に関する次の記述のうち、妥当なものはどれか。 (国家一般)

1 N.マキャヴェリは、被支配者に意識されることなく行使される権力もあるとする黙示的権力論を展開し、その著書『監獄の誕生－監視と処罰』の中で、近代の権力が、必ずしも物理的な強制力によらず、被支配者が自分で自分を規律させるよう仕向ける形で行使されることを示した。

2 I.カントは、人間は本来自律的に秩序を形成する能力を欠く存在であるという人間観に立ち、国家を維持し、その秩序を保つためには国家による物理的強制力（武力や暴力）の独占が必要だとした。このような考え方は権力国家観と呼ばれる。

3 H.ラズウェルは、警察や軍隊などによる物理的強制力こそが権力の資源だとする権力の実体的概念を否定し、権力は資本家と労働者との階級的関係の中で発生するものだとする権力の関係的概念を確立した。

4 R.ダールによれば、Aの働きかけがなければBは行わないであろうことを、AがBに行わせる限りにおいて、AはBに対して権力をもつという。

5 S.ルークスは、多元主義的権力概念とは区別される新たな権力概念を提示し、それを三次元的権力概念と位置づけた。その特徴は、本人に意識させないまま人々の認識や思考まで形成するような権力を否定し、権力をあくまで観察可能な経験的事象としてとらえたことにある。

PointCheck

◉ I.カントの国家権力観 ……【★☆☆】

カントは、国家を共通の法に服した人格の共同体としてとらえる（国家＝法的共同体）。しかし、国家は成立した当初は、権力闘争を繰り広げる自然状態にある。国家の自然状態つまり戦争状態から平和状態への移行のために必要な制度は、世界市民法の制定と自由な国家連合であるとし、国際組織を設立する思想的基盤を提示した。

◉ M.フーコーの権力論 理解を深める ……【★★☆】

(1)知識の権力化

哲学者であるフーコーは、構造主義の立場から目に見えない強制的メカニズムに注目し、知識と権力の関係をめぐる新たな考え方を提示した。すなわち、権力は国家だけが有するものでなく、社会全体の個別の場所で、知る者と知らない者の間すべてに存在する（知識の権力化）。この強制を伴わない非抑圧的権力関係は、従来の法的権力に基づいた権力論ではとらえることができないと考える。

(2)「生－権力」による支配

フーコーは『監獄の誕生』で、犯罪者を監獄で矯正することは人間性を尊重した合理的なものと思われているが、つねに権力者に監視・処罰されることで服従する身体を作り出すものだと主張する。その他にも、医療・福祉サービスや教育などの形で、管理・統制を通じた育成型の権力形態は存在する。これは、単に法制度を個人に課するのではなく、個々の市民が自発的に服従するようになるものである。これをフーコーは「生－権力（生－政治）」という概念で示し、積極的福祉国家に対する警鐘を鳴らしている。

◉ S. ルークスの「三次元的権力」ー権力の３類型 繰り返し確認……………………【★★★】

従来の権力観を整理・分類し、新たに人間の内面にまで及ぶ権力のとらえ方を提示した。

⑴一次元的権力概念

R. ダールの権力観のことである。２者間で他者の行為を変える関係性に着目するもので、ルークスによれば、表面化した政治的争点を分析するだけなので一次元的である。

⑵二次元的権力概念

バクラックとバラッツは非決定の権力もみるべきだと主張した。非決定の権力とは、決定者の価値や利害に対する挑戦を抑圧しまたは挫折せしめる権力のことである。言い換えれば、政治的争点が表面化する前段階で妨害する力である。それは、ルークスによれば、個人の主観的な利害関心と関係があり二次元的である。

⑶三次元的権力概念

ルークスが提唱した権力観である。それは、人間の知覚、認識、選好までも形成し、その程度がどうであれ、不平不満をもたせない権力のことである。一次元・二次元的な権力のとらえ方では、争点が顕在化しているか、表面化する前段階での権力しか問題にすることができない。ルークスによれば、思考や欲望をコントロールすることで支配することは至高の権力行使であり、しかも陰険な権力行使なのである。

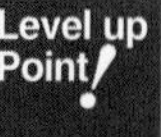

権力概念では、ラズウェル、マキャヴェリ、マルクス、ダールの主張が最重要だが、これら従来の権力観ではとらえられない側面に光をあてたのが、フーコーやルークスの権力論である。

A08 正解ー4

1－誤　これは、黙示的権力を指摘したM. フーコーの記述である。マキャヴェリは君主の支配には物理的な強制力すなわち軍隊が必要と考える（**Q29** 参照）。

2－誤　カントにとって国家は人格の共同体である。

3－誤　ラズウェルは、権力の実体論の立場から、権力者が有する富や知識などの諸価値が権力の基底と考え、権力を「ある行為の型に違反すれば、その結果重大な価値剥奪が期待されるような関係」と定義する。つまり、ある主体Xが他の主体Yのもつ価値（富、地位、名声など）YVを剥奪し、Yに特定の型の行為YAを行わせること（例：YV＝国会議員という地位、YA＝罰金）が権力である。

4－正　R. ダールは権力の関係論の立場に立つ。

5－誤　S. ルークスは関係論（＝多元主義的権力観）の立場から、被支配者の意識や認識、思考まで形成するような、観察不可能な権力に着目する。

Q09 政治権力概念

問 権力、政治的リーダーシップに関する次の記述のうち、妥当なのはどれか。（国家一般）

1　権力の実体概念とは、権力を人間又は人間集団が保有する何らかの力としてとらえる考え方であり、この立場の代表者として、暴力（軍隊）の集中を権力の基盤とみなしたN.マキャヴェリ、富（生産手段）の所有が権力の基盤であるとしたK.マルクスなどが挙げられる。他方、富や技能や知識等の権力の基盤は多様であるとしたH.D.ラズウェルは、権力の実体概念を否定し、権力の関係概念を提唱した。

2　R.ダールは、「AがBに対して、Bが本来やりたくない何かをさせることができる時、AはBに対して権力を有する」とし、権力に関して権力を行使する者の存在だけでなく、その権力に服従する者の反応を重視し、権力を双方の関係からとらえた。彼は、このような考え方を、権力の零和概念と名付けた。

3　M.フーコーは、自ら考案した「パノプティコン（一望監視装置）」という集団監視施設を例に挙げ、規律権力は、監視と指導を通じて人々に正しい行為の規範を内面化させ、自発的に規律正しい振る舞いができる人間を作ることを目指すものであるとした。彼は、このように、権力をその行使者と服従者との二者間関係として明確にとらえることを重要視した。

4　政治的リーダーに求められる資質に関して、プラトンは、政治の目標である「善のイデア」を認識し、政治の技能として「高貴な嘘」を駆使できる哲人王が政治的リーダーになるべきだとし、N.マキャヴェリは、国民を十分に操作し得る「狐の知恵」と国民を畏服させ得る「ライオンの見せかけ」とを兼ね備えた君主が国家の政治に当たる必要性を説いた。

5　R.シュミットは、政治的リーダーシップを、創造的リーダーシップと代表的リーダーシップに区分した。そのうち創造的リーダーシップは危機的状況に際してこれまでの価値体系そのものの変革を図ることによりリーダーシップを獲得するものであり、代表的リーダーシップは大衆の不満を一挙に充足させる解決方法を提示するものであり、全く矛盾する公約の濫発やスケープゴートの創出等を行うことによりリーダーシップを獲得するものである。

PointCheck

◉政治権力の実体論的見解 繰り返し確認 ……【★★★】

実体論は、政治権力を所有概念で説明する。つまり、物理的強制力や経済的強制力をはじめとする社会的強制力の「独占」、またはある特定の者が何らかの価値ないし能力を「所有」するがゆえに権力をもつと考える。ここでいう物理的強制力は軍隊や警察などの暴力装置、経済的強制力は財力の有無のことである。

政治思想史的には、N.マキャヴェリは暴力の集中、K.マルクスは生産手段の所有、H.D.ラズウェルは富や名声などの人間の基底的価値を、それぞれ権力の基盤と考えた。

◉政治権力の関係論的見解 繰り返し確認 ……………………………………【★★★】

関係論は、支配者と被支配者が置かれた社会的関係から権力を説明する。つまり、権力現象を具体的な状況における人間あるいは集団の諸行為の中で明らかにする。

例えば、R.A.ダールの多元主義的アプローチの権力論がその代表例である。ダールは、アメリカのニュー・ヘブン市での都市再開発や教育をめぐる政治問題で、だれが決定的な影響力を及ぼし、争点解決のために権力を行使するかを調査した。その結果、争点ごとに影響力を行使する集団が異なっていることを実証し、権力の多元的アプローチの妥当性を証明した。

◉政治権力の社会的機能（非零和概念） ……………………………………【★★☆】

社会学者であるパーソンズは、政治権力を「目標達成のために社会的資源を動員する能力」と定義した。これは、政治権力が他者を支配し権力者の利益実現のために行使されるだけではなく、社会的利益に貢献していることをもとらえたものである。

彼によれば、ミルズなどの権力概念（実体論）では、政治権力は被支配者の利益を獲得して成立するものなので、その総和は全体としてゼロになる考え方であると指摘する。これに対して、政治権力が有する社会的価値に着目すれば、権力が社会システムの共同目的を実現するため、決してゼロサム的なものではないとパーソンズは考えたのである。

⑴零和概念（ゼロサム）…M. ウェーバー、ミルズなど

近代の自由主義的国家観の視点から、政治や社会上の権力は個人の自由を制約すると考える立場である。政治権力の不均衡性、非対称性、闘争性を重視する。

⑵非零和概念（ノンゼロサム、プラスサム）…パーソンズ

短期的個別的には個人の自由を制限するものであっても、政治権力は長期的・巨視的には社会的な利益を生み出している。政治権力の集合性、調和性、共同性を重視する。

Level up Point!

権力のとらえ方が、目で見えるものから、社会的多元的な関係や無意識の面に移っていく分析過程を理解する。視点の違いで同じ権力観でも異なる中身が見えるようになる。

A09 正解－4

1－誤　H.D. ラズウェルは、限定された社会的価値や資源を独占することで権力が生じるとした。これは権力を実体概念としてとらえるものである。

2－誤　ダールの権力の関係概念は正しいが、「権力の零和概念」とは、従来の実体的権力概念を指してT. パーソンズがそう呼んだものである。

3－誤　M. フーコーは、行使者と服従者といった目に見える強制システムではなく、黙示的な非抑圧的関係による、自発的な服従が存在するとした。また、パノプティコンはJ. ベンサムが考案した監視施設であり、目に見えない強制的管理のモデルとしてフーコーが取り上げたものである。

4－正　プラトン（**Q06** 参照）、N. マキャヴェリ（**Q30** 参照）ともに正しい記述である。

5－誤　代表的リーダーシップは既存の制度や体制に基づくものであり、大衆の不満を利用した政治指導は「投機的リーダーシップ」（**Q11** 参照）。

Q10 権力と支配

問　権力に関する次の記述のうち、妥当なものはどれか。　　（国税専門官）

1　C.W. ミルズは、1950 年代のアメリカ合衆国の社会を分析し、政府高官・財界幹部・高級軍人から構成されるパワー・エリートに権力が集中する一方で、権力構造の底辺では大衆社会化が進み、政治的無関心が支配的になっているとした。
2　M. ウェーバーは、権力の正統性の根拠を三つの類型に分類し、権力の正統性の根拠は、文明社会の発達に伴って、「カリスマ的正統性」から「伝統的正統性」を経て「合法的正統性」へと三つの段階を経て移行していくと主張した。
3　R. ミヘルスは、権力は、その発展過程において次第に合法的正統性を喪失し、カリスマ的指導者による少数者支配傾向を強めていくという「寡頭制の鉄則」を主張した。
4　C.E. メリアムは、権力関係を安定させるための手段を、人々の知性に訴えて権力を正当化させるミランダと、象徴を用いて権力を正当化させるクレデンダという二つの概念に分類した。
5　政治権力が特定の少数者に独占されて社会の支配が行われるのは、一般国民の政治参加が許されていなかった前近代社会に特有の現象であり、現代社会には見られない。

PointCheck

◉パワー・エリート論……………………………………【★★★】

C.W.ミルズは、1950年代のアメリカの権力構造を分析し、それをエリート、中間レベル、底辺の３層に分類した。特にエリート層には、政治、経済、軍事分野におけるエリート、つまり、政府機関の有力者、大企業幹部、軍部の首脳の間で相互に利害が一致した緊密な関係があり、国家権力を独占するグループを事実上形成している現象を明らかにした。そして、ミルズは、その関係をパワー・エリートと呼んだのである。

その一方で、パワー・エリートに支配される中間レベル層や底辺層は、分断化原子化され、政治に対して受動的な存在にすぎないと指摘した。

知識を広げる

理念型としてのM．ウェーバーの支配の３類型

⑴ウェーバーの支配の正統性・３類型

ウェーバーの支配の３類型（「伝統的正統性」「カリスマ的正統性」「合法的正統性」）は、あくまでも「理念型」であり、現実にはこれらの要素が複合的重層的に存在する。

⑵「理念型」の意味

理念型とは、ある歴史的現象の一部分を、研究者の問題意識に則して切り取り、強調して作られた、いわばモデルのようなもので、現象の解明、理解、比較などを可能にする一種の「ものさし」である。

◉寡頭制論……【★★☆】

R.ミヘルスは、当時の社会民主党の実態を研究して、「いかなる組織も、その発展と拡大には、必然的に少数者に権力を集中させる寡頭制の鉄則が現れる」と結論づけた。

特筆すべきは、この社会民主党はドイツ最大の民主主義政党であった点である。政党などの組織の発展と拡大は、必然的に官僚的性質を帯び、少数者に情報や政策決定権が集中する。そして、大衆の側は巨大化した組織に対する無力感からその少数の指導者の権力や地位を強化し、一種の世俗的な神々を必要とするのである。

◉実体的権力の分析 理解を深める……【★☆☆】

⑴地域権力構造分析（F. ハンター）

ハンターは、アメリカの地域社会における権力者についての調査を行い、経済的に強い力をもつ少数のエリートが政治的にも強い権力を有するという権力構造があることを明らかにした。ミルズのエリート論を地域レベルで裏づけるものである。

⑵国際政治のパワーポリティックス（H.J. モーゲンソー）

モーゲンソーは、人間は本質的に権力を求めるものであり、物理的強制力は政治の本質的要素だと考える。そして､政治の現実はパワー（権力）のための闘争であるとし（パワーポリティックス)、国家権力間の均衡・抑制で国家間の安定と秩序が形成される過程が国際政治であると主張した。

※モーゲンソーは国力分析の前提として、国力は、国家の目標と結びついて国家の行動を規定するところの、人的・物理的資源であるとした。そして、国力の構成要素として、人口・領土・資源・経済・軍備・国民・士気・外交・政府を挙げた。

Level up Point!

ミルズ=「パワー・エリート」だけで解ける問題は少なくなっている。概念を提唱するに至った政治的社会的背景から考えることで、他の見解との違いもより深く理解できるようになる。

A10 正解－1

1－正　ミルズは、底辺の大衆は「分断され原子化された」無力な存在だとした。
2－誤　支配の三類型は、歴史的段階に基づいたものでなく、理念型である。
3－誤　ミヘルスの寡頭制の鉄則は、合法的正統性の喪失という特徴を含むものではなく、カリスマ的指導者の支配でもない。
4－誤　ミランダとクレデンダの説明が逆である。
5－誤　少数支配は現代にも存在し、前近代社会に特有の現象ではない。

第2章 政治権力論Ⅱ

Level 1 p26～p39 Level 2 p40～p45

1 リーダーシップのパターン

Level 1 ▷ Q11～Q14

リーダーシップ…非強制的な要素を重視して、リーダーとフォロワーとの協力関係によって政治的目標を達成しようとするもの。

→フォロワーの間に自発的な服従と協力を生み出させ、フォロワーもリーダーの指導を自ら受け入れ、それに協力するようになること

(1)リーダーシップの４類型 ▶p27

リーダーシップは〝状況の関数〟であるといわれる。４つのうちどのリーダーシップが行われるかについては、社会の状況によって異なる（状況理論）。

①伝統的リーダーシップ

伝統や慣習に従って指導する。

②代表的（制度的）リーダーシップ

既存の制度や体制を代表し、その延長線上に政治的目標を設定して指導する。

③創造的リーダーシップ

既存の価値体系を否定して、新たなビジョンを提示し、それに基づいて指導する。

④投機的リーダーシップ

社会的不安を利用し、その場限りの公約を乱発し利益感覚の延長線上で解決指導する。

(2)リーダーの資質 ▶p26 ▶p30

政治的リーダーの資質を、パーソナリティの違いによって説明する理論を特性理論という。

N. マキャヴェリ……狐の狡猾さとライオンの威圧を備えた統治者

M. ウェーバー……責任倫理・予見力・情熱の３条件を備えたリーダー

H.D. ラズウェル…官僚型と扇動家型に分類

(3)リピットとホワイトの実験によるリーダーシップ ▶p32

R. リピットとR.K. ホワイトは、少年の集団に異なったタイプの指導者の下で作業をさせた結果を比べ、リーダーシップの違いが集団生活にどのように影響するかを実験した。

①権威主義的リーダー：作業に参加しないで命令や指示だけ

→作業量は多いが、不満が多くメンバーは攻撃的となる。

②民主主義的リーダー：自らも作業に参加しメンバー間での討議と決定を尊重

→作業の量、質、作業する者の満足度のいずれもが高い。

③自由放任型リーダー：最小限の指導しかせずメンバーを放任

→作業の量、質、メンバーの満足度のいずれもが低い。

＊その時々の状況に合わせて、一番よいリーダーのタイプが決まってくる。

2 イデオロギー論

Level 1 ▷ Q15～Q17　Level 2 ▷ Q18～Q20

⑴イデオロギーの定義 ▶p34

イデオロギーとは「ある集団に帰属する一連の観念・信条・態度の複合体」であり、個人が心に思い描く「世界はこうあるべきだ」という世界観を意味する。

現実の国家・社会は、いかなる政治体制であってもイデオロギーに支えられている。支配者は被支配者にイデオロギーを注入して自らの立場を正当化し、被支配者の自発的な服従を引き出す。

⑵ K. マルクスの定義 ▶p34 ▶p40

社会は、政治構造、法制度、社会制度、文化の観念・意識の諸形態である「上部構造」と、物理的・経済的な社会基盤である「下部構造」からなる。マルクスは、上部構造はその土台である下部構造によって規定されるとし、この上部構造全体をイデオロギーと呼ぶ。

イデオロギーは支配階級が現実を正当化する道具で、「虚偽意識」だとマルクスは批判した。

社会 ─┬─ 上部構造＝政治構造、法制度、社会制度、文化、意識
　　　└─ 下部構造＝物理的・経済的社会基盤

⑶ K. マンハイムのイデオロギー観 ▶p35

マンハイムはマルクス主義的イデオロギー論を批判的に発展させ、人間は「存在被拘束性」により社会的に制約されるとした。

存在被拘束性…一切のイデオロギーは、特定の歴史的社会的状況の存在によって規定される。

⑷イデオロギーの終焉論 ▶p37 ▶p40

①冷戦後のイデオロギー

D. ベル：古いイデオロギーは20世紀の歴史的経験により急速に魅力を失っている。

R. アロン：イデオロギーよりも具体的な政策の方が重要性を増している。

②終焉論への批判

S. リプセット：途上国においてはイデオロギーは力を失っていない。

R. ヘイパー：終焉論の主張自体が革命を否定するためのイデオロギーにすぎない。

第２章 政治権力論Ⅱ Level 1

Q11 リーダーとフォロワー

問 リーダーシップに関する次の記述のうち、妥当なものはどれか。 （地方上級改題）

1 リーダーシップは、集団の置かれている状況とは無関係に発揮される指導者の能力であり、ヘッドシップとも呼ばれる。

2 リーダーシップは、追従者との利害が相反する場合に指導者が発揮する能力であり、指導者の能動的な作用として表れる。

3 リーダーシップは、追従者との協力関係を前提とした指導者の個人プレーという形で表れるから、指導者のパーソナリティの研究が大切である。

4 リーダーシップは状況の関数と呼ばれるが、これは社会状況によってとられるリーダーシップのパターンが大きく変わるからである。

5 リーダーシップは、指導者と追従者の協力関係によって政治的目標を達成しようとするものであるが、同時に物理的な力による服従が重要視される。

PointCheck

◉リーダーシップ論の位置づけ……………………………………………………………【★★☆】

第１章で学習した権力論は、権力者の支配が物理的な強制力に基づく権力的な支配・服従という、いわば権力者と被支配者との関係を対立的なものとしてとらえていた。これに対し、非強制的な要素を重視してリーダー（権力者）とフォロワー（追従者）との協力関係によって政治的な目標を達成しようとするものがリーダーシップ論である。

つまりリーダーは物理的な力によって服従させるのではなく、フォロワーとの間に自発的な服従と協力を生み出させ、またフォロワーもリーダーの指導を自ら受け入れて協力するようになることをいい、権力論とは概念が大きく異なる。

◉リーダーの資質の分析手法…………………………………………………………………【★☆☆】

⑴特性理論

リーダーの資質をそのパーソナリティの違いによって説明する理論である。特性理論は、思想や歴史認識に基づいてリーダーシップ論を展開するため、人間に対する深い洞察がある。プラトン、N.マキャヴェリ、M.ウェーバー、H.D.ラズウェルらが自己の政治哲学や人間観に基づいて特性理論を提唱する（**Q13** 参照）。

⑵状況理論

リーダーの資質をその社会状況の反映と考える理論である。状況理論は、その時代の風潮や社会経済関係とリーダーシップとの適合性を強調する。

◉状況理論の４類型……………………………………………………………【★★★】

現代国家の構造変化を受け、リーダーシップ論は、現代国家や現代社会の形成過程の問題ととらえるようになった。つまり、特性理論が提唱するパーソナリティの影響が後退し、その時々の政治社会状況との関連で指導者の統治能力をとらえるようになった。状況理論は、リーダーシップを次の４つに類型化するが（R. シュミット、高畠）、これらのうちどのようなリーダーシップが行われるかについては、それぞれの分類で述べられるような社会の状況によって異なる。そこからリーダーシップは「状況の関数」といわれることもある。

⑴伝統的リーダーシップ

伝統や慣習に基づく政治指導のこと。歴史的には村落共同体の形成と発達の中で登場した類型である。日本の伝統社会ではリーダーの「はら」や「勘」が重視された。

⑵代表的リーダーシップ

既存の制度や体制に基づく政治指導のこと。そのために、制度的リーダーシップともいう。価値体系が安定している政治社会に典型的な政治指導であり、本質的には保守的である。ただし、選挙などを通じた限定的な権力闘争は行われる。

⑶創造的リーダーシップ

新たなビジョンや価値観に基づく政治指導のこと。既存の価値体系を否定して大衆を指導する。危機的な政治社会状況にみられる政治指導であり、強力なイデオロギーを必要とする。歴史的事例として社会主義革命がある。ただし、その寿命は短く、例えば革命が成功すれば、政治社会が安定を求めるため、革命の理念や価値を守る代表的リーダーシップに政治指導のスタイルを変換していく。

⑷投機的リーダーシップ

大衆の不安や不満を利用する政治指導のこと。危機的な政治社会状況にみられる点では、創造的リーダーシップと類似しているが、理念や価値自体の根本的な変化を目指すものではなく、場当たり的で矛盾に満ちた政治公約を数多く公表し、文字どおり「投機的」に対応する。対外戦争や政治的スケープゴート、少数民族や特定宗教への弾圧という手段を使って、政治権力を維持する。その典型がファシズムである。

A11　正解ー4

1－誤　リーダーシップは、リーダーとフォロワーの協力関係を指すので、社会の状況に応じて、要求されるリーダーシップの質は異なってくる。また、ヘッドシップとは、組織のある地位に就くことによって命令・支持を得ることを意味する。

2－誤　リーダーシップは、リーダーとフォロワーの協力関係の下で発揮される。

3－誤　リーダーのパーソナリティの研究は大切であるが、そもそもリーダーシップは、リーダーとフォロワーの協力関係の下に発揮されるものであるから、その相互関係、社会状況の研究の方が重要である。

4－正　どのようなリーダーシップが行われるかは社会状況によって異なる（状況理論）。

5－誤　物理的な力によって服従させるのではなく、フォロワーの間に自発的な服従を生み出させるのがリーダーシップである。

Q12 リーダーシップの理論

問 政治的リーダーシップの類型に関する記述として、妥当なのはどれか。 (地方上級)

1 代表的リーダーシップは、大衆の不満が強い時期に、大衆の欲求を、その場その場で満たしていくような冒険的なものであり、矛盾した公約を乱発したり、戦争に欲求不満のはけ口を求めたりするのがその例である。
2 創造的リーダーシップは、これまでの生活様式とは別のビジョンを提示し、それを実行に移そうとして支持を集めるスタイルをとり、危機的状況に際して、価値体系の変革を図ろうとするものである。
3 伝統的リーダーシップは、政治は大衆の同意に基づいて行われるべきであるとの建前の下、大衆の利益を代表するのが指導者の役割だとして行動するものをいい、大衆に価値体系の転換を求めないものである。
4 制度的リーダーシップは、指導者が生まれながらの身分によって地位につき、先例主義による支配行為をし、独創的なものや専門的な技能などを排斥するものである。
5 投機的リーダーシップは、あらゆる方針が集団の討論で決定され、何事も納得づくで進められ、指導者はこれに激励と援助、技術的アドバイスを与えるものである。

PointCheck

◉リーダーシップの概念と2つの理論 繰り返し確認 ……【★★★】

権力に関する実体論：支配者と被支配者の対立的関係

リーダーシップ論：リーダーとフォロワーの間の非強制的・自発的な服従と協力

- 特性理論 (リーダーのパーソナリティの違いに着目)
- 状況理論 (社会状況との適合性に着目)

◉状況理論(R. シュミットの分類) 繰り返し確認 ……【★★★】

伝統的リーダーシップは、伝統や慣習に従って成立する。長老がしきたりにより村を指導するような場合である。

代表的リーダーシップは制度的リーダーシップともいい、既存の制度や体制を代表してその延長線上に政治的目標を設定して指導を行うという、現代の政治体制では一般的なリーダーシップである。

創造的リーダーシップは既存の価値体系を否定して新たなビジョンを提示し、それに基づいて指導する。革命期の社会で急進的な変革を指導するリーダーがこれにあたる。

投機的リーダーシップとは社会における不安を利用し、その場限りの公約を乱発し、利益感覚の延長線上で解決指導するものである。閉塞した社会の不安を解消するために、民族対立をあおったり対外紛争に国民の目を向けさせたりしようとする。

知識を広げる

現実のリーダーシップと大衆社会

大衆社会の成立で、リーダーシップは社会状況の中で「状況の関数」とされるが、必ずしもすべての環境の下で、一対一対応のリーダーシップが成立するわけではない。

参政権の拡大や、マス・メディアの発達、教育の普及により、一面で大衆は高度に政治化した。平等意識の高い人々にとって、リーダーの存在自体が、警戒され疎(うと)まれる存在である。そもそもリーダーとフォロワーの関係が成立しづらいのである。

また他面では、管理された大衆社会で個人は原子化し、政治の大規模・複雑化によって政治的疎外感にとらわれる。社会的安定感を失った大衆は、メディア市場の受動的存在となりシンボルに操作されやすく、エリートによる操縦を受けやすい。

このような背反する大衆化の状況で、社会成員の自発的支持を得て、一定の政治的目標に統合していくためには、もはや単にリーダーまたはその集団の資質・能力だけで解答が供給されるものではない。政治意識とコミュニケーションの中で指摘されるオピニオン・リーダーの位置づけ（**Q51** 参照）や、参加型民主主義・競争的エリート民主主義・多極共存型民主主義（**Q74** 参照）の中で語られる指導者による政治指導が、現実の状況でのリーダーシップを分析していることになる。

A12 正解－2

1－誤　代表的リーダーシップではなく、投機的リーダーシップの内容になっている。代表的リーダーシップは、価値体系の安定した政治社会で、既存の制度・体制の下で行なわれる政治指導である（肢３参照）。

2－正　創造的リーダーシップの内容として正しい。

3－誤　伝統的リーダーシップではなく、代表的リーダーシップの内容になっている。伝統的リーダーシップは、伝統・先例・慣習によって政治指導を行なう（肢４参照）。

4－誤　制度的リーダーシップではなく、伝統的リーダーシップの内容になっている。制度的リーダーシップは代表的リーダーシップと同義である（肢３参照）。

5－誤　投機的リーダーシップではなく、代表的リーダーシップの内容になっている。投機的リーダーシップは、大衆にある不安・不満を利用するもので、アドバイスや討論に基づくものではない（肢１参照）。

Q13 政治的リーダーの資質

問 政治的リーダーシップに関する次の記述のうち、妥当なものはどれか。 （地方上級）

1 プラトンは、国民を十分に操作しうる「狐の知恵」と、国民を畏怖させうる「ライオンの見せかけ」を兼ね備えた君主が、政治的リーダーになるべきだと説いた。

2 H.D. ラズウェルは、現代政治の諸条件の下における政治的リーダーの資質として、熱情と目測能力と責任感の３つを挙げた。

3 R. シュミットは、政治社会における価値体系の安定性との関連でリーダーシップの類型化を試み、代表的リーダーシップと創造的リーダーシップとの区別を行った。

4 代表的リーダーシップは、制度的リーダーシップとも呼ばれ、リーダーは象徴についてのエリートたることをその第一要件とする。

5 創造的リーダーシップは、しばしば大衆のカリスマ的リーダーへの熱烈な期待を満足させるものとして成立する。

PointCheck

◉ M. ウェーバーの政治家像 ……【★★★】

ウェーバーは、『職業としての政治』と題した 1919 年の講演で、政治家に動機の責任（心情倫理）ではなく結果責任（責任倫理）を求めた。

すなわち、「キリスト者は正しきを行い、結果を神に委ねる」というような心情で行為する（心情倫理）のではなく、自分の行為の結果の責任を引き受ける覚悟で行為する（責任倫理）ことは、自己の魂の救済を危うくする（権力や暴力という悪魔の力を借りるから）。しかし、結果に対する自己の責任を痛切に感じるタイプの人間（成熟した人間）が、ある決断を不可避とする現実に直面して「私としてはこうするより他はない。私はここに踏み止まる」という姿勢に、人は魂を揺り動かされるような感動を覚える。そのような意味で、心情倫理と責任倫理とは両者が相まって「政治への天職」をもつことのできる真の人間を作り出す。つまり政治とは、情熱と洞察力の２つを駆使しながら、固い板に力をこめてじわじわと穴をくり抜いていく作業ということである。

ウェーバーは、政治が単なる知的遊戯ではなく、結果責任を引き受ける真摯な行為である以上、リーダーには、洞察力（予見力）に加えて、真摯な行為に対する情熱が不可欠とした。この主張の背景には、君主支配から官僚支配への移行の認識がある。ウェーバーは、官僚制の下での「指導者なき民主制」に抗して、優れた政治的リーダーが議会等で権力を発揮できる政治風土の形成を目指していたのである。

知識を広げる

プラトンの政治家像

プラトンが理想とする哲人政治であれば、哲人政治家には予め判断力・予見力が備わっており、成員もリーダーの判断に従うべきとされるのであるから、問題は生じない。ところが、民主政では、良質なリーダーを大衆が支持しないこともあり得るし（ソクラテスの刑死問題）、悪質なリーダーが大衆を扇動することもあり得る。民主政において「よき政治」が現出するためには、リーダーの質とともに、成員の質も問われるのである。民主政というのは、プラトンの哲人政治論よりも理想主義的であるとさえいえる。

◉ H.D. ラズウェルの政治家像 ……【★★★】

ラズウェルの考える政治家・政治的人間とは、個人の私的動機を公的な目標に転移して、公共の利益の名において合理化するプロセスの中で作り上げられるパーソナリティである。

また、ラズウェルは『権力と人間』の中で、政治家像を「官僚型」と「扇動家型」の２つに分類した。「官僚型」を支える性格は強迫型性格であり、それは自己の権限を拡大することに集中する政治家像である。「扇動家型」を支える性格は、ナチスドイツのヒトラーに典型的にみられるように、劇化型性格であり、それは社会的大動乱をもたらす戦争や革命、さらに経済的危機の際に大衆を動員して、いわゆる大衆心理をコントロールできる政治家像である。

A13 正解ー3

1ー誤　「狐の知恵」と「ライオンの見せかけ」は、マキャヴェリが主張したことである（**Q30** 参照）。

2ー誤　熱情、目測能力（予見力）、責任感（責任倫理）の３つを政治家の条件として挙げたのは、M. ウェーバーである。

3ー正　リーダーシップ類型の典型である。

4ー誤　代表的リーダーシップは既存の制度的枠組みの中で選出されたリーダーであるから、象徴についてのエリートである必要はない。創造的リーダーシップは変革期に現れるので、象徴についてのエリートであることが要求されるであろう。

5ー誤　大衆の期待を吸い上げて成立するのは、投機的リーダーシップである。創造的リーダーシップは、リーダーの側に創造的なビジョンが必要である。

Q14 リーダーシップのパターン

問 リーダーシップに関する次の記述のうち、妥当なものはどれか。 （地方上級類題）

1 R. リピットと R.K. ホワイトは、少年の集団を使った実験を行い、リーダーシップのパターンを４つに類型化した。
2 権威主義的リーダーの下では作業量は多いが、強制されて行うだけで不満が多く、メンバーも攻撃的になる。
3 自由放任型リーダーは最小限の指導しかせずメンバーを放任するが、それがメンバーの自主性を引き出し、作業量、質、メンバーの満足度のいずれもが高くなる。
4 リーダーは何よりも集団目標を達成することが最優先課題とされ、メンバーの満足度を極大化させることは要求されない。
5 リーダーの資質の１つとして M. ウェーバーは倫理を挙げているが、政治家にとって必要なのは動機づけにおいて正しいか正しくないかという心情倫理だとされる。

PointCheck

◉リピットとホワイトの実験……………………………………………………………【★★★】

R. リピットと R.K. ホワイトは、少年の集団を使ってリーダーシップの違いが集団生活にどのように影響するかを実験した。つまり異なったタイプの指導者（リーダー）の下である作業を行わせ、その結果を比べたのである。

その結果をまとめると、まず自らは参加しないで命令や指示だけを行った権威主義的リーダーの下では､作業量は多いが､強制されて行うだけで不満が多く､メンバーも攻撃的だった。次に、指導し示唆を与えてもできるだけメンバー間での討議と決定を尊重し、しかも、自らも作業に参加した民主主義的リーダーの下では、作業の量・質そして作業する者の満足度も高かった。さらに質問など求められたときだけに知識を授け、最小限の指導しかせずいわばメンバーを放任していた自由放任型リーダーの下では、作業量、質、メンバーの満足度のいずれもが低いことがわかった。このようにリーダーシップの集団に与える影響は明らかであり、その時々の状況に合わせて一番よいリーダーのタイプが決まってくることになる。

知識を広げる

リーダーシップに関する実験の比較と意義

日本でも同様の実験を実施したことがある。実験結果はアメリカの場合とほぼ同様であったが、若干の違いがあった。

例えば、簡単な課題を遂行する場合は、民主主義的リーダーシップの方が優れていたが、困難な課題を遂行する場合は、権威主義的リーダーシップの方が優れていた。さらに、作業の質では権威主義的リーダーシップの方が優れていたが、作業の量では民主主義的リーダーシップが優れていた。

このように、政治的リーダーシップは政治文化と関係があり、その時の解決すべき課題の量や質はもちろん、時代や国によって、リーダーシップのあり方が集団に与える影響が異なる。つまり、その時々の状況に合わせて最適なリーダーのタイプ＝条件つき最適解が決定されるのである。リピットとホワイトの実験では、リーダーシップの類型が、自由放任型、民主主義的、権威主義的、になっているが、これは政治体制＝自由主義、民主主義、権威主義とほぼ同義であり、政治体制の違いがもたらす社会活力の度合いや社会生産性を評価して測定する実験というとらえ方もできる。

◉リーダーの資質 繰り返し確認 ……【★★★】

リーダーには何よりも集団目標を達成させ、そのメンバーの満足を極大化させることが要求される。リーダーシップを発揮する上で求められるリーダーの資質について、M. ウェーバーは『職業としての政治』の中で、①洞察力、②情熱、③倫理の３つを挙げた。さらに倫理については動機づけにおいて正しいか正しくないかという心情倫理と、結果において正しいか正しくないかという責任倫理に分けて、政治家にとって必要なのは責任倫理だと主張している。

A14 正解－2

1－誤　リピットとホワイトは権威主義的リーダーシップ､民主主義的リーダーシップ、自由放任型リーダーシップの３つに分類した。

2－正　権威主義的リーダーとは、自らは参加せず、しかも命令や指示だけを行うリーダーである。

3－誤　自由放任型リーダーの下では、作業量、質、メンバーの満足度のいずれもが低くなる。

4－誤　リーダーには集団目標を達成させ、そのメンバーの満足度を極大化させることが求められる。

5－誤　ウェーバーが必要だと述べているのは、結果において正しいか正しくないかという責任倫理である。

Q15 イデオロギーの定義

問 イデオロギーに関する次の記述のうち、妥当なものはどれか。 (国家一般)

1 イデオロギーとはある集団に帰属する一連の観念・信条・態度の複合体であり、ミランダの1つにあたる。

2 自由主義や保守主義、社会主義などがイデオロギーであるが、いかなる政治体制もこうしたイデオロギーに支えられている。

3 K. マンハイムは、一切のイデオロギーは特定の歴史的状況等の存在によって拘束されるが、イデオロギーは支配階級が現実を正当化する虚偽意識だとした。

4 K. マルクスは、社会は政治構造、社会制度、文化などの観念・意識の諸形態である上部構造と、物理的・経済的な社会基盤である下部構造からなるとし、下部構造全体をイデオロギーと呼んだ。

5 イデオロギーは合理的・経験的・科学的側面から構成され、これと対立し矛盾する信仰・神秘的な側面は含まない。

PointCheck

◉イデオロギーとは……【★★★】

⑴イデオロギーの一般的意味

権力を効率化していくにあたっては、イデオロギーがとても重要な概念になる。イデオロギーとは一般に「ある集団に帰属する一連の観念・信条・態度の複合体」であるといわれ、簡単にいえば、世界はこうあるべきだという世界観を意味し、C.E. メリアムの示したクレデンダの一種にあたる（**Q04** 参照）。

⑵権力の効率化

支配者（権力者）は被支配者にイデオロギーを注入することによって自己の望むままの、あるいはそれが目指す世界観を与えて、自らの立場を正当化し、被支配者の自発的な服従を引き出して効率的に支配できるようにする。いかなる政治体制も、こうしたイデオロギーに支えられているのである。具体的には、私たちもよく耳にする自由主義や保守主義、社会主義、あるいは福祉国家論などはすべてイデオロギーにあたる。

⑶イデオロギー論

イデオロギーの定義をめぐっては、K. マルクスとK. マンハイムの学説が重要である。

①マルクスの定義

イデオロギー論の基礎を築いたのがK. マルクスである。社会は、国家その他の政治構造、社会制度、文化の観念・意識の諸形態である上部構造と、物理的・経済的な社会基盤である下部構造からなるとする。上部構造はその土台である下部構造によって規定され、この上部構造全体をイデオロギーと呼んだ。マルクスは、イデオロギーは支配階級のものであって支配的な階級が現実を正当化していくための道具であり、これを「虚偽意識」だとして批判した。

②マンハイムのイデオロギー観

K. マンハイムは知識社会学の立場から、一切のイデオロギーは特定の歴史的社会的状況の存在によって拘束されるとして「知識の存在被拘束性」を主張した。すなわち、資本家階級であろうと労働者階級であろうと、すべての集団・階層の知識・思想は、社会的に制約されたものとして、イデオロギーを分析した。マンハイムは、現状に対し保守的な理論体系が狭義のイデオロギーであるとし、体制変革を求める思想体系をユートピアと呼んだ。

◉イデオロギーの構造……【★★★】

支配者にとって重要な役割を担うイデオロギーは、合理的・経験的・科学的な側面と非合理的・信仰的・神秘的な側面の２つの部分から構成される。具体的には、前者は相手方を納得させ、世界認識をさせる部分にあたり、後者は民衆が進むべき道筋を表し、政治的な実践の部分にあたる。一見すれば相対立する概念が併存して、しかもこれらが相互補完的な関係にあるのである。

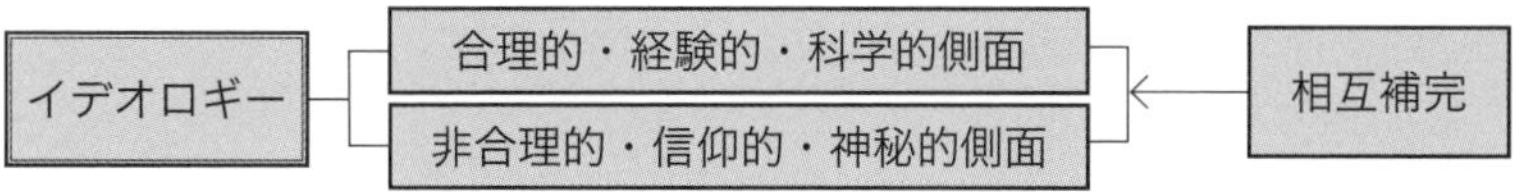

◉イデオロギーの機能……【★★☆】

イデオロギーには現在の体制を批判する機能があるとともに、反対に体制を補強する機能ももっている。支配者と被支配者とが共通のイデオロギーを共有している場合には、支配の正当性を提供してそれらの間に連帯感と一体感さらには集団の成員を結束させる統合的な役割を果たす。一方で現状を改革していこうとし、それが現状に代わる全体的なビジョンを示す場合には闘争的な役割を果たすことになる。例えば、現在の我が国における自由主義などのイデオロギーは、現在の国家体制を補強・維持する体制側のイデオロギーということになる。

A15 正解－2

1－誤　イデオロギーは人の知的合理的側面に作用させるもので、クレデンダの１つにあたる。

2－正　支配者は自らの立場を正当化するためにイデオロギーを被支配者に注入する。すべての政治体制はイデオロギーに支えられているのである。

3－誤　本肢の前段はマンハイムの知識の存在被拘束性に関する記述であるが、後段はマルクスの主張である。

4－誤　マルクスは上部構造全体をイデオロギーと呼んだ。

5－誤　イデオロギーは合理的・経験的・科学的側面と非合理的・信仰的・神秘的側面の２つの部分から構成され、これらは相互補完の関係にある。

Q16 イデオロギーの構造と機能

問 イデオロギーに関する次の記述のうち、妥当なものはどれか。 （国税専門官）

1 イデオロギーは、現状を改革し、現状に代わるビジョンを示して体制を批判する機能を果たすもので、現体制にとっては脅威となる。

2 D. ベルは、イデオロギーは先進諸国においてはその力を失いつつあるが、発展途上国においてはまだその力を失っていないと述べた。

3 R. ヘイパーはイデオロギーよりも具体的な政策の方が重要性を増しているとして「イデオロギーの終焉」を唱えた。

4 イデオロギーの終焉はあくまでアメリカやヨーロッパ諸国などの先進工業諸国で生じたものだといわれる。

5 戦後の「冷たい戦争」に見られた自由主義と社会主義の対立の時代の終焉とともにイデオロギー教育も行われなくなった。

PointCheck

◉イデオロギーと権力の権威化……………………………………………【★☆☆】

イデオロギーは、一般に「ある集団に帰属する一連の観念・信条・態度の複合体」であると定義される。権力を効率的に運用する場合、イデオロギーは極めて重要な概念となる。

イデオロギーは、C.E. メリアムのいうクレデンダ（人の知的合理的側面に影響を及ぼす認識象徴）の1つと考えられる（**Q04** 参照）。これについて、R.A. ダールは、イデオロギーのもつ保守的性質と体制維持機能に着目して、イデオロギーは、「支配者に正当性を与え、支配者の政治的影響力を権威に転化させるもの」と指摘した。

◉イデオロギーの機能 繰り返し確認……………………………………【★★☆】

イデオロギー ─┬─ 体制批判機能→社会変革の原動力
　　　　　　　└─ 体制補強機能→イデオロギー浸透による社会安定

(1)体制批判機能（社会変革機能）

現状を改革していこうとし、現状に代わる全体的なビジョンを示す場合、闘争的役割を果たす。

(2)体制補強機能（社会統合機能）

支配者と被支配者が共通のイデオロギーを共有する場合、支配の正当性を提供して、それらの間に連帯感と一体感、集団の成員を結束させる統合的な役割を果たす。

◉「イデオロギーの終焉」論 ……………………………………………………【★★★】

戦後の「冷戦」にみられたように、20 世紀には自由主義と社会主義というイデオロギーをめぐる対立の歴史があった。しかし、イデオロギー対立闘争が解消されるにつれて、イデオロギーの限界や新しい位置づけを説く立場が登場してきた。

D. ベルは古いイデオロギーは歴史的経験によって急速にその魅力を失っているとした。また R. アロンは、戦後の先進国の豊かな社会を背景として、イデオロギーよりも具体的な政策の方が重要性を増しているとして、「イデオロギーの終焉」論がさまざまな論者から主張された。

しかし一方で S. リプセットは、終焉論に立ちつつも、イデオロギーは先進諸国においてはその力を失いつつあるが、発展途上国においてはまだその力を失っていないと述べ、さらに R. ヘイパーはいわゆる「イデオロギーの終焉」の主張自体が革命を否定するための 1 つのイデオロギーにすぎないと主張するなど、これに対する批判もある。

その後冷戦体制が完全に終了すると、自由主義陣営の勝利宣言としての終焉論（F. フクヤマ）や、イデオロギーに代わる文明衝突（S. ハンティントン）を主張する立場も現れている（**Q18** 参照）。

A16 正解－4

1－誤　イデオロギーには体制批判機能のほかに体制補強機能があり、支配の正当性を提供する働きもある。

2－誤　本肢は S. リプセットの主張である。

3－誤　R. ヘイパーは、イデオロギーの終焉の主張自体が革命を否定するための 1 つのイデオロギーにすぎないと述べた。

4－正　発展途上国においては、むしろイデオロギーが影響力を増している。

5－誤　イデオロギーは支配の効率化のために使われるものであり、これはどのような政治体制であっても必要なものである。自由主義体制の下では、資本主義・福祉国家論といったイデオロギーが広く流布され、公民教育の場で使われている。

Q17 イデオロギーと政治

問 イデオロギーに関する次の記述のうち、妥当なものはどれか。 (地方中級)

1 自由主義は、19世紀のJ.S.ミルの登場によって新たな展開を迎えた。彼は、その著書『自由論』において、功利主義の立場から、「道徳的自由」や「思想および言論の自由」よりも「経済的自由」の重要性を説いた。
2 保守主義は、近代以前から引き継いだ伝統が危機に瀕したときに生じるもので、伝統主義とも呼ばれる。K.マンハイムは、保守主義を「固有の政治原理をもたない単なる日和見主義」と批判した。
3 マルクスは、市民社会の価値を完全に否定し、社会主義革命の必要性を唱えた。また彼は、社会主義革命が最初に成立するのは、皇帝の専制体制が確立しており、市民社会がほとんど未成熟なロシアにおいてであると予測していた。
4 ファシズムは、資本家には反共産主義を、中産階級にはナショナリズムを、労働者には社会主義を約束するというように、合理的な思想体系をもたず、専ら感情に訴え、国粋的思想を宣伝する傾向をもつ。
5 民主主義においては、理念的にはすべての民衆が自立した平等な主権者として想定されていた。しかしJ.J.ルソーは、理念的にはともかく現実の国民国家の中では直接民主主義は成立しないとして、議会制民主主義による間接民主主義の実現を主張した。

PointCheck

◉近代自由主義の変遷……【★☆☆】

J.ロックは、私有財産の擁護を中心とした自由権の獲得を権力分立や立憲主義を通じて主張し、これによって自由主義が確立された。その後、A.スミスらによる経済的自由放任主義の影響で、自由主義は功利主義となって展開された。このようにイギリス自由主義は、「〜からの自由」の原理を基盤として展開し、一方、市民社会の利己主義を克服するJ.J.ルソーやG.W.F.ヘーゲルは、「〜への自由」の原理を重視した（**Q76**参照）。

◉ J. S. ミルの自由論……【★★☆】

J.S.ミルはJ.ベンサムの量的功利主義を批判的に継承して質的功利主義を確立したが、これは、個性の擁護を目的とする自由主義の1つである。ミルは、社会が進歩するために、思想および言論の自由さらにその基礎となる個性の自由の重要性を主張した。その限りで国家の積極的政策を認めるため、国家の干渉自体を悪と考える自由放任主義を批判する。

◉保守主義……【★★☆】

伝統社会体制下では、意識的に伝統を守ろうとする保守主義は生まれない。保守主義は、伝統自体が崩壊する危機に瀕した時に生まれたイデオロギーである。E.バークは、『フランス革命の省察』で、革命体制であっても専制政治化することを予言し、そこで「経験、先例、権威」の重要性を説く。ただし、保守主義の立場からフランス革命を否定したバークも「何らかの変更の手段をもたない国家は、自らを保守することができない」と述べている。

知識を広げる

政治思潮とイデオロギー

社会主義とのイデオロギー的対立が終息した後も、自由主義を源とする政治イデオロギーが主張、展開されている。

⑴２つの自由主義
個人的自由主義（政府の社会経済問題への介入に反対）→「保守主義」
新しい自由主義（政府の社会経済問題への介入に賛成）→「自由主義」

⑵新しい自由主義（リベラリズム）…ロールズの格差是正原理（正義論）
→原初状態ではどの階層に生まれるか不可知であるから（無知のヴェール）、人々は最も貧しい階層の状態を改善することを予め合意している（一種の社会契約）。

⑶保守主義の反撃…サッチャー政権「小さな政府」、マネタリズム（M. フリードマン）

◉イデオロギーと政治体制 **理解を深める**……【★★★】

政治体制は、自由の許容度が高い順に、自由民主主義体制、権威主義体制、全体主義体制の３つに類型化できる。ここで、イデオロギーが問題になるのは、後者の２つである。

⑴権威主義体制のイデオロギー

権力装置としてのイデオロギーにあまり依存しない。むしろ、現在ないし過去に密着したメンタリティーに依存する（**Q69** 参照）。

⑵全体主義体制（ファシズム）のイデオロギー

近代個人主義の全面否定であるため、イデオロギーは排他的であり、合理的体系を欠く。しかし、イデオロギー自体に矛盾を抱え、例えば、資本家に反共産主義を唱える一方で、労働者に社会主義を力説する。この矛盾を隠蔽するために暴力と戦争に訴えたりする。

A17 正解－4

1－誤　J.S. ミルは、質的功利主義を確立し、自由放任主義を批判する。思想・言論の自由は重視するが、経済的自由についてはその国家的干渉を許容する。

2－誤　変化を嫌悪して現状を保守する心理や態度が伝統主義で、K. マンハイムが批判したのは、保守主義ではなく伝統主義である。

3－誤　社会主義は資本主義よりも高度に発達した体制であるとマルクスは考えたため、社会主義は資本主義が発達した社会で成立すると主張した。

4－正　ファシズムは、思想上の非合理性、擬似革命性、大衆への扇動性などを特徴とする政治体制である（**Q19** 参照）。

5－誤　ルソーは、全体意志の反映である代議制ではなく、一般意志の反映である直接民主制を主張した（**Q23** 参照）。

第2章 政治権力論Ⅱ Level 2

Q18 イデオロギー論

問　イデオロギーに関する次の記述のうち、妥当なものはどれか。　（国家総合類題）

1　K. マルクスは、イデオロギーが単なる虚偽意識であるとする通説を批判し、イデオロギーには現実を変革して新しい社会を生み出す力があると主張して、同時に真正なイデオロギーは社会主義のイデオロギーのみであるとした。

2　C.W. ミルズは、ファシズムやスターリン主義への幻滅によって、人々がイデオロギーを拒絶する傾向へと向かいつつあると指摘して、自らを絶対化したイデオロギーの間で激しい闘争が行われる時代は終焉を迎えつつあると主張した。

3　R. アロンは、「資本主義」対「社会主義」というイデオロギー的対立が先進諸国で激化している点を肯定しつつも、発展途上国においてはイデオロギーよりも経済開発という現実的利益が優先されているとして、途上国におけるイデオロギーの終焉を主張した。

4　K. マンハイムは、およそ集団のもつイデオロギーは、その集団の置かれた立場によって拘束されているとともに、集団の実践や活動のなかで作り上げられていくものであると唱え、いわゆる「存在被拘束性」の概念を主張した。

5　D. ベルは、脱工業社会においては物質的価値の比重が低下し、むしろ精神的諸価値が重視されるようになることから、さまざまなイデオロギーが噴出するようになり、イデオロギーが新たな重要性をもつようになると主張した。

PointCheck

◉K. マルクスのイデオロギー観……【★★★】

K.マルクスによれば、社会は、上部構造と下部構造から構成される。この上部構造に対応する社会的意識形態がイデオロギーである。「意識が生活（存在）を規定するのではなく、生活（存在）が意識を規定する」という彼の指摘は、イデオロギーの下部構造依存性を表現したものである。さらに、イデオロギーは支配階級による現実の正当化手段にすぎず、社会の本質や矛盾を隠蔽する「虚偽意識」である。ただし、マルクス主義は、社会主義が唯一の真正の科学であるという立場をとって、そのイデオロギー性を否定する。

◉冷戦時代のイデオロギーの終焉論……【★★★】

⑴ D. ベルの終焉論

20世紀後半は、自由主義と社会主義の対立の歴史であった。『イデオロギーの終焉』を著したD. ベルは、「社会主義イデオロギーは、スターリン主義などによる粛清などによって急速にその魅力を失っている」と指摘した。

彼によれば、先進国の間では、国家目標としての福祉国家像の提示、権力集中型よりも権力分散型の効率性、混合経済体制の採用が国民大衆に浸透しており、相対的に社会主義に対する失望感と幻滅を助長している。

ただし、ベルのようなイデオロギーの終焉論自体が、社会改良主義的イデオロギーそのものではないかという批判もある（R. ヘイパー）。

⑵ R. アロンの終焉論

R. アロンは、戦後のフランスを代表する保守主義者の知識人であり、懐疑的終焉論の立場に立つ。彼によれば、そもそも資本主義または自由主義対社会主義の枠組み自体が妥当性を欠き、冷戦下の西欧における経済的進歩と生活水準の向上がイデオロギーの機能を低下させることを意味し、イデオロギー的対立の緩和や減少をもたらしている。

◉冷戦後のイデオロギーの終焉論 理解を深める……………………………………【★★☆】

⑴ F. フクヤマの終焉論

冷戦体制が崩壊した1989年には、F. フクヤマが『歴史の終わり』を発表した。彼によれば、冷戦の終結が意味することは、イデオロギーの対立の終了であり、マルクス主義に対する西欧流の自由主義的民主主義の勝利宣言である。したがって、今後自由主義的民主主義に対抗するイデオロギーは登場せず、その限りにおいて歴史は終焉したと論じた。

⑵ S. ハンティントンの終焉論

『文明の衝突』を著したS. ハンティントンは、冷戦後の国際紛争の主たる原因は、イデオロギーの対立ではなく文明の対立であると主張する。

Level up Point!

イデオロギーの歴史的意義だけの学習も終焉している。イデオロギー論では、冷戦末期から冷戦後の状況を踏まえた、アロン、フクヤマ、ハンティントンらの議論に中心を置いて学習する。

A18 正解ー4

1ー誤　マルクスは、イデオロギーが本質や矛盾を隠す虚偽意識であるとした。さらに、社会主義は真正の科学でありイデオロギーではないとした。

2ー誤　西欧型民主主義に対抗したファシズムやスターリン主義の崩壊が、イデオロギーの終焉をもたらしたとD. ベルは主張する。パワー・エリート論を展開したC.W. ミルズは、このような主張をしていない。

3ー誤　R. アロンは、「資本主義」対「社会主義」の対立構図に懐疑的である。

4ー正　マンハイムは、イデオロギーの存在被拘束性を主張し、すべての集団の知識・思想にあてはまると考えた。

5ー誤　D. ベルは『脱工業化社会の到来』で、経済が知識・サービス中心になり、価値観の多様化や脱イデオロギー傾向が進展すると主張している。

Q19 イデオロギーの特徴

問 イデオロギーに関するA～Dの記述のうち、妥当なものを選んだ組み合わせはどれか。
(地方上級)

A 自由主義は、トマス＝モアが、その著書『ユートピア』において、人間の自由を個人の普遍的な権利として位置づけ、絶対的慈恵的権力からの自由を主張し、国家権力を否定することで個人の自由が完全に実現されるとする政治思想として成立した。

B 保守主義は、古くから漠然とした形で存在していたが、自由主義の挑戦によって自覚的な政治思想となったもので、その代表者であるバークは、社会の変化は、具体的な試行錯誤を経た経験的思慮の宝庫である伝統を足がかりに、漸進的に進められるべきであるとした。

C 社会主義は、生産手段の社会的所有を目指す労働者階級のイデオロギーとして、エンゲルスにより唱えられたが、サン＝シモンは、エンゲルスの社会主義を空想的社会主義と呼び、理想社会を描いているにすぎないと批判して、科学的社会主義を確立した。

D ファシズムは、狭義ではイタリアにおけるムッソリーニ指導下の政治体制やイデオロギーをいうが、広義では民族主義的急進運動をいい、個人主義の全面否定が特徴であり、一党独裁による指導者と被指導者との一体化を図る指導者原理が基本となる。

1 AB　　2 AC　　3 AD　　4 BC　　5 BD

PointCheck

◉初期（空想的）社会主義………………【★☆☆】

⑴サン＝シモン

農工商業、さらに科学や芸術までも含めた「産業」を重視して、政治社会より「産業」社会を新たな社会の実体と考えた。

⑵C. フーリエ

ファランジュという共同体を考案し、農業中心の共同生活による生産と消費の共同体を目指した。

⑶R. オーエン

人間は環境によって性格形成されると考え、環境を改善すれば人間性も向上するという理念をもって、人道主義的労働環境を経営する紡績工場に導入した。

◉**全体主義（ファシズム）体制**……………………………………………………【★★★】

⑴歴史的事象

全体主義体制は、イタリアのファシズム、1920年代から1945年までのヨーロッパにおける民族主義的急進主義、特にドイツのナチズム（右翼全体主義）を包括する1つの政治体制概念であり、さらにソ連のスターリン主義（左翼全体主義）を含める場合もある。

⑵イデオロギー的特徴

一般的にイデオロギーには、自己完結性、合理性と非合理性の共存と相互補完性という特徴があるが、全体主義イデオロギーでは、非合理的信仰的な側面が誇張されている。自由主義では目標や理念の側面を強調するが、全体主義イデオロギーでは、特に所属集団を正当化する哲学や神話の側面を強調するのである。近代個人主義を全面的に否定し、国民を国家という全体性に強制的に同化させることから、民族精神の高揚や人種差別につながり、それが国内的には弱者や少数民族の迫害、対外的には排他的ナショナリズムを誘発する。したがって、 この全体主義イデオロギーは、合理的体系性を見いだすことはできない。

⑶制度的特徴

自由主義と立憲主義が否定されて、法治国家から警察国家体制に移行する。ドイツではゲシュタポのような秘密警察が暗躍して恐怖と暴力による支配が行われた。マス・メディアを巧妙に利用した政治宣伝を行い、支配者と被支配者との一体感を推進する。これによって、一党独裁の下で、労働組合、産業組織、教育組織などの社会組織が一元的指導を受ける。

サン＝シモンやオーエンなどについては、社会主義の流れでまとめて確認するだけでよい。全体主義についても、政治意識論の議論なども含め一括してポイントを確認しておくこと。

A19 正解－5

A－誤　トマス＝モアは、『ユートピア』を著し、そこで私有財産が存在しない原始共産社会を理想社会として描いた。

B－正　E. バークは、『フランス革命の省察』でフランス革命を批判し、王政、貴族、教会の他に「経験、先例、権威」の重要性を説いた。

C－誤　マルクスやエンゲルスは、サン＝シモンやシャルル・フーリエなどの初期社会主義者の思想を空想的社会主義だと批判した。

D－正　ファシズムは、狭義ではイタリアのムッソリーニファシスト党支配体制を指すが、広義では急進的民族運動や一党独裁などの政治運動または政治体制も含む。

Q20 ナショナリズムと国家

問　民族や地域とアイデンティティに関するア～エの記述のうち、妥当なもののみを全て挙げているのはどれか。　(国家一般)

ア　前近代のイスラム世界においては、政治の領域から宗教を排除し言語の共有を核とした文化的に均質な民族が主権国家を持つ権利を有するという思想に基づく、いわゆる国民国家を単位とする政治体制は確立しておらず、統治単位として宗教や宗派単位が重視されていたため、一定領域内において多民族の共存を可能とする統治体制をとることができたと考えられている。

イ　フランスとスペインにまたがるバスク地方においては、フランス側とスペイン側とで帰属意識に対する考え方は異なっているとされる。フランス側では、バスク地方で生まれたという事実を重視するのに対し、スペイン側では、バスク人になりたいという意思を重視する。このように、後発的な事情を重視することにより、スペイン側のバスク地方においては、移民や移民の子孫が帰属意識を共有することが困難となっている。

ウ　米国は、先住民のほか他の地域からの移住者で構成されている一方、黒人と白人を分離しても憲法の平等条項には反しないとの連邦最高裁判決が出されるなどしていたが、この「分離すれども平等」の原則は、20世紀後半に入り、連邦最高裁判決によって否定されることとなった。

エ　19世紀前半にオランダから独立したベルギーでは、政治、経済、文化を主導したのは首都ブリュッセルと南部ワロンのフランス語系住民であり、北部フランドル地方のオランダ語系住民の地位は低かったとされる。しかし、人口面でオランダ語系住民がフランス語系住民を上回っていたことから、北部フランドル地方の国政における地位は次第に高まり、現在では国政において南北の争いが問題にならないほど優越的な地位を占めている。

1　ア、イ　　**2**　ア、ウ　　**3**　ア、エ　　**4**　イ、エ　　**5**　ウ、エ

PointCheck

◉ナショナリズム……【★★☆】

⑴ナショナリズムの意義

一般的にナショナリズムとは、政治的な単位と、文化的民族的な単位を一致させようとする思想や運動を指す。国家主義、国民主義、民族主義と訳されることもあるが、その元となるネイション（nation）の概念とあわせて多義的である。歴史的段階や地域的状況により性質や運動形態、政治制度は大きく異なってくるが、国民や民族に関しての包括的な観念の体系としてのイデオロギーととらえられる。

⑵ナショナリズムの展開

①ナショナリズムの歴史

反フランス・ナショナリズム：ナポレオンの支配に対するヨーロッパ各国の抵抗
フランス革命・アメリカ独立の影響：国民主義の浸透によるウィーン体制の崩壊
反帝国主義民族運動：欧米列強の進出に対する抵抗→第二次大戦後の国民国家樹立

②ナショナリズムの現代的意義
冷戦終結後も途上国においてはイデオロギーとしての有効性を保っている。

◉国民国家の成立……【★☆☆】

絶対君主による支配は、その発展段階で国家を支配する主権概念を生み出し、被支配者としての国民の均質性を作り上げていった。しかしこのことは反面で、近代国家体制の原型と、国民自身に一体感をもたせることになり、市民革命を経ることで近代的国民国家の形成を導いていった。すなわち、絶対主義体制においても、すでに国民国家として基礎はできあがっていたのである。近代革命に乗り遅れたドイツ（プロイセン）は、王政を維持しつつも、ナショナリズムを利用して国民国家体制を確立し、勢力拡張・国力増強を目指したのである。ただ、その急激な展開はナショナリズム同士の対立を招くことにもなり、最終的には第一次世界大戦や帝国主義、急進的民族主義の原因となっていくのである。

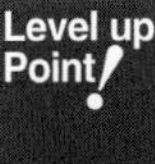

民族紛争やヨーロッパ国民国家成立については、出題ポイントを絞ることが難しい。ただ、本問のア・ウのように、教養レベルの知識で正誤が判断できる場合もある。あわてずに問題文を慎重に読み、選択肢の組合せで正解にたどりつければよい。

A20 正解－2

ア－正　古くから信仰による課税、官吏任用が採用され、イスラム圏の統治の特色である。

イ－誤　スペインのバスク自治州はバスク人の領土に対する帰属意識が非常に強く、出身地で区別する強固な民族主義が根強い。他方で、フランスのバスク地方は独自の文化・言語を大切にするものの行政区画ではなく、民族運動も縮小しフランスへの帰属意識が強い。

ウ－正　この連邦最高裁ブラウン判決以降、黒人の公民権運動が活発となり、合衆国の人種統合が進むきっかけとなった。

エ－誤　オランダ語系住民とフランス語系住民は6：4の割合だが、歴史的にフランス語が重用されてきたこともあり、オランダ語系住民の民族独立運動は現在も続いている。

第3章 国家論

Level 1 p48～p61　Level 2 p62～p67

1 国家をめぐる議論

Level 1 ▷ Q21,Q22,Q26,Q27　Level 2 ▷ Q30

⑴起源論 ▶ p48

国家はどうして、あるいはどのようにして生まれてきたかを論じたもの。起源論には神権説、契約説、征服説、階級説などがある。

①神権説（王権神授説）…フィルマー、ボーダン

国家そして権力は神によって与えられたものである。

②契約説（社会契約論）…ホッブズ、ロック、ルソー

社会のメンバーが合意によって国家を作り出した。

③征服説…オッペンハイマー、グンプロビッチ

強い種族が弱い種族を征服していくことによって国家が生まれる。

④階級説…マルクス、レーニン

余剰生産物をもつ階級が、それをもたない階級を支配し国家が生まれる。

＊征服説と階級説をまとめて「実力説」と呼ぶ場合がある。

⑵本質論 ▶ p50

国家とは何か、また何のために国家は存在するのかを論じる本質論には、一元的国家論、多元的国家論、国家法人説、国家有機体説、階級的国家論などがある。

①一元的国家論…アリストテレス、ヘーゲル

国家は包括的な全体社会であり、個人や社会集団に対して絶対的な優位に立つ。

②多元的国家論…ラスキ、マッキーバー、バーカー

国家は社会の中に存在するすべての集団と併存する1つの集団にすぎず、諸集団の異なった機能を調整する役割を果たす点で相対的に優位であるにすぎない。

③国家法人説…イェリネク

国家は法的な権利主体たる法人であり、主権は君主や人民ではなく、国家自体に帰属する。

④国家有機体説…シェフレ、リリエンフェルト、スペンサー

国家を生物のような有機体とみなし、細胞の1つである個人よりも国家を優先する。

⑤階級的国家論…マルクス、エンゲルス

国家は支配階級が他の階級を支配するための道具である。

2 社会契約論 Level 1 ▷ Q23 Level 2 ▷ Q28,Q30

社会契約論＝個人と個人とが契約を結ぶことによって国家が成立する。
→代表的学者　ホッブズ、ロック、ルソー

⑴ホッブズ ▶ p52 ▶ p62

ホッブズは、人間の自然な状態は弱肉強食の戦争状態であり、これを「万人の万人に対する闘争」と呼び、こうした状態から逃れ、平和を獲得するために人々は自己の自然権を契約で国王に譲渡して国家を形成するとした。しかも人々は国家に絶対的に服従し、それに抵抗すること、つまり抵抗権は認められないと主張した。

⑵ロック ▶ p52 ▶ p62 ▶ p67

ロックは、人間の自然状態は一応、自由、平等かつ平和な状態であるが、その不安定さを取り除き、自己の生命・財産を確実に保障していくために契約を結んで自己の権利、具体的には自然権の一部である自然法の解釈権のみを国王に譲渡・信託して国家を作ると主張した。また人民には抵抗権を認め、国王がその信託の趣旨に反するならば当然にその契約は撤回できるとした。

⑶ルソー ▶ p52 ▶ p63

ルソーも、人間の自然状態は自由・平等・平和なユートピアだと考えたが、現実には堕落し、不平等な社会となっており、これを救済し、秩序ある状態を維持していくために契約を結んで一般意志を作り出すべきだと主張した。

3 国家の変遷（近代国家と現代国家） Level 1 ▷ Q24,Q25 Level 2 ▷ Q29,Q30

⑴近代国家 ▶ p56

19 世紀市民階級の台頭：同質的社会・自由放任主義を基盤とする。
→議会の地位が高い立法国家
→国民の自由を守る最小限の政府（夜警国家）

⑵現代国家 ▶ p56

20 世紀大衆社会の成立：異質的社会・管理主義を基盤とする。
→行政府の地位が高い行政国家
→国民の利益のため積極的に介入する政府（福祉国家）

⑶エスピン＝アンデルセンの福利国家レジーム ▶ p57

①自由主義的レジーム（市場原理を重視、アメリカ）
②保守主義的レジーム（職業別・地位別の社会保険制度、ドイツ・フランス）
③社会民主主義的レジーム（単一普遍的な社会保険制度、北欧）

第3章 国家論 Level 1

Q21 国家の起源論

問 国家に関する次の記述のうち、妥当なものはどれか。 (国家一般)

1 国家がどうして、どのようにして生まれてきたかという問題を論じるのが本質論である。
2 神権説とは、国家は神によって与えられるとするもので、これはオッペンハイマーらが唱えた。
3 社会のメンバーが合意によって国家をつくりだしたという契約説を唱えたのはホッブズ、ロック、ルソーであり、それらの学説には差異がない。
4 強い種族が弱い種族を征服して国家が生まれるというのが征服説であり、余剰生産物を多くもつ階級がもっていない階級を支配して国家が生まれるという階級説とをまとめて、特に実力説と呼ぶ場合がある。
5 古代ギリシアの都市国家、ローマ帝国という言葉からもわかるように、国家と呼ばれるものは歴史的には古くから存在しており、その本質も変わっていない。

PointCheck

◉起源論……【★★☆】

国家がどうして、あるいはどのようにして生まれてきたかという問題を論じるのが起源論である。これをめぐってフィルマーやボーダンは、国家そして権力は神によって与えられたものだとして「神権説」を説き、またホッブズ、ロック、ルソーらは社会のメンバーが合意(これを社会契約という)によって国家を作り出したという「契約説(社会契約論)」を説いた。さらにオッペンハイマーやグンプロビッチは強い種族が弱い種族を征服していくことによって国家が生まれてくるという「征服説」を、マルクスやレーニンは余剰生産物を多くもっている者(階級)が、それをもっていない者(階級)を支配することで国家が生まれるという「階級説」を説いた。征服説と階級説をまとめて「実力説」と呼ぶ場合がある。

◉王権神授説……【★☆☆】

王権神授説は、フランスの神学者 J.B. ボシュエがルイ 14 世に講義した内容に象徴される思想である。それは、新約聖書の「今ある権威はすべて神によって立てられ、権威に逆らう者は神の定めに背くことになる」という内容(「ローマの使徒への手紙第 13 章」)から発した。民衆からみれば、国王の行為に反抗することは神への冒瀆になるため、国王の絶対性(「朕は国家なり」)が担保されたことになる。

ところが、実際には王権の絶対性が維持されたわけではなく、貴族や僧侶などの身分団体さらにギルドなど社団の統治協力が前提となっていた。例えば、イギリス史における大憲章(マグナ・カルタ)は、議会に課税承認権が付与されていた。また、フランスにおいても三部会という身分制議会は自らの封建的特権を擁護するためにルイ 16 世に反発している。すなわち、絶対王政を制度的に支える明確な法体系が存在したわけではないのである。T. ホッブズのように自然法思想による社会契約論から絶対王政を擁護した一方、J. ロックのように同じ社会契約論から絶対王政を批判した思想もある。

◉征服説（実力説１）……【★☆☆】

19 世紀のオーストリアの社会学者であるグンプロビッチの征服説によれば、国家の起源は強力な種族による弱小の種族の征服過程にある。そこには、歴史は自己保存を図る社会集団間の闘争過程とする社会進化論的な思想がある。なお、古代日本国家の形成に関して江上波夫が主張した騎馬民族征服説は、征服説の一例である。

◉階級説（実力説２）……【★★☆】

マルクス主義は、国家を支配階級による被支配階級の抑圧機構ととらえ、一定の発展段階における社会の産物と認識する。例えば、資本主義国家では、支配階級がブルジョア階級であり被支配階級がプロレタリアであるため、ブルジョアの利益を擁護するためにプロレタリアを抑圧する道具として国家が利用される。当然の帰結としてマルクス主義は、国家の消滅を大きな政治目標に掲げる。

ただ、国家は必ずしも支配階級のための道具ではなかったことを立証したのが、K.A. ウィットフォーゲルである。すなわち、古代中国において大帝国が生まれたのは、大河流域地帯における治水と灌漑のための大規模土木工事の必要性によると主張した。

◉社団国家論……【★☆☆】

世界を席巻したファシズムは絶対王政概念の再検討を迫った。それは、権力の絶対性という点では絶対王政よりもファシズムの方が強力であったという認識である。特に、ファシズム体制がメディアを政治利用することで大衆一人ひとりを管理して大衆動員を図ったのに対し、絶対王政下では国家権力の支配が末端にまで浸透しなかったのである。

社団国家論は、絶対主義における王権の絶対性を疑問視し、都市、ギルド、さらに村落共同体などの自律的な団体の権益を擁護するために、国王の絶対性という形式が必要とされたと考える。

A21　正解ー4

1ー誤　国家がどうして、どのようにして生まれてきたかを論じるのは起源論である。
2ー誤　神権説を唱えたのはフィルマーやボーダンである。オッペンハイマーは征服説を唱えた。
3ー誤　契約説（社会契約論）を唱えたのはホッブズ、ロック、ルソーであるが、それぞれの学説の内容は大きく違っている（**Q23** 参照）。
4ー正　征服説はオッペンハイマー、グンプロビッチが、階級説はマルクス、レーニンが唱えた。両者をまとめて実力説と呼ぶことがある。
5ー誤　国家それ自体は古くから存在しているが、それは歴史的に変遷し、本質的に大きな違いがある。

Q22 国家の本質論

問 国家に関する次の記述のうち、妥当なものはどれか。 (地方上級)

1 国家は法的な権利主体であり、主権は君主や人民にではなく国家自体に帰属するという国家法人説を唱えたのは、イェリネクである。
2 国家は包括的な全体社会で、個人や社会集団に対して絶対的に優位に立つとするのが多元的国家論であり、H. ラスキ、マッキーバーらが唱えた。
3 一元的国家論では国家は社会の中に存在するすべての集団と併存する1つの集団であるが、諸集団の異なった機能を一元的に調整する点で他の集団より相対的に優位であるとされる。
4 マルクス、エンゲルスは国家を生物のような有機体とみなし、いわば細胞の1つである個人よりも国家を優先すると主張した。
5 国家とは何か、また何のために存在するのかを論じたのが本質論であり、これには神権説、契約説、征服説、階級説がある。

PointCheck

◉本質論その1 ……【★★★】

国家とは何か、また何のために国家は存在するのかを論じるのが本質論である。これについての学説をまとめてみると、国家と他の組織や集団との関係に関する一元論と多元論が対立する。

国家は包括的な全体社会であり、個人や社会集団に対して絶対的に優位に立つとするのが、アリストテレスやヘーゲルが説いた「一元的国家論」である。これに対して、国家は社会の中に存在するすべての集団と併存する1つの集団にすぎないが、これらの諸集団の異なった機能を調整する役割を果たしている点において相対的に優位にあるというのが「多元的国家論」で、これはH. ラスキ、マッキーバー、E. バーカーらが主張した。多元的国家論の背景には、政治・企業・労働組合など多様な社会集団の台頭という現代社会状況がある。

◉本質論その2 ……【★☆☆】

イェリネクは、国家は法的な権利主体、すなわち法人であって、主権は君主や人民にではなく、国家自体に帰属するとして「国家法人説」を、またシェフレ、リリエンフェルト、スペンサーは国家を生物のような有機体とみなして、いわば細胞の1つである個人よりも国家を優先するとした「国家有機体説」を説き、さらにマルクスやエンゲルスは、国家は支配階級が他の階級を支配するための道具であるとする「階級的国家論」を主張した。

名称	内容	人物
一元的国家論	国家は包括的な全体社会であり、個人や社会集団に対して絶対的に優位に立つ	アリストテレス ヘーゲル
多元的国家論	国家は社会の中に存在するすべての集団と併存する1つの集団にすぎないが、これらの諸集団の異なった機能を調整する役割を果たしている点で相対的に優位であるにすぎない	ラスキ マッキーバー バーカー
国家法人説	国家は法的な権利主体、すなわち法人であって、主権は国家それ自体に帰属する	イェリネク
国家有機体説	国家を生物のような有機体とみなし、細胞の1つである個人よりも国家を優先する	シェフレ リリエンフェルト スペンサー
階級的国家論	国家は支配階級が他の階級を支配するための道具	マルクス エンゲルス

知識を広げる

J. ボーダンの「主権」概念

フランスの思想家（1529～96年）。宗教戦争が激化するフランスで、内紛・分裂を収めるため、絶対最高権力としての「主権」概念を提起した。彼は、フランスの分裂は、教皇や有力貴族への服従で国家の中心的存在がなくなっているためとして、国王が主権をもつべきだと説いた。主権の内容としては、立法権、諸侯の任免、外交権限などを挙げた。

A22 正解－1

1－正　国家を法的な権利主体すなわち法人とみなす考え方である。

2－誤　本肢は一元的国家論についての記述であり、これはアリストテレスやヘーゲルが唱えた。

3－誤　H. ラスキ、マッキーバー、E. バーカーらが唱えた多元的国家論についての説明である。

4－誤　本肢は国家有機体説についての説明であり、シェフレやリリエンフェルトが唱えた。マルクスやエンゲルスが唱えたのは階級的国家論である。

5－誤　本質論には一元的国家論、多元的国家論、国家法人説、国家有機体説、階級的国家論がある。神権説、契約説、征服説、階級説は起源論である。

Q23 社会契約論

問　社会契約論に関する次の記述のうち、妥当なものはどれか。　(地方上級類題)

1　ロックは、人間の自然な状態は弱肉強食の戦争状態であり、こうした状態から逃れ平和を獲得するために、自己の自然権を国王に譲渡して国家を形成するとした。
2　ホッブズは人民に抵抗権を認め、国王がその信託の趣旨に反するならば、当然にその契約は撤回できるとした。
3　ロックは、人々は国家に絶対的に服従し、それに抵抗することは認められないと主張した。
4　ルソーは、自然状態は自由・平等・平和なユートピアであるが、現実には堕落し不平等な社会になっており、これを救済するために契約を結んで一般意志をつくりだすべきだと主張した。
5　ホッブズ、ロックは人間の自然状態を自由・平等・平和な状態であるとしたが、ルソーは自然状態とは弱肉強食の戦争状態であると考え、これを「万人の万人に対する闘争」と呼んだ。

PointCheck

◉ホッブズ、ロック、ルソーの比較……【★★★】

	ホッブズ	ロック	ルソー
著書	『リヴァイアサン』	『市民政府二論』	『社会契約論』
自然状態	弱肉強食の戦争状態 「万人の万人に対する闘争」	自然法に基づく 一応平和な状態	自由・平等・平和な ユートピア
契約の目的	平和の獲得	生命・財産権の保障	堕落した社会の救済
契約の内容	個人の自然権をすべて 契約で国王に譲渡	自然法の解釈権を 国王に譲渡・信託	一般意志の創設
影響	絶対王政の擁護	イギリス名誉革命の 正当化	フランス革命の 理論的根拠
抵抗権	抵抗権も含め譲渡	統治機関への 信託の取り消し	−
国家	主権者たる国王が 国家を形成	信託に基づく統治機関	一般意志により 人間本来の自由・平等を 回復する場

※社会契約論（説）に関しては、**Q71** も参照のこと。

◉ **T. ホッブズと国家** ……………………………………………………【★★★】

ホッブズによれば、人間の自然状態は戦争状態つまり利己的で弱肉強食の状態である。この状態が「万人の万人に対する闘争」であり、こうした状態から脱却して自己保存や平和を獲得するために人々は自己の自然権を契約で主権者に譲渡して国家＝リヴァイアサンを形成する必要がある。

それまで絶対主義の理論的擁護は神権説（王権神授説）によっていたが、ホッブズは『リヴァイアサン』で主権の絶対性の根拠を神権ではなく個人の自然権確立に求めた点で、原子論的個人主義という近代の特徴をみることもできる。

◉ **J. ロックの社会契約論の内容** ……………………………………【★★★】

ロックにとって社会契約とは、個人が所有権を守るために共同社会を設立する契約のことである。ここでいう所有権は財産権だけではなく、生命・自由も含む概念である。この共同社会が権力を統治機関に信託する。この統治機関が国家であり、国家が設立目的つまり信託に反する権力を行使すれば、共同社会が国家に対して抵抗権を発動する。

◉ **J.J. ルソーと一般意志** ……………………………………………【★★★】

ルソーによれば、自然状態では人間は無知ではあるが自由で平等で平和な状態である。しかし、歴史の発展過程は、この状態の喪失過程であり、社会状態は戦争状態に近い。『社会契約論』によれば、全員一致の社会契約を結んで国家を創設することで、平和な状態を回復できる。

この社会契約によって形成された意志が一般意志である。一般意志は全員の意志であるため、絶対性、分割不可能性、無謬性といった特徴をもつ。一般意志では代議制は否定され、直接民主制が成立する。なお、全体意志は、構成員の個々の意志を集めたものにすぎず、一般意志とは異なり、代議制が可能である。

A23 正解－4

1－誤　本肢はホッブズの主張についての記述である。人間の自然状態は、一応自由・平等かつ平和であるとロックは考える。

2－誤　ホッブズは、人々は国家に絶対的に服従すべきであり、それに抵抗することは認められないとした。

3－誤　ロックは人民に抵抗権を認め、当然国家に抵抗できるとした。

4－正　ルソーのキーワードは一般意志である。文明や私有財産により失われた平和を、全員一致の社会契約で回復すると考える。

5－誤　自然状態を戦争状態と考え、「万人の万人に対する闘争」と呼んだのはホッブズであり、これに対し、自由・平等・平和な状態としたのはロック、ルソーである。

Q24 近代国家論の形成

問 国家論に関する次の記述のうち、妥当なものはどれか。 (地方上級)

1 ラッサールは、自由放任主義に基づき、国家の役割をブルジョワ的私有財産の番人、夜中のガードマンと揶揄し、夜警国家観を導き出した。
2 19世紀において大衆民主主義が進展し、政治的無関心層が拡大した結果、夜警国家観が成立した。
3 ヘーゲルは、国家を欲望の体系として社会に対する止揚の機能を期待し、夜警国家論を主張した。
4 社会契約説に基づいて、近代市民社会においては市民階級に実質的主権があるとした国家論が夜警国家論である。
5 国家の機能を、外敵の侵入を防ぐこと、国内の治安を維持すること、個人の自由と財産を保障すること等の最小限にしたのが夜警国家論である。

PointCheck

◉夜警国家論……【★★☆】

⑴登場の背景

19世紀の近代国家の基本的な政治原理は、権力分立・代議制・立憲主義であり、前提条件は、理性的な人間・成熟した市民社会・自由放任主義であった。この理性的な人間は、教養と財産を持つ公衆（パブリック）を指す。

近代市民社会にとって、絶対王政時代における市民の自由や財産が侵害された記憶はトラウマとなり、国家の活動は少なければ少ないほどよいという思想が定着した。この思想がF.ラッサールによる夜警国家論である。

なお、ラッサールは、国家社会主義者であり、労働者や貧民の困窮の原因に国家の無策があると糾弾するなかで、自由主義国家を夜警国家と揶揄(やゆ)したのであり、夜警国家論を提唱したわけではない。

⑵立法国家

夜警国家は立法国家であった。それは、政治の場が質量ともに限定されていたこと、政治的解決や問題の処理に高度の専門性や技術性はそれほど要求されなかったこと、階級対立が深刻でなかったこと、市民の同質性が保たれていたこと、などによる。つまり、当時の政治的経済的社会的環境が、行政府ではなく立法府に政治の指導力を握らせたのである。

◉ G.F.W. ヘーゲルの国家論・市民社会概念　理解を深める……………………【★☆☆】

⑴市民社会

ヘーゲルが思想史上初めて定式化した概念が市民社会である。市民社会は、個人が自らの欲望を展開する欲望の体系の場である。それは、A. スミスらの近代経済学が明らかにした自由主義的経済システムでもある。

しかし、市民社会は個人の能力や偶然性などによる富と貧困が蓄積される場でもある。ヘーゲルの言葉に従えば、市民社会は「自然的人倫的退廃の光景を呈する」場でもある。

⑵国家の理念

市民社会自体は特殊な原理に基づいているので、そこには普遍性や一体性は存在しない。ヘーゲルにとっては、国家は人倫的理念を現実化する場であり、個人が特殊性から脱皮して普遍的公共的生活を送る場（人倫国家観）である。ヘーゲルの言葉に従えば、国家は「客観的精神であるから、個人自身が客観性、真理性、人倫性をもつのは彼が国家の一員であるときだけ」なのである。

⑶統治権（行政権）の優越

ヘーゲルは国家権力を、世襲制で形式的象徴的な君主権、実質的権力機関である統治権、そして立法権に分類する。統治権は行政権と司法権から構成され、行政権の中核を担うのは官僚であるとする。ヘーゲルにとって官僚は、倫理的思想的教養をもったブルジョア市民であり、啓蒙官僚であり、また真理の認識者でもある。そしてヘーゲルにとっての立法権は、啓蒙官僚が作成した法案の内容を市民に理解させるための啓蒙機関の役割を担っているにすぎず、国会は国民の政治教育の学校にすぎないと考えたのである。

A24　正解－5

1－誤　ラッサールは国家社会主義者であって自由放任主義者ではない。援助の必要な者に対して何もしない国家を皮肉って夜警国家といったのである。

2－誤　大衆が政治に参加せず政治的無関心層が拡大したのは20世紀のことで、19世紀の夜警国家より後である。

3－誤　ヘーゲルは人倫国家観に立つ。これは国家が人民を道徳的に導いていくものとする点で、一元的国家論に入る。

4－誤　本肢の説明は、夜警国家論ではなく契約説についてのものである。

5－正　夜警国家論は、国家の機能を論じたものである。

Q25 近代国家と現代国家

問 国家に関する次の記述のうち、妥当なものはどれか。 (地方上級)

1 20世紀に入ってからは国家が解決すべき課題が増大し、国家機能が拡大する中において、行政部の地位が相対的に優越するようになった。
2 現代国家は国民生活のあらゆる領域に介入する国家であるが、その役割が国防と治安維持、個人の自由や財産の保障に限定されることに変わりはない。
3 法律による行政という国家の基本原理は現代国家においても貫かれ、あらゆる行政は議会が定めた法律に基づいて行われる。
4 F. ラッサールは近代国家を「夜警国家」と評したが、これは自由放任主義に基づく近代国家を高く評価したものである。
5 近代国家は市民社会、現代国家は大衆社会を背景として成立する国家であるが、いずれの社会もさまざまな階層からなる異質的な社会である。

PointCheck

◉近代国家…………………………………………………………………………【★★☆】

19世紀の社会は教養と財産をもった市民が台頭した市民社会であるが、これを背景として成立した国家が近代国家である。近代国家は国民の代表機関であり立法機関である議会の地位が相対的に高い立法国家で、行政は議会が制定する法律の忠実な執行者にとどまり、また国家の役割も国防と治安維持、個人の自由や財産の保障に限定され、自由放任を原則とした国家である。ドイツの国家社会主義者F. ラッサールはこうした国家を市民の財産のガードマンにすぎないとして「夜警国家」と揶揄している。

◉現代国家…………………………………………………………………………【★★☆】

20世紀の大衆社会を背景とする国家が現代国家である。大衆社会は同質的な市民社会とは異なり、さまざまな階層からなる異質的な社会で、しかも国家がこうした社会の課題の解決のために積極的に介入する国家であり、国家が解決すべき課題が増大し国家機能が拡大していくなかにおいて、特に行政部の地位が相対的に優越していく行政国家になる。またこのように国家が国民生活のあらゆる領域に深く介入する国家を福祉国家と呼び、立法国家から行政国家への移行は同時に夜警国家から福祉国家への移行でもあった。

▼近代国家と現代国家の相違

19 世紀　近代国家＝立法国家＝夜警国家
↓　↓　↓　↓
20 世紀　現代国家＝行政国家＝福祉国家

近代国家	現代国家
19 世紀市民社会	20 世紀大衆社会
教養と財産をもった市民	大衆
自由放任	管理社会
同質社会	異質社会
立法国家	行政国家
夜警国家	福祉国家

◉エスピン＝アンデルセンの福利国家の分類 ……………………………………【★★☆】

3つの指標で先進国の福祉国家体制（レジーム）の度合いを比較する。

①脱商品化：労働市場を離れても生活を営むことができるか
②脱階層化：職業により格差が固定されていないか
③脱家族化：家族を離れ社会で福祉を担うことができるか

⑴自由主義的レジーム（市場原理を重視、アメリカ）
⑵保守主義的レジーム（職業別・地位別の社会保険制度、ドイツ・フランス）
⑶社会民主主義的レジーム（単一普遍的な社会保険制度、北欧）

A25 正解－1

1－正　いわゆる行政国家への移行である。
2－誤　国家の役割が国防と治安維持、個人の自由や財産の保障に限定されるのは近代国家であり、現代国家においてその役割はあらゆる領域に広がっている。
3－誤　現代国家においては、複雑多岐にわたる行政をすべて法律でカバーすることはできず、行政の裁量の範囲が拡大している。このことが議会の地位を低下させているのである。
4－誤　F. ラッサールは近代国家を市民の財産のガードマンにすぎないとして、それを夜警国家と揶揄した。
5－誤　市民社会は財産と教養をもった市民が台頭した社会であり、社会全体が同質的に成立している。

Q26 国家論

問 国家論に関する次の記述のうち、妥当なものはどれか。 (地方上級)

1 夜警国家では、国家は市民に対しその人間的尊厳を保障するための莫大なサービスを給付するため、行政の拡大を招いた。
2 J. ロックは、王権は神によって与えられたものとする神権説を唱えた。
3 グンプロビッチは、農耕民族がその経済力を背景に遊牧民族や騎馬民族を征服して国家を形成するという、征服説を唱えた。
4 H. ラスキは、国家は経済・宗教などの諸機能を営む自主的な社会集団と並立集団だが、主権的機能をもつ点でそれらと区別されるとした。
5 エンゲルスは、国家をもって社会的諸階級を結合する経済的利害関係の全体社会ととらえ、搾取階級による支配の道具と考えた。

PointCheck

◉国家の本質論 繰り返し確認 ……【★★★】

一元的国家論	国家を包括的な全体社会とみる	アリストテレス ヘーゲル
多元的国家論	国家は機能的な集団の1つにすぎない	ラスキ マッキーバー バーカー
国家法人説	国家は法的な権利主体であって(法人)、主権は君主や人民にではなく、国家自体に帰属する	イェリネク
国家有機体説	国家を生物のような有機体とみなす	シェフレ リリエンフェルト スペンサー
階級的国家論	国家は支配階級が他の階級を支配するための道具である	マルクス エンゲルス

◉国家の起源論 繰り返し確認 ……【★★★】

神権説	権力は神によって与えられたとするもの	フィルマー、ボーダン
契約説	国家は社会契約によって生まれたとするもの	ホッブズ、ロック、ルソー
実力説	征服説…強い種族が弱い種族を征服していくことによって国家が生まれる	オッペンハイマー、グンプロビッチ
	階級説…余剰生産物を多くもっている者(階級)が、もっていない者(階級)を支配することで国家が生まれる	マルクス、レーニン

◉国家の変遷論 繰り返し確認 ……【★★☆】

近代国家	現代国家
19 世紀市民社会	20 世紀大衆社会
教養と財産をもった市民	大衆
自由放任	管理社会
同質社会（利害関係が同質である）	異質社会（利害関係が異質である）
立法国家（国家権力のヘゲモニーが立法部にある）	行政国家（行政部の権力が相対的に強い）
夜警国家（国家が市民の財産のガードマンにすぎないと、ラッサールが皮肉ったもの）	福祉国家

A26 正解－5

1－誤　国家は、国防と治安の維持のみをすべきと考えるのが夜警国家論である。したがって、サービスの給付はしない。また行政の拡大もなく、小さな政府が可能となる。

2－誤　ロックは、個人が所有権を保障するため相互に社会契約を結び、権力を統治機関に信託するという、契約説の立場である。

3－誤　遊牧民族や騎馬民族が農耕民族を征服すると考えた。

4－誤　ラスキは、国家を社会集団の１つと考えた。ただ、巨大であることから、他の社会集団を調整する機能をもっていると考えた。

5－正　エンゲルスらのマルクス主義国家観によれば、国家は支配階級が被支配階級を支配するための道具であり、国家の廃絶が重要な政治目標であると考えた。

Q27 多元的国家論

問 多元的国家論に関する記述として、妥当なのはどれか。 （地方上級）

1 多元的国家論は、国家の他の経済上・文化上あるいは宗教上の諸集団に対する絶対的優位性を肯定した。
2 多元的国家論は、国家と社会を峻別すべきことを主張し、国家は全体社会から見れば、その機能の一部を分担する部分社会に過ぎないとした。
3 多元的国家論は、個人や社会集団に対する国家の独自性を強調し、国家は絶対的な主権を有するとした。
4 多元的国家論の代表であるヘーゲルは、国家は民族の政治的統一であり、個人は国家においてはじめて真の人間たりうるとした。
5 多元的国家論は、国家機能の増大する時期にあって、自由主義的原則を排除するために唱えられた。

PointCheck

◉一元的国家論……………………………………………………………………【★☆☆】

一元的国家論にとって、国家は独自の存在で絶対的な主権をもち、個人と社会集団は国家によって存在が保障されて保護を受ける対象にすぎない。T. ホッブズ、G.W.F. ヘーゲルがその代表である。

例えば、ヘーゲルにとって国家とは、人倫つまり人間の倫理やそれを実現する共同体としてであり、家族と市民社会の対立が弁証法的に発展して形成された存在が国家なのである。

◉多元的国家論の登場の背景……………………………………………………【★★☆】

多元的国家論は、一元的国家論が主張するような国家主権の絶対的優位性を否定し、国家を特定の目的をもった１つの機能集団と考える。このような国家観が成立したのは、次に挙げる３つの歴史的背景がある。

①19世紀から20世紀にかけて、国家の実態が夜警国家から福祉国家へ移行したこと
②ナショナリズムが高揚しさらに全体主義的国家観も生まれ個人の自由が抑圧されたこと
③大衆社会の登場とともに国家機能が増大したこと

以上の要素を背景として、国家の絶対化を防止し、自由主義的原則を維持する国家論が必要とされた。

◉**多元的国家論の論者** 理解を深める ……【★★★】

(1) E. バーカー

さまざまな社会的集団が登場した現象を「集団の噴出」と呼び、国家の他の社会集団の存在を重視した。しかし、バーカーは、むしろ「集団の噴出」による個人の自由が制限されることを恐れた。

(2) H. ラスキ

一元的国家観が個人の自由を制約することを指摘し、国家権力を他の社会集団、特に労働組合にも一部移譲すべきだと主張した。なお、ラスキは、世界恐慌を受けて国家が積極的に社会集団間の利害を調整する重要性を認識して、多元的国家観を修正している。

(3) R.M. マッキーバー

国家は「コミュニティ」ではなく「アソシエーション」の1つにすぎないと主張した。コミュニティとは共同生活を営む地域のことであり、アソシエーションとは特定の目的のための人為的集団（教会、労働組合など）のことである。

A27 正解－2

1－誤　国家も特定目的のための機能的集団にすぎず、他の経済上・文化上あるいは宗教上の諸集団に対して絶対的優位性をもつものではないとする主張が、多元的国家論である。

2－正　多元的国家論は国家の絶対的優位性は否定するが、他の社会的集団を全く同一のレベルにおくものではなく、全体社会の中で調整的役割を有する点で相対的優位にある部分社会と考える。

3－誤　国家を包括的な全体社会ととらえ、個人や社会集団に対する独自性、絶対的優位を主張するのは、一元的国家論である。

4－誤　ヘーゲルは、国家を人倫を実現するために個人が共存する有機的組織体ととらえており、個人や社会集団に対する独自性を認める一元的国家論に属する。

5－誤　多元的国家論は、行政部の増大による国家権力の増大から、個人の権利や自由を守るために主張されたものである。行政部の役割を限定的に考え、自由主義的原則を貫こうとする立場である。

Q28 国家と社会契約

問　T. ホッブズおよび J. ロックの国家・政府に対する考え方に関する次の記述のうち、妥当なものはどれか。
（国税専門官）

1　T.ホッブズは、人間の自然状態は不安定なものであるが、基本的には自由で平等であり、その平和な状態をより安定したものとするために、各人は契約により社会や国家を設立すると主張した。
2　T.ホッブズは、国民の信託により権力を委託された政府が、その信託の目的に反した場合には、国民にはその信託を撤回し、政府に対して抵抗する権利があるとして、革命権の考え方を初めて主張した。
3　J.ロックは、人間は自らの自然権を譲渡し、契約により社会や国家を設立するとともに、政府に各人が絶対的に服従することによって、最悪の状態である自然状態から解放されると主張した。
4　J.ロックは、国民の信託によって設立された政府がその権力を濫用することを防止するために、権力の分立の重要性を主張した。
5　J.ロックは、文明社会によって損なわれた自由と平等を回復するためには、人民主権の考え方に基づき、新たな契約によって国家を設立し、一般意志を実現する必要があると主張した。

PointCheck

◉T. ホッブズと J. ロックの人間観 ……………………………………………………【★★★】

社会契約によって、自然状態から国家の形成を説く両者ではあるが、その契約の内容や成立した国家の性格はかなり異なる。これは、両者の人間観が大きく異なることによる。

ホッブズの想定する人間は、欲求を追求し嫌悪を逃れながら自己保存をはかる利己的な存在であり、各人の欲求は侵害しあう矛盾した状態となる。ここから導かれる自然状態は当然「万人に対する万人の闘争」である。

ロックの想定する人間は、神により与えられた能力を行使しても、自由かつ平等な存在である。それは、自然状態での自然法によって、自ら有する「所有権」を尊重することが理解できるからであり、一応平和な状態になる。

ロックにとって国家は、所有権の解釈の違いで戦争状態に陥ることを避ける目的で、それを調整するため信託を受けた機関である。これに対し、ホッブズの国家は、すべての人々が自然権を放棄することで契約し設立されるもので、各人の矛盾した欲求を回避させ自己保存をはかるため、絶対的主権者としての国家権力として成立するのである。

◉ T. ホッブズの評価 ……【★☆☆】

ホッブズの社会契約による国家の導出手続きの意義は、国家を徹底的に機械論的に認識して自己保存のための道具の体系として構築した点にある。ホッブズは、国家に徳や理想を求めていない。このような国家が、実際はファシズム国家に変貌して世界を恐怖のどん底に陥れたという歴史的逆説を指摘することもできる。

◉ J. ロックの評価 ……【★★☆】

⑴ロックの権力分立論

ロックは、立法権を議会に、執行権と連合権を君主に担当させることを考え、権力分立論を先駆的に提唱した。執行権は現在の行政権と司法権を合わせたもので、連合権は外交のことである。以上の点からロックの権力分立論は二権分立論である。

⑵ロックの影響

ロックの抵抗権の思想は、イギリスの名誉革命を正当化した。また、ロックの思想は、政治権力を限定的にとらえた点で、三権分立を提唱したC.L. モンテスキューの『法の精神』の先駆的業績となる。さらに、自然状態から共同社会と国家を導出した思想手続きは、J.J. ルソーの『社会契約論』の先駆的業績となる。

◉ J.J. ルソーの評価 ……【★☆☆】

ルソーに対しては、徹底した自由主義論者と評価する一方で、全体主義者の先駆者と批判する場合もある。その根拠の1つが「他者」の不在である。ルソーの国家観は価値や理念、さらには利害の衝突がなく、自分とは違う「他者」の否定と排除につながるおそれがある。

ルソーの社会契約論の特徴は、権利の全面的譲渡という点にある。権利を共同体全体に対して全面的に譲渡する一方で、「自己を共同体に与えて、しかもだれにも自己を与えない」とした。フランスの啓蒙思想家であるヴォルテールは、『社会契約論』のこの箇所に、「こんなのはみんなでたらめ」と書き込んだといわれている。

Level up Point!

ホッブズ、ロック、ルソーの３者は、自然状態･社会契約についての比較がポイントとなるが、キーワードのみでなく、彼らが置かれた歴史的状況とその後の評価を含めて考えておくことで、確実に得点したい。

A28 正解ー4

1ー誤　自然状態を一応平和と考えるのは、ロックの主張である。
2ー誤　抵抗権・革命権は、ロックの主張である。
3ー誤　自然権を譲渡し服従するというのは、ホッブズの主張である。
4ー正　ロックの権力分立論は、二権分立論である。
5ー誤　人民主権・一般意志は、ルソーの主張である。

第3章 国家論 Level 2

Q29 現代国家の成立

問 政治と国家に関する次の記述のうち、妥当なものはどれか。 (国家一般)

1 政治の定義は多様であるが、その組織構成員に対する制裁権を有するという点からみれば、N. マキャヴェリが指摘するように、政治は国家に固有のものということができる。

2 18～19世紀にかけて、先進国ではいわゆる夜警国家が出現したが、これはイギリス功利主義学派の主張に従えば、広く大衆が政治にかかわるようになってきた結果、大衆の生命や財産が国家の最大の関心事になったためである。

3 20世紀における福祉国家では、政府による貧困の救済などさまざまな社会問題の解決にみられるように、国家による社会の多様な領域への介入による社会秩序の維持が求められている。

4 国家は、政治の機能を果たすための組織であり、その組織が実効性をもつのは、官僚制という組織を通じてのみなされるものであるということから、M. ウェーバーの述べるように、国家と官僚制は同一のものということができる。

5 制限選挙制から普通選挙制への移行により、多くの自律的市民が自らの判断で社会生活を営むことができるようになり、自律的市民の自由な活動に対する干渉は制限されてきた。

PointCheck

◉N. マキャヴェリの国家観 ……【★☆☆】

マキャヴェリは、当時のイタリアの政治的な無秩序が国家の混乱の原因であると考え、独自の法則性をもつ自立した政治社会が、権力主体によって成立されることを期待した。それは、国家が抽象的理念や心情的道徳から解放され、倫理的・道徳的に否定される方策であっても秩序を確立するためには肯定されるという思想につながる。それを委ねる権力主体が、当時の君主しかいなかったことで、絶対君主の権力と権力機構としての理論となるのである。マキャヴェリズムというと権謀術策や軍隊による実力行使のみが強調されるが、彼の国家観は、主権者を除いて考えれば、共和主義的な近代国家的性格を有するものと見ることができる。

◉市民社会と近代国家 繰り返し確認 ……【★★★】

19世紀の社会が市民社会といわれるのは、教養と財産をもった市民が台頭したからで、市民社会を背景として成立した国家が近代国家である。近代国家は、議会の地位が相対的に高い立法国家で、行政は議会が制定する法律の忠実な執行者にすぎない国家である。そこでは、国家と市民社会とが明確に区別され、経済、宗教、教育などの運営を市民社会に委ねる自由放任主義を原則とした。そのため、近代国家は、財政面からいえば小さな政府であり、市民社会に介入することを必要最小限度にする消極国家でもある。こうした国家は市民の財産のガードマンにすぎず、夜警国家であると揶揄したのが、ドイツの国家社会主義者F.ラッサールである。

◉大衆社会と現代国家 繰り返し確認 ……………………………………【★★★】

20世紀の社会が大衆社会といわれるのは、さまざまな階層からなる大衆が台頭したからで、大衆社会を背景として成立した国家が現代国家である。現代国家は、特に行政部の地位が相対的に優越する行政国家である。なぜなら、現代国家の役割は、社会のさまざまな課題を解決することまで要求されるからである。そこでは、国民生活のあらゆる領域に深く介入する国家像つまり福祉国家が提示される。そのため、現代国家は、財政面からいえば大きな政府であり、大衆社会への関与が頻繁になされる積極国家でもある。

◉ R. ノージックのリバタリアニズム・最小国家論 理解を深める ……………………【★★☆】

ノージックは、個人に他者の自由を侵さない限りにおいて最大限の自由を認めるべきであると考え、自由に最大限の価値を置く個人主義的な立場（リバタリアニズム）に立つ。ノージックは、『アナーキー・国家・ユートピア』で、J.ロールズの正義論つまり福祉国家的な諸政策の正しさを説明して公正に価値を置くリベラリズムを批判し、個人の権利の執行だけを任務とする最小国家論を擁護する。最小国家論は、国家の役割を司法、治安維持、国防に限定し、公共福祉制度、道路網、公共教育制度などを民間部門に委ねる国家論である。リバタリアニズムは、系譜的にはJ.ロックとA.スミスの正統派の流れをくみ、所有権と経済学の理論的背景をもつ強力な自由主義思想である。

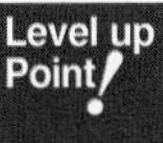

ロックからミルへの伝統的な自由主義から、大衆国家が確立したあとのリベラリズムとリバタリアニズムへの展開を、現代的福祉国家の理念の形成と合わせて理解する。

A29 正解ー3

1ー誤　組織構成員に対する制裁権は、政党や企業にも存在する。マキャヴェリは、政治を道徳・倫理から切り離し、実力行使と秩序形成の面からとらえるが、君主の国家統治が大前提である。

2ー誤　大衆の登場が国家の最大の関心事になったのは、20世紀に入ってからのことである。夜警国家は近代国家の特徴であり、このとき大衆社会は成立していない。

3ー正　行政国家・福祉国家は、現代国家の特徴である。

4ー誤　官僚制は国家の政治体制の組織的な特徴ではあるが、国家そのものではない。

5ー誤　市民の自由な経済活動は、むしろ福祉国家の見地から制限される可能性がある。

Q30 国家と政治権力

問 国家と政治権力に関する次の記述のうち、妥当なものはどれか。 （国家一般）

1　近代国家概念の始まりは、マキャヴェリの『君主論』に見られる。マキャヴェリは、戦乱に明け暮れたルネサンス期のイタリアに平和をもたらすためには、軍事力に訴えず、キリスト教の教えに従う君主が必要であると考えた。

2　市民革命の思想家は、国家と社会の区別を認めなかった。例えばJ. ロックは、国家と市民社会を区別すれば、国家の権威は市民社会から与えられた信託の範囲に限定されてしまうから、そのような信託を超えた国家全体の主権を樹立する必要があると論じた。

3　K. マルクスは、国家とはその社会において優位にある階級の支配の道具であると指摘し、市民社会全体の利益に奉仕する政治権力を打ち建てるためには、階級という社会の亀裂を撤廃し国民意識に基づいた革命を行わなければならないと論じた。

4　M. ウェーバーは、支配の正統性を伝統的支配、カリスマ的支配、合法的支配に分類し、このうち権力者が法に基づいて権力を行使する合法的支配が近代国家における政治権力の特徴であると考えた。

5　19 世紀までの政治学では、国家と他の集団との区別は明確ではなかったが、20 世紀に入ると、国家の権威や権力を集団一般のそれと区別し、国家のもつ政治権力に政治学の対象を限定する、H. ラスキの多元的国家論が現れた。

PointCheck

◉N. マキャヴェリの『君主論』 ……………………………………【★★☆】

マキャヴェリは『君主論』の中で、プラトンの『国家』における道徳的理想主義的立場を「見たことも聞いたこともない共和国や君主国を想像の中で描いてきた」と評して、『君主論』のねらいを「読者が直接役立つものを書くこと」に置いた。

マキャヴェリにとって、君主に必要な資質は、運命と状況の変化に応じた「変幻自在の構え」である。マキャヴェリが君主に求めたその構えは、狐とライオンのたとえを用いて、「狐のずるさ」と「ライオンの力」と表現される。ライオンは策略のわなから身を守れないので、狐のようなずるさを必要とし、また狐は狼から身を守れないので、ライオンのような力を必要とする。マキャヴェリの主張は政治的秩序すなわち軍隊の統治のようにとらえられているが、軍事力＝ライオンの力にだけ依拠したわけではない。

◉ J. ロックの社会契約 ……【★★☆】

⑴所有権の意味

ロックは、近代立憲主義確立のために社会契約論を展開した。自然法によれば、個人の所有権が脅かされない限り、他者の所有権も尊重すべきとなる。ここでいう所有権は、生命・自由・財産をまとめた包括的な概念である。そして、人間の自然状態は、一応平和な状態であるが、そこには不安定要因がある。なぜなら、所有権の解釈や所有権侵害に対する懲罰の執行権が個々人に委ねられているからである。

⑵抵抗権の根拠

個人は、所有権を守るために相互に契約を結ぶ。これが社会契約であり、その所有権を同意に基づき共同社会に委ねる。次に、この共同社会が統治機関を設立し、所有権の保存と調整を担う権力を統治機関に委ねる（信託）。この段階における統治機関が国家である。

この統治機関は最高の国家権力であるが、一定の目的つまり所有権の保護のために活動する信託的権力にすぎない。もしこの統治機関が設立目的つまり所有権の保存と調整に反する行動をとれば、共同社会が一方的に統治機関に対する信託を取り消すことが可能である。これが、共同社会がもつ抵抗権である。

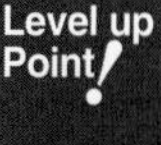

マキャベリやロックなどの思想は、その政治的社会的背景に関する知識も出題される。さらにもう一歩深めた理解を目指して、細かすぎる知識に振り回されず解答できるようにしたい。

A30 正解ー4

1ー誤　マキャヴェリは、分断化されたイタリアを安定させるためには、道徳や倫理から解放された君主統治が必要だと考えた。

2ー誤　ロックによれば、所有権を有する共同社会と信託を受ける国家は区別される。信託を超えた主権の行使はむしろ抵抗権の正当な行使の理由になる。

3ー誤　マルクスにとって国家廃絶が１つの政治目標であり、その中のブルジョア市民社会は批判の対象である。革命は労働者階級のために行われるものである。

4ー正　近代国家は、合法的支配だけはなく他の２つも混在する形で支配の正統性を確保する。

5ー誤　一元的国家論においても、全体社会としての国家と部分集団との区別は存在する。また、多元的国家論は、国家も社会集団の１つとみなすもので、政治学の権力に対する認識対象を国家に限定するものではない。

第4章 政治過程論Ⅰ

Level 1 p70～p83　Level 2 p84～p89

1 政党とは何か

Level 1 ▷ **Q31～Q33,Q37**　Level 2 ▷ **Q39,Q40**

政党は現代政治の生命線である。（S.ノイマン）
→現代の政治においては政党が大きな役割を果たしている。

⑴政党の定義 ▶p73

政権の獲得を目的とし、政治的な役割を果たす集団

⑵政党の機能 ▶p70

①利益表出機能

社会の各領域からそれぞれの要望を出していく。

②利益集約機能

社会各領域の要望をまとめて具体的な政策にする。

③人材供給機能

政治的リーダーを育成し、それを政治の舞台に送り出す。

④政治的社会化機能

政治課題を国民に説明し、政治への関心や自覚、参加を促す。

⑶政党の機能不全 ▶p73

現代では社会構造の複雑化・多様化によって、社会各層の利益すべてを表出・集約するのは困難な状況にある。このことから政党の機能低下が指摘される。

⑷各国の政党比較 ▶p74

世界各国にいろいろな政党が存在しているが、試験ではイギリスとアメリカの政党について繰り返し問われている。

①イギリスの政党

・二大政党制（保守党と労働党）。
・党規律が厳格で、中央集権的な政党組織をもつ。
・組織の大衆化……党員数が多い。
・政党の資金……党員が支払う党費に依存する。

②アメリカの政党

・二大政党制（共和党と民主党）。
・党規律がゆるやかで、地方分権的な政党組織をもつ。
・「党首」も「党員」もいない（支持者が存在するのみ）。
・政党の資金……支持者からの献金（寄付金）で賄う。

2 政党制のパターン

Level 1 ▷ Q34～Q36　Level 2 ▷ Q38,Q40

政党が現実にどのように存在しているかをパターン化してみる。

▼ G. サルトーリの理論 ▶p76 ▶p78

政党の数、政党間のイデオロギー距離、各政党の相対的規模をもとに分類。

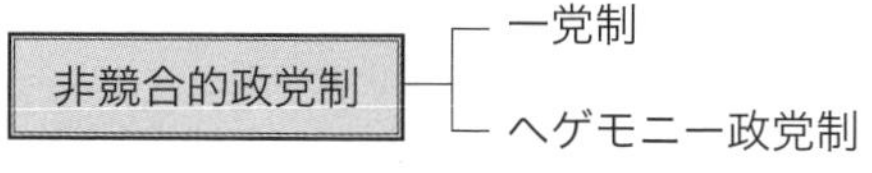

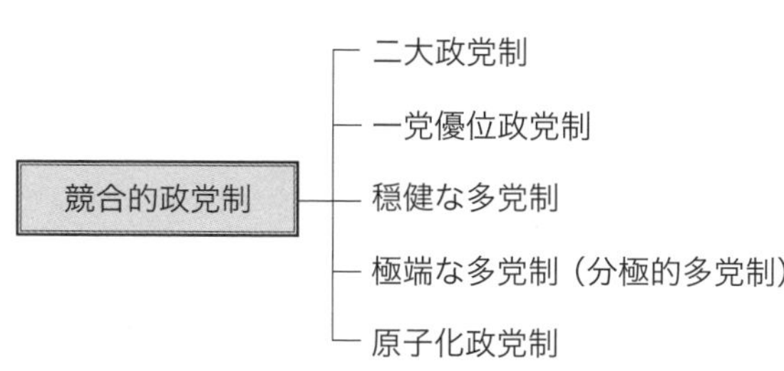

⑴**非競合的政党制**＝政権獲得をめぐる政党間の競争が許されていない。

一党制……………………1国に1つの政党のみが存在する。

ヘゲモニー政党制……複数の政党が存在しているが、実際には一党が支配している。

⑵**競合的政党制**＝政権獲得をめぐる政党間の競争が許されている。

二大政党制……………2つの政党が競合し、いずれか一方が単独で政権を担当する。

一党優位政党制………複数の政党が存在し、政権を目指して競争しているが、1つの政党が圧倒的な力をもつ。

穏健な多党制…………政党の数が3～5で各党間のイデオロギー距離が小さい。

極端な多党制…………政党の数が6以上で、しかも各党間のイデオロギー距離が大きい。

原子化政党制…………抜きん出た政党がなく、無数の小政党が乱立している。

Q31 政党

問 政党に関する次の記述のうち、妥当なものはどれか。 (国税専門官)

1 政党は、メンバーの何らかの政治的指向の一致により結成され、政権の獲得を目的とした集団である。新しい政策や政治的構想を開発する機能などさまざまな機能を有する。
2 政党は近代市民社会の成立と同時に発生したものであり、発生当初から地方名望家よりも都市の勤労者を中心とした組織政党としての性格が強かった。
3 政党は、階級闘争ないしイデオロギー闘争が激しいときに最もよくその機能を発揮する。
4 近代の政党は、「財産と教養」が象徴しているように、市民、労働者、農民のうち富裕な者をもって組織された「組織政党」であった。
5 政党制の根底には、人間は非合理的な存在であるという思想が横たわっており、説得よりも強制が主たる手段であることが広く承認されている。

PointCheck

◉政党の機能……………………………………………………………………………【★★★】

⑴政策決定のための利益表出機能

現代の政治は、社会問題の巨大化、専門化、細分化に対応しなければならず、社会の諸領域から要望を出させることが必要になってくる。

⑵多様な利益集約機能

利益集約機能は、政党が、個人や集団が表出する多種多様な利益を政策選択肢の中に反映させる機能である。

⑶政治指導者の補充と選出機能

選挙を通じて権力を掌握する議会制民主主義においては、政党は、大統領、首相、議員などの地位に就任する「権力への乗り物」である。

⑷国民の政治的社会化機能

政党は、国民を政治の世界に誘導し、自党の支持基盤を形成、拡大させる副次的機能も発揮する。

◉政党の変遷(M. ウェーバーの分類)………………………………………………【★★☆】

⑴政党の誕生と発展

1660年頃のイギリスにおける王位継承問題をめぐって、議会内に賛成派と反対派が対立した。これが政党の起源といわれ、トーリー党(保守党)とホイッグ党(自由党、後の自由民主党)が誕生する。その後、M. ウェーバーは『職業としての政治』で、政党の発展を、貴族主義的政党、名望家政党(幹部政党)、大衆政党(組織政党)の3つに区分した。

⑵名望家政党から大衆政党へ

名望家政党は、制限選挙制における市民層を支持基盤とし、地主などの名望家層が指導者になった。党の幹部である議員だけで構成されるので、幹部政党ともいう。分権的な組織形態をとり、党活動は選挙のときだけで、党規律も弱い。

大衆政党は、普通選挙制で選挙権を獲得した大衆を支持基盤とし、党員の中から一定の手続きを経て指導者が選出される。議会の他に組織をもち、地方支部の設立も必要で必然的に組織政党になる。そのため集権的な組織形態をとり、日常的に党活動を行い、党規律による組織の一体化を図る。

名望家政党から大衆政党への変化は、市民社会から大衆社会へ、夜警国家から福祉国家への進展と同時並行である。

◉ M. デュヴェルジェの政党論 ……【★★☆】

デュヴェルジェは、ウェーバーの類型に基づき、政党の構成単位に着目して組織論的に政党を分類した。その構成単位の基本は、幹部会、支部、細胞（生産現場の構成単位で共産党の構成単位）、民兵（ナチス党の構成単位）の４つである。そして、政党を幹部政党、大衆組織政党、その中間政党の３つに分類した。

また、デュヴェルジェは、制度分析から、政党制を一党制・二党制・多党制の３つに分類し、①政党間の対立は２党にまとまっていくこと、②小選挙区制により二党制が生じることなどを主張した（デュヴェルジェの法則）。

▼政党の展開

デュヴェルジェ		M. ウェーバー	
幹部政党	中間政党	貴族政党	18 ～ 19 世紀
大衆組織政党		名望家政党	19 世紀
		大衆政党（組織政党）	20 世紀

知識を広げる

政党のその他の分類

政党は、その組織や特徴に着目して、個人代表政党と民主的統合政党、プロフェッショナル型政党とアマチュア型政党、階級政党と国民政党、全国（包括）政党と地域政党に、それぞれ分類されることもある。

A31 正解ー1

1－正　政権獲得を目的とし、政治的役割を果たす集団が政党である。

2－誤　近代市民社会における政党は、名望家政党として始まった。その後、大衆が政治過程に参加するようになって、組織政党へと変化していった。

3－誤　階級闘争やイデオロギー闘争が激しいときには、政策の決定が困難となる。これでは政党の利益の集約・表出といった機能を果たせない。

4－誤　近代の政党は名望家政党である。

5－誤　政党制は、人間が合理的な存在であって、討論と妥協によって政策が決定できるということが前提となっている。

Q32 政党の機能

問　政党に関する次の記述のうち、妥当なものはどれか。　（国税専門官）

1　政党は社会の各領域からそれぞれの要望を出していく利益表出機能を果たしており、社会構造が複雑化する中においても、こうした機能は十分に果たされている。
2　政党は現代政治の生命線といわれるように大きな役割を果たしているが、その地位は年々、圧力団体にとって代わられようとしている。
3　政党は利益表出機能、利益集約機能、人材の供給機能などを果たしているが、政策を国民に説明し、政治に対する国民の関心を引き出す政治的社会化機能は、政党ではなくマス・メディアの役割である。
4　政権を担当しない野党にとっては、与党の反対勢力としてそれを監視し、批判をすることも重要な機能になる。
5　政党には国民各層の政治に対する要求を集約することが求められるが、この場合には専ら政党が大衆の要求を一方的に吸い上げ、大衆の側から政党に働きかけることはほとんどない。

PointCheck

◉政党の機能　繰り返し確認 ……………………………………【★★★】

政党を一般的に定義するならば、①共通の理念や政策を掲げ、②それを実現するため、③政権獲得を目的とした政治活動を行い、④実際に政権を担当する政治団体となる。これを現実の社会での役割の面からみると、４つの機能に分類できる。

政党が社会の各領域からそれぞれの要望を出していく利益表出機能。そしてそれらの要望をまとめて具体的な政策にする利益集約機能。政治的なリーダーを育成し、それを政治の舞台に送り出す人材の供給機能。国政上のさまざまな課題や問題について政党の見解や政策を国民に説明し、政治に対する国民の関心や自覚ひいては積極的な参加を促す政治的社会化機能である。

⑴利益の表出………要望を出させること。
⑵利益の集約………要望をまとめて具体的政策にすること。
⑶人材の供給………政治的リーダーを育成・提供すること。
⑷政治的社会化……国民に政治的価値観を身につけさせる過程。

◉政党の位置づけ……………………………………………………………………【★★☆】

S. ノイマンが「政党は現代政治の生命線である」といったように、現代の政治においては政党が大きな役割を果たしている。しかし、その重要性は成立初期の政党から認められたものではなかった。

政党に対しては、例えば、G. ワシントンは、政党は「烏合(うごう)の衆を煽る輩」であると非難し、フランス革命期でも「すべての政党は犯罪的である」という風潮が根強かった。

しかし、政党の重要性が認識されるにつれて、肯定的積極的位置づけがなされた。イギリスではすでに18世紀末にE. バークが、政党を「全員が同意しているある特定の原理に基づき、共同の努力によって国家的利益を推進するために集まった人々の集合体」と考えて、政党は「敬意を払うべき自由政治の用具」としてとらえる積極的擁護論を展開した。現代に至るとE. バーカーのように「政党は、一方の端を社会に、他方の端を国家にかけている橋である」と表現されるようになる（架橋機能）。

◉政党に対する懐疑論……………………………………………………………………【★☆☆】

社会構造の複雑化、多様化を背景として、現在では政党がさまざまな利益をすべて表出・集約することは難しくなっている。加えて政党は、状況次第では機能不全に陥り、さらに逆機能を果たすことにもなると指摘されている。例えば、統治力の安定が逆に、党自体の官僚化、硬直化、さらに自己閉塞化を招くのである。

これについてR. ミヘルスは、「組織の肥大化とともにデモクラシーは減退する。指導者の権力は組織の拡大に正比例して増大する」と指摘し、政党の支配における寡頭制モデルは、この懐疑論を補強するものとなる（**Q37** 参照）。

A32 正解－4

1－誤　社会構造の複雑化・多様化を背景として、現在ではさまざまな要望をすべて表出・集約することは難しく、政党の機能低下が指摘されている。

2－誤　政党の機能低下が指摘され、それを補うものとして圧力団体活動が活発化しているが、政党と圧力団体はその目的を異にしており、圧力団体が政党にとって代わるということはない（「圧力団体」については**第5章**を参照）。

3－誤　政党は、政党の見解や政策を国民に説明し、政治に対する国民の関心や自覚、積極的な政治参加を促す、政治的社会化機能も果たしている。

4－正　与党に対する野党の重要な機能の1つである。

5－誤　集約機能の一部として、大衆の側から政党に働きかけることも当然ある。

Q33 アメリカ・イギリスの政党

問 **政党に関する次の記述のうち、妥当なものはどれか。** (地方上級)

1 イギリスは保守党と労働党という2つの政党が強い国で、党規律がゆるやかな地方分権的な政党組織になっている。

2 アメリカは共和党、民主党という2つの政党が強い国で、党規律が厳格な中央集権的な政党組織になっている。

3 イギリスの政党は組織の大衆化が進み、党員数も多く、政党の資金はそれぞれの党員が支払う党費に依存している。

4 アメリカの政党はその資金の一部を支持者からの献金に依存するが、大半は「党員」からの「党費」収入によって賄われている。

5 アメリカ、イギリスは二大政党制の国であり、世界の多くの国々がこれをモデルとして二大政党制の政治システムをとっている。

PointCheck

◉アメリカの政党の特徴……………………………………【★★★】

⑴政党の特徴

政党の組織は地方分権的で、議会内では議員は党議に拘束されない。党首が存在せず、登録党員制度もなく、支持者からの自発的献金で運営される。政党活動は主として大統領候補を選出する選挙活動に集約される。

⑵主要政党

共和党と民主党で、典型的な二大政党制である。

共和党は、市場原理、小さな政府を基本理念とし、富裕層や中産階級に支持基盤をもつ。

民主党は、少数者保護、大きな政府を基本理念とし、黒人や移民層に支持基盤をもつ。ただ、共和党が保守的で民主党がリベラルという分類は、実情を反映していない（**Q37**参照）。両党は類似点が多く、「レッテルが違う2つのビン」と指摘されている。

◉イギリスの政党の特徴……………………………………【★★☆】

⑴政党の特徴

政党の組織は中央集権的であり、議会内では議員は党議拘束される。党首が存在し、登録党員制度があり、党員から集めた党費によって運営される。

⑵主要政党

保守党と労働党で、二大政党制である。ただし、ホイッグ党の流れをくむ自由民主党や、地方での地域政党も存在し、一定の政治的影響力を行使している。下院では他に、スコットランド国民党、民主統一党、シン・フェイン、ウェールズ党などが議席を有している。

保守党は、市場原理、小さな政府を基本理念とし、富裕層や中産階級にその支持基盤をもつ。

労働党は、労働者の利益を守り平等な社会の実現を目指し、労働者をその支持基盤にもつ。しかし、以前よりも穏健な政治路線を歩み、保守党の支持基盤に浸透している。

▼各国の政党比較

	拘束力	資金	党名
アメリカ	弱い	寄付金	共和党・民主党
イギリス	強い	党費	保守党・労働党・自由民主党
ドイツ	強い	公的資金	キリスト教民主同盟・自由民主党・ドイツ社会民主党・左翼党・緑の党など
日本	強い	寄付金・公的資金	自由民主党・立憲民主党・国民民主党・公明党・社会民主党・日本共産党など

A33 正解－3

1－誤　イギリスは党規律が厳格な中央集権的政党組織になっている。
2－誤　アメリカは党規律がゆるやかな地方分権的政党組織になっている。
3－正　イギリスの政党は多くの党員をもち、党費によって党財政を賄っている。
4－誤　アメリカの二大政党には、党費を納入する党員は制度上存在しない。
5－誤　世界的にみれば、二大政党制の国はアメリカ、イギリス、カナダ、オーストラリアぐらいである。

Q34 政党制

問 政党制に関する次の記述のうち、妥当なものはどれか。 （地方上級）

1 一党優位政党制は1つの政党が圧倒的な力をもつもので、非競合システムの1つにあたる。
2 ヘゲモニー政党制では複数の政党が存在しているが、政権を目指す競争の結果決まって同じ1つの政党が政権を担当するものである。
3 1国に1つの政党が存在するのが一党制であるが、これは共産主義国家においてのみ見られるものである。
4 政党の数が3～5で各党間のイデオロギー距離の小さいものが、極端な多党制といわれる政党制である。
5 抜きん出た政党がなく、無数の小政党が乱立しているものが原子化政党制である。

PointCheck

◉政党制の分類基準……【★☆☆】

政党制は、政党間の相互作用が展開される基本的枠組みであり、国家の政治風土や選挙制度、政治意識などに影響される。従来は、政党の数を根拠にして、一党制、二党制、多党制の3類型（M.デュヴェルジェ）が採用されていたが、数だけでは政党制の本質的違いを把握できないことから、最近では、G.サルトーリの分類が基準になっている。

サルトーリは、政党を分類する基準として、政党数、政党間のイデオロギー距離を中心として、政党の相対的規模、運動の方向、政権交代軸の数と位置などを列挙した。

◉G.サルトーリの政党制の分類……【★★★】

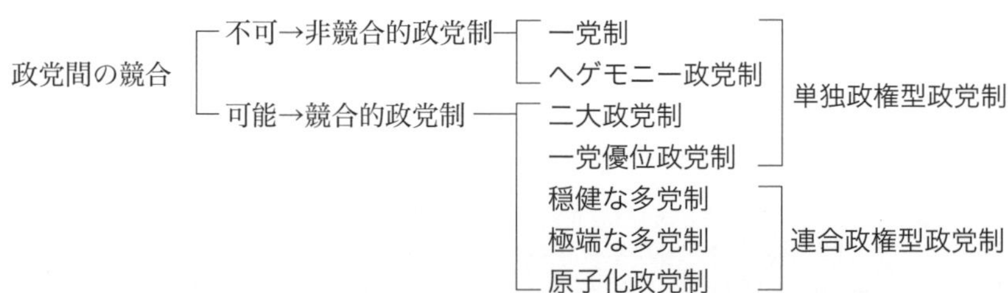

◉非競合的政党制……………………………………………………………………【★★★】

非競合的政党制とは、政権獲得をめぐって政党間での競争が許されていないシステムである。これはさらに２つに分類される。１国に１つの政党のみが存在することが法的に規定されている一党制と、複数の政党が存在するが実際には１党が支配しているヘゲモニー政党制である。ヘゲモニー政党制の下では、特定の１党以外の政党も存在し得るが、あくまでも二次的レベルで認可されたものでなければならない。（ヘゲモニーとは、支配権・指導権を意味する。）

◉競合的政党制………………………………………………………………………【★★★】

競合的政党制は、政権獲得をめぐる政党間の競争が許されるものである。次のように分類できる。

⑴**二大政党制**（アメリカ、イギリス）
２つの大きな政党が競合し、いずれか一方が単独で政権を担当する。

⑵**一党優位政党制**（55 年体制の日本）
複数の政党が政権を目指して競争するが、１つの政党が圧倒的な力をもっている。

⑶**穏健な多党制**（ドイツ、フランス、オランダ、ベルギー）
政党の数が３～５で、各党間のイデオロギー距離が小さい。

⑷**極端な多党制（分極的多党制）**（ワイマール憲法時代のドイツ、第四共和制下のフランス）
政党の数が６以上で、しかも各党間のイデオロギーの距離が大きい。

⑸**原子化政党制**（敗戦国の混乱期などに一時的に生じる）
抜きん出た政党がなく、無数の小政党が乱立している。

A34 正解－5

1－誤　一党優位政党制は競合的政党制の１つであり、複数の政党が存在し、政権を目指して競争してはいるものの、１つの政党が圧倒的な力をもつものである。

2－誤　ヘゲモニー政党制は非競合的政党制の１つであり、政党間での競争が許されておらず、複数の政党が存在してはいるが、実際には一党が支配しているものである。

3－誤　一党制は共産主義国家に限らず、独裁国家においてもみられる場合がある（ナチスドイツなど）。

4－誤　本肢は穏健な多党制についての説明である。

5－正　乱立していても競争が前提となっているので、競合的政党制の１つである。

Q35 政党制の分類

問 サルトーリの政党制論をめぐる次の記述のうち、妥当なものはどれか。 （国家一般）

1　二党制は、安定した政権を作り出すことが多いが、第二次世界大戦後、現在まで二党制が維持されているのは、アメリカ、イギリスなどごく少数の国である。

2　ヘゲモニー政党制とは、複数政党間の競合が展開されてはいるが、1つの政党が圧倒的な力をもっている政党制であり、1955年から1993年までの日本はその典型である。

3　一党優位政党制とは、一党以外の政党も存在することを許されてはいるが、第二次的な政党の範囲を越えることができない場合で、メキシコや冷戦下のポーランドはその例である。

4　穏健な多党制とは、政党の数が3ないし5と比較的少なく、政党間のイデオロギー距離が比較的小さい場合で、ワイマール体制下のドイツや第四共和制下のフランスが含まれる。

5　極端な多党制とは、政党の数が6ないし8と多く、しかも政党間のイデオロギー距離が大きい場合で、ドイツ、ベルギー、北欧諸国などが含まれる。

PointCheck

◉非競合的政党制 繰り返し確認 ……【★★★】

(1)一党制

一党制は、たった1つの政党だけが法制度上かつ事実上存在している政党制である。旧ソ連、中国がその例である。

(2)ヘゲモニー政党制

ヘゲモニー政党制は、複数の政党が存在するが、あくまでもそれは、第二次的政党、衛星政党である。ヘゲモニー政党（法制度的に支配的地位を与えられた政党）に、他の政党は対等な敵対者として対抗できず、政権交代が起こりえない。冷戦下のポーランドがその例である。

◉競合的政党制 繰り返し確認 ……【★★★】

(1)二大政党制

二大政党制は、2つの大政党が絶対多数議席を目指して競合し、一方の政党がそれを実現させて単独政権を組織する政党制である。政権交代の可能性が高い制度でもあり、アメリカ（共和党と民主党）、イギリス（保守党と労働党）がその例である。

(2)一党優位政党制

一党優位政党制は、支配的な政党以外の政党も、合法的で正当な挑戦者として支配的政党と競合できる政党制である。ただ、結果的に特定の1つの政党が長期間、圧倒的優位を保持して、政権交代が起こらないだけである。日本のいわゆる55年体制が好例である。

⑶穏健な多党制（限定的多党制）

穏健な多党制（限定的多党制）は、政党数が３～５で、政党間のイデオロギー距離が小さく、有力な反体制政党が存在しない政党制である。連合政権軸は二極で、政党間競合の運動の方向は求心的である。ドイツ、オランダ、ベルギーなどがその例である。

⑷極端な多党制（分極的多党制）

極端な多党制（分極的多党制）は、政党数が６～８で、政党間のイデオロギー距離が大きく、有力な反体制政党が存在する政党制である。連合政権軸が分極化しているため、野党勢力が複数あり、政党間競合の運動の方向は遠心的である。実際は政権を担当する政党が特定され、過剰公約による無責任政治が蔓延しやすく、政治的不安定の可能性が大きい。ワイマール憲法時代におけるドイツ、第四共和制のフランスなどがその例である。

⑸原子化政党制

原子化政党制は、他に突出した政党がないので多数の政党が乱立している政党制である。戦争直後といった極度の混乱期以外はあまり存在しない。

一党制	１国に１つの政党のみが存在する
ヘゲモニー政党制	名目上複数政党制だが、実際には一党が支配するシステム
二大政党制	２つの大きな政党を中心としたシステム
一党優位政党制	複数の政党が競争するが、１つの政党が圧倒的な力をもっているシステム
穏健な多党制	政党の数が３～５で、各党間のイデオロギー距離が小さい
極端な多党制	政党の数が６以上で、各党間のイデオロギー距離が大きい
原子化政党制	無数の政党の乱立状態

A35　正解ー1

１－正　政権交代の現実的可能性がある二大政党制は政党政治のモデルといわれるが、アメリカ（共和党―民主党）やイギリス（保守党―労働党）など、例は少ない。

２－誤　ヘゲモニー政党制とは、非競合的政党制の下位分類であり、複数政党の存在は認められているものの、第二次的政党・衛星政党としてのみ許されている場合で、政権交代は起こり得ないものである。冷戦下のポーランド、1990年代までのメキシコなどが挙げられる。

３－誤　一党優位政党制とは、真の政治的反対勢力は存在するが、結果的に特定の政党が長期間にわたって圧倒的優位を保持しているため政権交代が起こらなかったケースである。

４－誤　穏健な多党制（限定的多党制）の例としては、ドイツ、ベルギー、北欧諸国が挙げられる。

５－誤　極端な多党制（分極的多党制）の例としては、ワイマール体制下のドイツ、第四共和制下のフランス、1993年までのイタリアが挙げられる。

Q36 二大政党制

問 政党制に関する次の記述のうち、妥当なものはどれか。（地方上級）

1 アメリカでは共和党と民主党が交代で政権を担当しているが、近年、社会主義政党の進出がめざましく、この2党を脅かす存在になりつつある。
2 イギリスでは保守党と労働党が交代で政権を担当しているが、かつての政権党であった自由党は完全に没落してこの2党に吸収されてしまった。
3 二大政党制は安定した政治がもたらされるというのは二大政党制の神話であって、実際には不安定なシステムである。
4 二大政党制によって運営されている国家は少なく、アメリカ・イギリスなどがその例として挙げられる。
5 一党優位政党制をとる国は、日本の他に、フランス・カナダなどがある。

PointCheck

◉二大政党制と選挙制度との関係……【★★★】

世界的にみて、二大政党制と小選挙区制との間に相関関係があるかどうかは微妙である。小選挙区制は、小党の解党や再編成、吸収合併を通じて二大政党制を形成しやすいと指摘されてきた。しかし、二大政党制は、その国の政治制度、例えば議院内閣制か大統領制かの違い、さらに政治文化、国民性、民族構成、経済的社会的統合度などが相互に影響しあって形成される。つまり、二大政党制が小選挙区制だけで誕生するとは必ずしも断定できないのである。

二大政党制には、政党の政策の包括度が高いこと、社会が比較的同質な社会であること（例えば民族構成が複雑でないこと）、小選挙区制が有効に作用していることなどの条件が必要である。さらに、政治的利害が複雑化多元化していないことも挙げられる。

◉二大政党制の現実度……【★☆☆】

長い間、政党政治については、「単独政権は連合政権よりも長命で、強力な議院内閣制を運営するためには、単一政党で多数派勢力が構成されていることが望ましい」という命題が支持されてきた。つまり、小選挙区制度—単独過半数政権—二大政党制が政治システムの安定をもたらす政党政治の理想であり、連合政権は短命で政治システムの不安定を招くという考えである。確かに、歴史的にみて多数党による混乱を生じたフランス第四共和政や、ワイマール憲法時代のドイツの状況をみれば説得力がある。しかし、厳密な意味での二大政党制を採用している国はアメリカのみであり、政権担当能力のある主要政党が2つあるイギリスが二大政党制に分類されているぐらいである。

政党政治の数量分析を行ったL. ドッドは、「連合政権は必然的に不安定であるとはいえない」ことを実証的に証明し、さらに、二大政党制は世論のタイプを2つに無理やり押し込み、少数者や社会的弱者の選挙権を実質的に剥奪しているとも指摘している。

◉日本の一党優位政党制……………………………………………………………【★★☆】

日本では1955年から1993年まで、複数の政党が存在する中で自由民主党が継続して政権を担当してきた。いわゆる55年体制である。競合的政党制システムの下で、一党が長期間にわたって単独で政権を担った政党システムは世界的にみて珍しい現象で、この55年体制は一党優位政党制を代表する事例である。

55年体制は、当初は、世界的な冷戦システムの圧力を受けて、自民党と社会党によるイデオロギー的対立が鮮明な二大政党制ともとらえられた。しかし、実際には社会党の議席数は自民党の半分程度で、「1.5政党制」であったのである。

1960年代に入ると、民主社会党や公明党などの野党が誕生して多党化が進むことになる。議案によっては保革伯仲になり、自民党は野党の協力を求めるようになり、政治的問題によっては実質的な連立政権の様相を呈することもあった（**Q97**参照）。

日本の一党優位政党制を支えた制度が、中選挙区制だといわれる。1つの選挙区で複数の候補者を擁立できる政治資源をもっていたのは、自民党だけだったからである。小選挙区比例代表並立制導入により政党本位の選挙がなされた後も、自民党の一党優位は続いたが、政権を運営するためには連立政権を受け入れざるを得なかった。

A36 正解－4

1－誤　アメリカにおいては、社会主義政党は議席をもっていない。

2－誤　自由党は労働党の一部と合同し、社会自由民主党となり、その後自由党→自由民主党と変遷した。単独での政権担当の可能性は小さいが、2010年に保守党との連立政権を樹立し、第三党として現在でもその存在意義は失われていない。

3－誤　二大政党制においては政権交代がスムーズで、安定した政治が行われる。

4－正　世界的にみて、二大政党制の国家は少ない。その他の国で二大政党制とみなされているのは、保守連合が継続するオーストラリアであり、ニュージーランドは比例代表制の採用により二大政党制が崩れている。

5－誤　一党優位政党制とは、競合的な政党間の中から圧倒的に強い政党が政権を担当するシステムである。1993年6月までの日本の自由民主党などがその例である。その他ではインドなどにその例がみられる。フランスは多党制で、かつて二大政党制であったカナダも現在は多党制に分類されることもある。

Q37 政党の構造

問　政党に関する次の記述のうち、妥当なものはどれか。　(国家一般)

1　政党は、社会におけるさまざまな利益を集約して、これを政策に反映することを目的としており、必ずしも政権獲得を目的とするものではない。
2　政党は最も民主的な組織であり、権力の集中あるいは少数支配といった事態は見られず、この点で圧力団体と異なる。
3　政党は、発生当初から現在に至るまで、特定の社会階層の利益を追求するものではなく、全国民の利益の実現を目的としてきた。
4　アメリカの政党は、党費を納入する党員を多数有しているのに対し、イギリスの政党は、その収入の大半を政府からの補助金または寄付金によっている。
5　イギリスにおいては、二大政党の間で数回の政権交代が行われており、野党は「影の内閣」を組織し、政権獲得の準備をしている。

PointCheck

◉ R. ミヘルスの寡頭制モデル ……………………………………………【★★★】

⑴ミヘルスの問題意識

ミヘルスは、民主主義を推進する政党の組織に、非民主主義的要素、例えば貴族制への傾向はないかという疑問を抱いていた。その実証として、第一次世界大戦以前のドイツ最大の社会主義政党であった社会民主党の組織を分析した。

⑵寡頭制の要因

ミヘルスは、個人の心理学と組織それ自体の心理学に着目した。前者は、さらに大衆の心理と指導者の心理に分かれる。

彼によれば、大衆は政治的関心が低い一方で、指導者を渇望して、個人崇拝への衝動がある。彼の言葉を借りれば、大衆には「世俗的な神々が必要」なのである。大衆の無能さと情動による政治的判断が、飽くなき権力欲をもつ人物と手を携える時、寡頭制が強化される。

組織は異質性や多様性に満ちた政治的欲求を吸収すればするほど、組織管理の専門化と複雑化をもたらす。そこに合理性と効率性を導入するために官僚制の構築が必然的に行われ、寡頭制の基盤が確立される。

⑶寡頭制の鉄則

組織はその外的環境（大衆の心理）と内的環境（組織の属性）から、少数の指導者と多数の被指導者とに分かれる。ミヘルスの言葉を借りれば、「組織が肥大化すると同時に民主主義は減退」し、「指導者の権力は組織の拡大に比例して増大」する。

◉ S. エルダースヴェルドの重層構造モデル 理解を深める……【★☆☆】

エルダースヴェルドは、ミヘルスの寡頭制モデルに異を唱え、政党が寡頭制組織かどうかは疑問であり、利益複合体としての政党にとって戦略的な運営方法ではないと批判した。

そして、彼は、支配集団の膨張とともに権力源泉や権力行使の拡散が行われるという重層構造モデルを提唱した。すなわち、政党への参加を促進させ、その権力構造を分散化させることを目的とした組織モデルの主張である。

◉アメリカの政党の特殊性……【★★☆】

アメリカの政党、つまり共和党と民主党は、他国の諸政党に比べてユニークな特徴をもつ。端的にいえば、「国民政党」の不在である。例えば、党首が存在しないこと、地方組織が極めて高い自律性をもっていること、その裏返しとして党中央が地方の党組織を指揮監督して権限を行使することはないことである。確かに、大統領選挙では大統領候補を指名することはあるが、ここでは集票と資金調達のマシーンの役割を果たすにすぎない。

また、共和党と民主党は程度の差こそあれ中道路線を採用しており、選挙民の利益を集約して国政に反映させる機能が十分に果たせなくなっている。それは、分割投票つまり大統領選挙では民主党候補に1票を入れるが、連邦議会選挙では共和党候補を選ぶなどの現象に現れている。

A37 正解－5

1－誤　政党は政権の獲得を目的とする点で他の団体と異なる。
2－誤　政党も団体である以上、組織の大規模化・効率化のために権力の集中などの現象が起こらざるをえない（寡頭制の鉄則）。この点についてはミヘルスの実証的研究がある（「圧力団体」については、**Q44** を参照）。
3－誤　政党とはもともと私的な団体であり、自己の利益の追求のために政権の獲得を目指した。しかし、政党の大規模化・投票の獲得のためにはあらゆる階層の利益を代弁せざるをえなくなり、その結果、国民政党を標榜するようになった。発生当初から全国民の利益の実現を目指してきたわけではない。
4－誤　アメリカとイギリスの政党の説明が逆である。
5－正　イギリスは、保守党と労働党の二大政党制である。

Q38 サルトーリの政党類型

問 政党と政党制に関する次の記述のうち、妥当なのはどれか。 （国家一般）

1 M.ウェーバーは、政党を階級政党と国民政党の二つに類型化した。前者は、特定の社会階級に支持基盤を置く政党で、後者は、特定の社会階級や地域、職業、宗教などに基盤を置かず、広範囲の有権者層から支持を取り付けようとする政党であり、ウェーバーは、政党は階級政党から国民政党へと変化してきたと主張した。

2 M.デュベルジェは、小選挙区制は二大政党制をもたらし、比例代表制は多党制をもたらすという法則を提示した。その上で彼は、安定した民主政治は、小選挙区制の下での二大政党制によってだけではなく、比例代表制の下での多党制によっても実現されているとして、そうした民主政治の姿を「多極共存型民主主義」と名付けた。

3 G.サルトーリは、多党制には穏健型と分極型があるとして、両者を政党の数や各党間のイデオロギー的距離の大きさによって区分した。一方で彼は、多党制は穏健型であれ分極型であれ、連立政権が不可避となり、政党間の合従連衡が繰り返されるため、安定した政治を実現することは困難であると主張した。

4 G.サルトーリの類型によれば、一党優位政党制は、優位政党以外の政党が合法的な存在として認められているにもかかわらず、優位政党が選挙において一貫して多数派を獲得し続け、政権交代が事実上生じないというシステムである。もっとも、優位政党の勝利は制度的に保障されたものではないため、選挙の結果によっては二大政党制にも多党制にも変化し得る。

5 A.ダウンズは、合理的選択論の立場から二大政党制の特質を分析した。彼は、伝統的な保守—革新のイデオロギー的な一次元の軸上において、有権者のイデオロギー的な選好の分布がどのようになっていても、二つの政党はともにイデオロギー上の立場を中央に寄せてくる傾向があるため、二大政党制は安定した政治をもたらすと主張した。

PointCheck

知識を広げる

G.サルトーリの「競合」概念

サルトーリの政党システムの分類基準として重要なのが「競合」である。ここでは「競合」と「競合性」とが区別されている。「競合」はある種のゲームのルールであり、プレイヤーの特性とは関係のない構造である。一方、「競合性」はゲームの個々の状況であり、「競合」の中には「競合性」と「非競合性」とが同時に含まれる。例えば、一党優位政党制は、ルールは「競合」であるが、現実は「競合性」が低い政党システムである。

◉**非競合的政党制** 理解を深める ……………………………【★★☆】

⑴一党制

一党制は、次の３つの下位概念から構成される。第１は、プラグマティズム一党制である。組織の凝集力や強制力、さらに動員力は低く、多元的である。支配下の集団の自律性に対しては、開放的な態度をとる場合がある。第２は、全体主義一党制である。この政党の組織の凝集力や強制力、さらに動員力は高く、全体指向的である。支配下の集団の自律性を破壊する傾向がある。第３は、権威主義一党制である。この政党の組織の凝集力や強制力、さらに動員力は全体主義一党制ほど高くはなく、イデオロギー指向性も低い。支配下の集団の自律性には寛容さをみせるが、新たな集団の結成を妨害する。

⑵ヘゲモニー政党制

ヘゲモニー政党制は、次の２つの下位概念から構成される。第１は、プラグマティズム指向型ヘゲモニー政党制である。この政党のイデオロギーの比重は小さい。例えば、メキシコにおける制度的革命党は、中南米特有の人民主義政治体制の典型である。労働者に対しては社会主義を、資本家に対しては資本主義を、外交的には反アメリカ路線を、経済的には対米従属を、という矛盾に満ちた体制である。第２は、イデオロギー指向型ヘゲモニー政党制である。文字どおり、イデオロギーの比重が高い政党制である。例えば、冷戦期におけるポーランドや旧東ドイツなどの東欧社会主義国である。複数政党制ではあるが、憲法で共産主義政党の指導権や支配権を保障するなどの制度的優遇措置がある。

Level up Point!
サルトーリの政党制に関しては、政党制の分類だけを覚えるだけでは不十分。そのカテゴリーにあたる国家の現代的状況を具体的に把握して、初めて彼の分類の意義が理解できる。

A38 正解ー4

1ー誤　M.ウェーバーの区分は、政党の発展段階で、貴族主義的政党、名望家政党（幹部政党）、大衆政党（組織政党）の３つである。また、階級政党・国民政党の説明は正しいが、一部の階級を代表するのではない全国民の政党という意味で国民政党の概念が出てきたのであって、階級政党から発展したものではない。

2ー誤　多極共存型民主主義を指摘したのは、A.レイプハルトである（**Q88** 参照）。M.デュベルジェは、比例代表制により生じる多党制には、連立政権による安定した多党制と、少数政党乱立による不安定な多党制があるとした。

3ー誤　第二文後半が誤り。イデオロギー距離が小さい穏健な多党制では、有力な反体制政党が存在しないので、連合政権ではあるが安定的な政治となりうる。

4ー正　サルトーリの『現代政党学』によれば、55 年体制下の日本の政党システムは、「一党優位政党システム」に位置づけられる。

5ー誤　A.ダウンズによれば、有権者のイデオロギー的選好の分布が単峰型、すなわち中央に集まる場合は、保守革新の両政党が中道寄りの政策になるので、安定した政党制になるとする。しかし、イデオロギー的選好の分布が双峰型の場合は、保守革新の中道への歩み寄りはなく、不安定な政治となる。

Q39 現代の政党制

問　各国の政党に関する次の記述のうち、妥当なものはどれか。　(国家総合類題)

1　比例代表制の選挙制度をもつ国では、一般に多党制になりやすいと考えられているが、その例として、第二次世界大戦後では、1990年の統一以前の東ドイツ、94年の選挙制度改正以前のイタリアが挙げられる。
2　選挙制度が小選挙区制の国では、安定した二大政党制が生まれるといわれており、アメリカ、イギリス、およびカナダと、小選挙区制の3国を見ても、過去30年間に二大政党以外の政党が政権をとった国はなく、選挙でも二大政党が他の政党に常に圧倒的優位を保ってきた。
3　西ヨーロッパにおいては、社会階級を支持基盤とする階級政党が存在することはよく知られている。その典型はイギリスであり、労働者階級の労働党支持、中産階級ならびに上流階級の保守党支持の区分は明確で、今日に至るまで大きな変化はない。
4　一党優位政党制は、自由民主党がその結党以来長く政権についてきたことから、中選挙区制の選挙制度を採用していた日本に独特の現象であると考えられ、西ヨーロッパには類似の一党優位政党制は存在したことがない。
5　オランダとベルギーは、宗教や言語による社会的亀裂が深く刻まれている社会であるために、各社会集団の代表による調整を行う習慣により、政局は比較的安定している。

PointCheck

◉A. レイプハルトの政党システム ……【★★★】

二大政党制の長所を強調したG.サルトーリやM.デュヴェルジェに対して、レイプハルトは多党制でも民主主義は安定的に機能すると主張した。政党制を二党制、二・五党制、優位政党がある多党制、優位政党がない多党制の4つに分類し、二党制と二・五党制を「多数決型民主主義」、多党制の2つを「合意形成型民主主義」に分類した。そして、ヨーロッパの多元的な国家の分析から、政治的分断の上でも多極共存型民主主義（**Q88**参照）が有効に機能しており、合意形成型民主主義が優れている面のあることを実証的に証明した。

◉政党制と社会紛争（社会的亀裂）その1　理解を深める ……【★★☆】

⑴位置づけ

政治の使命の1つに社会対立の緩和や社会紛争の処理がある。社会には人種、宗教、言語にとどまらない紛争要因があるが、実際には社会紛争や対立の一部だけが主たる政治紛争の形をとり、政治の舞台に現れるにすぎない。つまり、政治紛争の場である政党間の対立と社会紛争は明確に区分けしなければならない。

⑵競合する社会紛争

E.E.シャットシュナイダーによれば、紛争が発展するにつれて各対立集団（典型例が政党）内の統合が強固になり、各対立集団間での分裂が加速される。つまり、統合と分裂は同じ過程の表裏である。

そして、新しいA紛争の展開は以前からあったB紛争の抑制をもたらす。なぜなら、A紛争の勝利のためには、B紛争の敵味方関係なく人的動員を行う必要があるからである。つまり、B紛争のあいまいさ、忘却が必要になり、結果としてB紛争が政治の舞台から退場する。シャットシュナイダーによれば、以前の紛争を持続させつつ同時に新しい紛争を発展させるのは不可能だから、紛争が選択されて紛争が競争することになる。

◉政党制と社会紛争（社会的亀裂）その２ 理解を深める ……………………………【★★★】

⑴ S.M. リプセットとS. ロッカンの「移入」概念

リプセットとロッカンは、シャットシュナイダーと同じ視角から政党制と社会紛争との関連を分析した。分析視角の第１は、政党制を特徴づける社会紛争はどのようなものであるかという点であり、第２は、ある政党制における社会紛争の重要度はどの程度になるかという点である。つまり、政党制の社会紛争への「移入」の問題である。

⑵政党の機能と社会紛争

政党の機能には、利益集約機能や政治的社会化機能があるが、そこには社会紛争表出機能が前提としてある。政党は、社会構造から発生する利害や緊張や対立を顕在化させ、このような社会紛争を現状維持や社会変革に向けた契機として利用する。そのためには、政党は既存の構造的な社会的亀裂を横断して、連携関係をもたなければならず、ライバル政党とも共同する意思が要求される。それは、政党の再編成の誘因となり、政党の協力・ライバル関係の変動をもたらすのである。

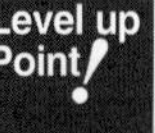

政党の最も重要な機能は利益の集約、すなわち社会の溝を埋める役割を果たすことである。政党が登場する背景の１つとして、社会の中の断絶・亀裂に関する理論が重要となる。

A39 正解－5

1－誤　旧東ドイツは、社会主義国家であったため、多党制ではない。

2－誤　カナダの下院は、カナダ自由党、カナダ保守党、新民主党、ブロック・ケベコワなどの政党が存在している（2019年現在）。いずれの国でも、第三政党の意義が高まってきている。

3－誤　保守党と労働党の階級政党的な性格は少なくなっている（**Q33**参照）。

4－誤　スウェーデンは比例代表制であるが、一党優位政党制の時期がかなり長い。スウェーデン社会民主労働党が第一党であるが、穏健党、自由党、中央党、キリスト教民主党の中道右派連合が2006年９月の選挙で勝利を収め、12年ぶりの政権交代が起こった。

5－正　レイプハルトの多極共存型民主主義（**Q88**参照）が成立し、安定した政局運営が確立されている。

Q40 先進諸国の政党制

問 先進諸国の政党政治に関する次の記述のうち、妥当なものはどれか。 （国家一般）

1 選挙権拡大により、議員と有権者との間の地縁や血縁による結びつきが薄れ、議員の当選は政党組織の集票に頼る割合を深めることになる。このような集票組織指導者を中核とする政党を名望家政党という。
2 二党制をとる諸国では、政党の立場が左右両極に分裂しやすくなるため、多党制をとる諸国に比べ、有権者の政治的判断がイデオロギー対立の影響を受けやすい。
3 国内に民族的・宗教的対立を抱える諸国では、全国から投票を集める包括政党が成立しにくいため、個々の政党は限られた社会部門や地域から票を集め、これらの複数の政党が相互に利害を調整して連合政権を構成することが多い。
4 大統領選挙では、政党よりも候補者個人の占める役割が大きい。したがって、議院内閣制をとる諸国に比べ、大統領制をとる諸国では政党の重要性が薄れ、政党システムが拡散して、多党化する傾向がある。
5 1つの政党がほぼ一貫して政権を担当する政党制を一党優位政党制と呼び、日本のほかにフランス、カナダ、ドイツなどが挙げられる。

PointCheck

◉多党制における連合政権と連立政権……【★☆☆】

連合政権は、単独の政党だけで過半数の議席を確保できず、他党と協力して政権を獲得する形態である。連立政権は、連合政権のうち2つ以上の政党が政策協定などを結んで組閣する形態である。

◉規模を基準とした多党制における政権の類型……【★★☆】

⑴過小規模連合政権

過小規模連合政権は、過半数の議席を確保するための政党を閣内に含んでいない少数政権である。安定度が低く、連合内の相対多数政党による政権主導といった形でしか実現できない。予算管理内閣、選挙管理内閣など、暫定的内閣が一般的である。

⑵最小勝利連合政権

最小勝利連合政権は、過半数の議席を確保する上での必要な政党をすべて含んでいる多数政権である。ただし、余分な政党は1つも含まれていない。例えば、過半数が101で、A党が52、B党が35、C党が15、D党が2の場合は、A＋B＋C＝102が最小勝利連合政権で、これにD党を加えると次の過大規模連合政権になる。最小勝利連合政権は、政治資源の配分をめぐる閣内不統一が少なく安定性をもつ。

⑶過大規模連合政権

過大規模連合政権は、過半数の議席を確保する上で余分な政党を含んでいる多数政権である。数の力が政治の力であるという視点に立脚すれば、一見安定しそうだが、政治資源の配分が政党の数だけ複雑になり調整が難しくなる。

知識を広げる

連合相手の特性を基準とした多党制における政権の類型

⑴隣接同盟型連合政権

イデオロギーや政策理念がかなりの類似性をもっている政党間の連合形態。各政党の支持基盤の同意も得られやすく比較的スムーズに連合が形成される。

⑵橋頭堡型連合政権

イデオロギーや政策理念がかなりの相違性をもっている政党間の連合形態。対照的な2党の間では調整がつかず、その間に2党を媒介する政党を含む。

◉日本政治における事例 理解を深める……【★★★】

⑴細川内閣（1993年8月～1994年4月）……最小勝利連合政権

細川内閣は、共産党を除く非自民の八党派連合政権であった。自民党が分裂して結成された新生党と社会党とのイデオロギー上の距離の相違性、さらにパートナーの数が8つという過剰性から、政権運営が難しかった。

⑵羽田内閣（1994年4月～1994年6月）……過小規模連合政権

細川政権を引き継ぐ形で連立協議が行われたが、社会党の離脱により少数与党政権となった。予算成立後に総辞職し、2カ月余りの短期政権となった。

⑶村山内閣（1994年6月～1996年1月）……過大規模連合政権

村山内閣は、自民党、社会党、さきがけの3党連合政権で、さきがけが媒介政党となる橋頭堡型連合政権であった。

現実の政治状況をみすえて、政治体制等に関する出題も、二大政党制・小選挙区制から連立政権・比例代表制にポイントが移っている。歴史的変遷と合わせて、分類・整理しておくこと。

A40 正解ー3

1ー誤　名望家政党は、地縁や血縁などの基盤から選出された議員で構成される政党である。その組織の規律も弱く、議会外の活動基盤をもたない。本肢は大衆政党（もしくはデュヴェルジェの中間政党）と考えられる。

2ー誤　二大政党制では、広範な支持を得るため多くの利益を集約することになり、2党間のイデオロギー的相違は小さくなる。

3ー正　これが「多極共存型民主主義」である（**Q88** 参照）。

4ー誤　大統領制と政党システムとの直接的な相関関係はない。

5ー誤　ドイツは穏健な多党制であるが、現在のフランスやカナダは多党制と二大政党制の両方の見方が可能な状態である。また、55年体制以後の現在の日本も、一党優位政党制の枠組みからは外れている。

第5章 政治過程論Ⅱ

Level 1 p92～p105　Level 2 p106～p111

1 選挙の機能と制度

Level 1 ▷ Q41～Q43　Level 2 ▷ Q48

⑴選挙の代表機能 ▶p92

現代国家の民主的政治システム。

＝議会制民主主義（間接民主主義）…国民が選挙で自分たちの代表者を選び、その代表者である議員によって議会を構成し、政治の方向を決める。

→選挙…国民の代表者を選び出し、それを議会に送る（代表機能）

⑵選挙の基本原則 ▶p92

民主主義の理念に照らして公正な選挙を実現するための基本原則。

↓

①**普通選挙**…財産や納税額、身分、性別等によらず一定の年齢に達したすべての国民に選挙権を認める。

②**平等選挙**…１人１票の数的平等のみならず、１票の価値の平等も保障する。

③**直接選挙**…国民が直接、代表者を選挙する。

④**秘密選挙**…個々の国民がだれに投票したか秘密にする。

⑶選挙制度の分類 ▶p93 ▶p94 ▶p96

①**小選挙区制**→１つの選挙区から１名を選出、有権者が１人の名前を書いて投票

当選の決め方は絶対多数制と相対多数制。

絶対多数制…過半数の得票で当選とする。

相対多数制…相対的に得票の多い方を当選とする。

②**大選挙区制**→１つの選挙区から２人以上を選出する

完全連記制…選出される定数と同数の候補者名を記入。

制限連記制…定数にいたらない複数の候補者名を記入。

単記投票制…１人の候補者名だけを記入（これを中選挙区制という）。

③**比例代表制**→各政党が獲得した得票数に応じて議席を配分する

- 単記移譲式（投票者が順位をつける）
- 名簿式
  - 順位あり
    - 絶対拘束名簿式（政党に投票）
    - 単純拘束名簿式（政党または候補者に投票）
  - 順位なし…非拘束名簿式（政党または候補者に投票）
  - 自由名簿式（投票者が名簿を書き換えることができる）

2 圧力団体

Level 1 ▷ Q44～Q47　Level 2 ▷ Q49,Q50

⑴圧力団体の分類 ▶p98

①従来の圧力団体…経済的利益を中心としてそれぞれの団体の特殊利益を追求
②最近の圧力団体…社会正義の追求を掲げて公共的利益を追求するものが登場
③圧力団体の分類

圧力団体
- 部分利益集団（部分的集団）
  個々の利益を主張する従来型の圧力団体
  労働組合、経済団体、農協、医師会など
- 公共利益団体（促進的集団）
  社会的正義の実現を主張
  人権団体、環境保護団体など
- 潜在的集団
  何らかの問題が発生したときのみに組織される団体
  住民運動など

⑵圧力団体と政党との違い ▶p99

圧力団体		政党
圧力団体は政権の獲得を目指さない	⟷	政党は政権獲得を目指す
圧力団体は国民に対する政治的責任を負わない	⟷	政党には国民に対する政治的責任がある
圧力団体は自己の利益実現のみを目指すため、政策の弾力性が乏しい	⟷	政党の政策は国民の支持を得るため、きわめて弾力的である

⑶ネオ・コーポラティズム ▶p105 ▶p111

アメリカ型の圧力集団は集団間の対立を前提とするのに対し、西欧諸国では利益集団と行政官僚の協議により政策決定が進められている。

[利益集団の全国的統合]→[巨大な頂上団体による利益表出]
→利益集団間の協調・調整による社会秩序の形成や政策の決定

Q41 選挙制度と機能

問 選挙に関する次の記述のうち、妥当なものはどれか。 （国家一般）

1 財産、納税額、性別などに関係なく、すべての人に等しく1票与えることが平等選挙であるが、ここではその1票の価値の平等の保障までは要請されない。
2 選挙は国民の代表者を選び出し、それを議会に送り出す代表機能を果たしているが、それは同時に代表者に権力行使の正当性を認めることになる。
3 選挙区を設定する際に特定の政党や党派に有利になるように線引きすることをゲリマンダーと呼ぶが、法律で厳しく禁止されており、現実にこれが行われることはない。
4 比例代表制は各政党が獲得した得票数に応じて議席を配分する制度であり、死票が全く出ないように工夫されたものである。
5 我が国ですべての男女が選挙に参加できる普通選挙が確立したのは1925年であるが、この時は25歳以上の男女とされていた。

PointCheck

◉選挙の代表機能……【★☆☆】

民主政治の基本理念は「国民による政治」である。それを実現するためには、国民が実際に政治に参加し、多数の国民の意見に従って政治が行われることが必要である。

現代国家においては、そのために国民が選挙で自分たちの代表者を選び、その代表者である議員によって議会を構成し政治の方向を決める議会制民主主義（間接民主主義）をシステムとして採用している。このように選挙は、国民の代表者を選び出し、それを議会に送り出す代表機能を果たしている。

◉選挙の基本原則……【★☆☆】

民主主義の理念に照らして公正な選挙を実現するための基本原則は、普通選挙、平等選挙、直接選挙、秘密選挙であるといわれる。普通選挙とは、財産や納税額、身分、性別等によらず一定の年齢に達したすべての国民に選挙権を認めるというもの。平等選挙は、1人1票の原則に立ち、その1票の価値の平等も保障しようというもの。直接選挙とは、国民が直接に代表者を選挙するもの。秘密選挙は、個々の国民がだれに投票したかを他人には知られないようにする制度である。

これらの基本原則が貫かれて、はじめて民主的で公正な選挙が実現されるのである。

◉小選挙区制……………………………………………………………………【★★★】

小選挙区制は１つの選挙区から１名を選出し、しかも有権者が１人の候補者名を書いて投票するものである。

当選の決定にあたっては、過半数の得票を当選とする絶対多数制と、相対的に得票の多い方を当選とする相対多数制がある。

◉大選挙区制……………………………………………………………………【★★★】

１つの選挙区から２人以上を選出するのが大選挙区制である。

これはさらに、選出される定数と同数の候補者の氏名を記入する大選挙区完全連記制、定数にいたらない複数の候補者名を記入する大選挙区制限連記制、１人の候補者名だけを記入する大選挙区単記投票制（これを日本では特に中選挙区制という）がある。

◉比例代表制……………………………………………………………………【★★★】

各政党が獲得した得票数に応じて議席を配分する制度が比例代表制である。しかし、得票の計算方法、議席の配分方法などは多様で複雑になっている（**Q43** 参照）。

知識を広げる

ゲリマンダー

1812年、アメリカのマサチューセッツ州知事E.ゲリーによる選挙区割りは、所属政党にとって有利になるように行われた。その結果、選挙区はサラマンダー（とかげ・竜）の形になった。このことから、特定の政党・候補者に有利になるような、恣意的な選挙区の区割りをゲリマンダー（「ゲリー」と「サラマンダー」を合わせた造語）と呼ぶようになった。

A41　正解－2

1－誤　選挙の基本原則の１つである平等選挙においては、１票の価値の平等の保障までも要請される。

2－正　権力行使の正当性付与が選挙の重要な機能になる。

3－誤　ゲリマンダーの説明は正しいが、明確に定義できるものではなく、法的な規制はない。ゲリマンダーは特に小選挙区制の区割りで多く指摘されており、現在もその危険がないわけではない。

4－誤　比例代表制においても死票（落選者の得票）が全くないわけではなく、他の制度と比較して相対的に少ないということである。

5－誤　1925年の普通選挙法では25歳以上の男子に選挙権が与えられた。20歳以上の男女による普通選挙が成立したのは第二次世界大戦後の1946年である。

Q42 選挙制度の分類

問 選挙制度に関する次の記述のうち、妥当なものはどれか。 (国税専門官)

1 小選挙区制ではゲリマンダーの危険があり、新党の進出が困難であるために、政権が安定しないという短所がある。
2 大選挙区制には、選出される定数と同数の候補者の氏名を記入する完全連記制と、定数にいたらない複数の候補者名を記入する制限連記制とがある。
3 比例代表制では新党の進出が容易で、連立政権になりやすいという特徴があるが、政権は安定し民意も反映しやすい。
4 小選挙区制の下では選挙区が比較的狭く、候補者と有権者とが密接に結びつくことから、各候補者や政党の政策論争は問題とされない。
5 我が国では衆議院、参議院のいずれにおいても比例代表制が採用されているが、アメリカ、カナダ、イギリスなどでは採用されていない。

PointCheck

◉選挙制度の分類 繰り返し確認……【★★★】

- 選挙制度
  - 小選挙区制
    - 絶対多数制
    - 相対多数制
  - 大選挙区制
    - 完全連記制
    - 制限連記制
    - 単記投票制
  - 比例代表制

◉多数代表制と少数代表制……【★★☆】

選挙制度の分類については、少数派が代表を出すことができるかに着目した次のような分類もある。

⑴**多数代表制**…多数派が代表を出すシステム

小選挙区制	1つの選挙区から1人を選出
大選挙区完全連記制	1つの選挙区から2人以上選出するが、当選者の数だけ投票できる

⑵**少数代表制**…少数派も代表を出せるシステム

大選挙区単記投票制	1つの選挙区から2人以上選出するが、1人にしか投票できない
大選挙区制限連記制	1つの選挙区から2人以上選出するが、当選者の数より少ない数だけ投票できる
比例代表制	得票数に応じて政党に議席を配分

《参考》当選者３名の大選挙区の場合の投票数

大選挙区完全連記制……投票者は３票もっている
大選挙区単記投票制……投票者は１票もっている
大選挙区制限連記制……投票者は２票もっている

◉小選挙区制と大選挙区制・比例代表制の長所と短所……………………………………【★★★】

	小選挙区制	大選挙区制・比例代表制
長所	制度がわかりやすい 選挙民が候補者を熟知できる 争点が明確である 二大政党制になりやすい 政権が安定する	死票が少ない 民意を反映しやすい 公平な議席配分 新党の進出が容易
短所	多数派を過剰に代表する 死票が多い ゲリマンダーの危険 選挙腐敗が発生しやすい 新党の進出が困難である	選挙民と候補者とが隔絶する 連立政権になりやすい 政権が不安定である 比例代表制は制度が複雑でわかりにくい

A42 正解－5

1－誤　小選挙区制では二大政党制になりやすく、政権は安定するとされている。
2－誤　この他、１人の候補者名を記入する単記投票制（中選挙区制）がある。
3－誤　一般に比例代表制では政権が不安定になりやすいとされる。
4－誤　小選挙区制では政党間の争点が明確になり、活発な政策論争が期待できる。
5－正　アメリカ、カナダ、イギリス、フランスなどは小選挙区制を採用している。比例代表制を採用している国としてはスイス、オランダ、イタリア、ドイツ（小選挙区併用）がある。

Q43 小選挙区制と比例代表制

問 選挙制度に関する次の記述のうち、妥当なものはどれか。 (地方上級)

1 小選挙区制は、1選挙区から1名の代表を選出する制度であり、1選挙区の規模が小さいことから候補者は地理的利害に拘束されがちになるが、恣意的に選挙区割りをするゲリマンダーが行われる可能性は低い。
2 小選挙区制は、比例代表制に比べて利益や価値観が多様化した社会に適した制度であり、争点が明確になりやすく、政権も安定しやすい。
3 比例代表制は、各政党の得票率に比例して議席を配分する制度であり、ヨーロッパの多くの国で採用されており、死票を最小限に抑えることができるが、小党分立の傾向を生じ、連立政権になる可能性が高い。
4 比例代表制には、単記委譲式と名簿式があり、名簿式のうち単純拘束名簿式では、選挙人は政党を選択するだけで、候補者の優先順位を変更できないが、厳正拘束名簿式では、選挙人は候補者の優先順位を付けることができる。
5 小選挙区比例代表並立制は、我が国では衆議院議員選挙で採用されており、比例代表制による選出数が小選挙区制による選出数を上回っている。

PointCheck

◉比例代表制と意思決定……【★★☆】

⑴比例代表制導入の背景

比例代表制は、スイス、ベルギー、オランダなど大陸ヨーロッパ諸国で広く採用されている選挙制度である。これらの国々は、社会内部における亀裂が顕著であり、イデオロギー的、宗教的、言語的対立が政治不安の一因となっていた。

そのような社会にイギリス型の小選挙区制度を導入することは、多様性に満ちた利益集約と意思決定の困難さとともに、社会内部の亀裂をより深刻化させることにもつながる。そこで、社会の多様度に比例した代表者数を決定することが必要となり、比例代表制の考えが定着した。

⑵議会への民意の反映

さらに、意思決定機関としての議会との関係がある。小選挙区制であれば、事実上選挙が意思決定の役割を果たし、議論の場としての議会の存在意義が薄くなる。一方、比例代表制では、異なる意思をもつ代表者が議会で討論して利益を集約調整することが可能である。つまり、議会にどれだけの国民の意思を反映させるかが、小選挙区制と比例代表制の大きな違いである。

◉**比例代表制における当選者の決定方法**……………………………………【★☆☆】

⑴２つの手続き

比例代表制は、政党中心の選挙制度であることから、２つの手続きが必要になってくる。第１は政党別の当選者の数を決定する手続きである。第２は政党内における当選者を特定する手続きである。

⑵当選者の数を決定する方法

比例代表制は、各政党の得票数に応じて議席を配分する制度であるため、その計算方式が数多くある。そのうち、得票数を整数で割り、その商の大きい順に当選者の数を決定する方式がドント式である。ドント式は大政党に有利であると批判されるが、日本ではこの方式による。他に、ドント式と同じ最大平均方式のサンラゲ式（奇数で割る）、最大剰余方式（ドループ式、ヘーア式）などがある。

⑶当選者を特定する方法

当選者の数が決定すれば、次は各政党別の当選者を特定しなければならない。その方法には、単記移譲式と名簿式がある。

①単記移譲式は、候補者の氏名が記載されている投票用紙に、自分の優先順位で番号をつけていく方式である（採用国は少ない）。

②名簿式は、政党があらかじめ候補者名簿を作成し、有権者が名簿から選択する方式である。この名簿式は、さらに絶対（厳正）拘束名簿式、単純拘束名簿式、非拘束名簿式、自由名簿式に分かれる。

(a) 絶対（厳正）拘束名簿式は、有権者が名簿にある政党のみを選ぶ方式である。

(b) 単純拘束名簿式は、政党名だけでなく支持する候補者を優先的に指名することも認める方式である。

(c) 非拘束名簿式は、政党または候補者に投票するが、名簿に順位（拘束）がない方式である。当選者は得票の多い順に決定される。

(d) 自由名簿式には、名簿から自由に候補者を組み合わせて投票できる通称「パナチャージ」、さらに名簿にない候補者にも投票できる通称「ワイルド」などの方法がある。

A43 正解－３

１－誤　小選挙区制は過半数の得票さえ得れば議席を独占できるため、ゲリマンダーの行われる可能性は高い。

２－誤　死票の少ない比例代表制の方が､価値観の多様化した社会に適した制度である。

３－正　国民と議員の関係が希薄になるなども、短所として指摘される。

４－誤　単純拘束名簿式と厳正拘束名簿式の説明が逆になっている。

５－誤　小選挙区選出議員定数が295名、比例代表区選出議員定数が180名であるから、小選挙区選出議員の方が多い。参議院も選挙区選出議員のほうが多い。

Q44 圧力団体

問　圧力団体に関する次の記述のうち、妥当なものはどれか。　(地方上級)

1　圧力団体は自己の特殊利益の実現を目的として政策決定に影響を及ぼす集団であり、究極的には政権の獲得をも目指す。
2　圧力団体の構成員は高学歴・高収入であることが多く、そこからエリートの利益主張の手段にすぎないという指摘がないわけではない。
3　圧力団体はそれぞれの要求を伝える利益表出機能を果たしているが、それは自己の利益に関するものの主張に限られ、政党の機能を補完するものではない。
4　圧力団体はあくまでもそれぞれの団体の特殊利益を追求するものであり、公共的な利益を追求するものは存在しない。
5　住民たちが結成した「環境を守る会」などが生活・自然環境の保護を訴えて政策決定に影響を及ぼしても、それは厳密な意味での圧力団体とはいえない。

PointCheck

◉圧力団体の定義と機能……………………………………………………………【★★☆】

圧力団体とは、自己の特殊利益の実現を目的として政策決定に影響を及ぼす、つまり政治的な圧力を行使する集団であり、単に利益集団と呼ばれることもある。こうした集団が台頭してきた要因としては、政党の機能の低下などが挙げられる。圧力団体はそれぞれの要求を政治家に伝え、それを政策に反映させる利益表出機能を果たして政党の機能を補完している(政党の機能については**Q31** 参照)。

しかし一方で、圧力団体が取り上げる要求は自己の利益と関係のあるものに限られ、またその構成員も高学歴・高収入であることが多く、圧力団体はエリートの利益主張の手段であるという批判もある。

◉圧力団体の分類……………………………………………………………………【★☆☆】

従来の圧力団体は､経済的利益を中心としてそれぞれの特殊利益を追求する団体だったが､最近になってその目的がそれぞれの団体利益に限定されず、社会正義の追求を掲げて公共的な利益を追求する団体も現れてきた。

したがって、現在の圧力団体を分類すれば、労働組合、経済団体、農協、医師会などのように個々の利益を主張する従来型の部分利益集団、人権団体、環境保護団体のように社会的正義を主張する公共利益団体（促進的集団)、そして何らかの問題が発生したときにのみ組織される住民運動などの潜在的集団に分けられる。

圧力団体の分類 ─┬─ 部分利益集団
　　　　　　　　├─ 公共利益団体（促進的集団)
　　　　　　　　└─ 潜在的集団

◉圧力団体と政党との違い……………………………………………………………………【★★★】

圧力団体と政党との比較が試験ではよく問われている。その一番の相違は、政党が政権の獲得と維持を目指すものであるのに対し、圧力団体は政権獲得を目指すものではないということである。したがって、政党は国民に対して政治責任を負うのに対して、圧力団体にはそれがない。また、政党は政権を獲得するために社会のさまざまな利益を調整し、国民的利益の擁護を訴えることで、その政策は弾力的になる。対して、圧力団体はあくまで自己の特殊利益の実現のみを目指すため、政策の弾力性に乏しいという違いがある。これによって、圧力団体は社会の潜在的要求を具体的要求として表現する利益表出機能を、政党は多様な要求を調整して政策に転換する利益集約機能を主に担うことになる。

知識を広げる

圧力団体と利益集団（利益団体）

利益集団とは、広義では、共通の生活・職業・経済的利益のために作り上げられた集団であり、厳密にいえば政党や圧力団体の上位概念にあたるものである。ただ、共通利益の実現を目的として、政府や政治過程に対して組織的に働きかけをする場合には、圧力団体にあたることになり、両者を厳格に区別する意味は少ない。

▼利益集団の分類

	分類	目的・基盤	例
成立の基盤	セクター団体	経済的利益	経済団体・農業団体
	価値推進団体	特定の価値や主義	平和団体・市民運動団体
政策の違い	市場団体	市場競争原理	企業団体・消費者団体
	政策受益団体	福祉国家理念	福祉団体・教育団体

A44 正解－2

1－誤　政権の獲得を目指すのは政党であり、圧力団体は政権の獲得を目指さない。
2－正　圧力団体に対しては、従来からこうした指摘がある。
3－誤　政党の機能低下を背景として、圧力団体には政党の機能を補完する役割がある。
4－誤　社会正義を掲げて公共的な利益を追求する圧力団体も現れている。
5－誤　自己の利益の実現を目的として政策決定に影響を及ぼせば、それは圧力団体と考えられる。

Q45 圧力団体と政党

問　圧力団体と政党に関する次の記述のうち、妥当なものはどれか。　（国家一般）

1　従来、圧力団体は議会に対して働きかけを行うのが一般的であったが、現在では議会より行政府に対して行われることが多い。
2　政党も圧力団体も政権の獲得を目指す団体であり、その意味において、圧力団体は政党を補完するとされる。
3　圧力団体も政策決定に影響を及ぼし、政治的団体である以上、国民全体に対して政治責任を負わなければならない。
4　政党の政策は、それぞれの政党が正しいと信じる政策を一貫して国民に対して訴えていくことから、その政策は弾力性に乏しいものになってしまう。
5　我が国の圧力団体は政党と密接な関係がなく独自の活動を展開している。

PointCheck

◉圧力団体の発生・台頭の背景……【★☆☆】

⑴工業化や都市化の進展

個人は社会集団に依存して政治的発言力を発揮するようになり、また、地域的利害を超えた利害が出現したことで、地域代表原理の議会が機能不全に陥った。そこで何らかの形で代表原理を補完する必要が生まれ、圧力団体が登場する環境が整えられた。

⑵福祉国家や積極国家の登場

福祉国家が登場し、国家の介入による重大な利害の得失が発生したため、自己の利益の擁護や増大のための活動が、集合的な圧力団体へと変貌を遂げた。

⑶政党の大衆政党化

政党内部の官僚制化と寡頭制化が進み、組織が硬直化したため、政党以外のルートによって政策決定過程に介入する必要が生まれ、圧力団体がこの役割を担った。

◉圧力団体と政党の比較　繰り返し確認……【★★☆】

	政党	圧力団体
目標・利益	普遍的	特殊的
政権の獲得	目指す	目指さない
責任	国民に負う	内部のみ
政策	弾力的	弾力性に乏しい
機能	利益集約的	利益表出的

◉日本の圧力団体の特徴……【★★★】

⑴議員による行政官庁への働きかけ

日本は、伝統的に政策形成における主導権が行政府にあるため、特に補助金や許認可権を握る経済官庁に対する活動が顕著である。

日本はアメリカと異なり、圧力団体と行政府を結ぶ職業ロビイストが未発達である。そこで、その役割を国会議員が担い、圧力団体を集票機構として利用する。元来、政党の組織基盤が弱いため、国会議員が圧力団体を組織基盤として利用する必要に駆られるからである。つまり、国会議員と圧力団体との間でギブ・アンド・テイクの関係が成立しているのである。

⑵日本独特の構造

集票機構化した圧力団体は政党ごとに系列化される。例えば、自民党は日本医師会、日本遺族会と深い関係がある。ただし、55 年体制の崩壊と自民党と民主党による二大政党化への進展によって、その系列も流動的になって変化している。

以上のような事情から、日本では、圧力団体—国会議員(政権党)—行政官庁(官僚)のいわゆる「政官業」の構造的結束がある(鉄の三角形、**Q93** 参照)。

なお、日本の圧力団体は、特定の利益を実現、擁護するという目的で設立されたものでないことが多い。すでに他の目的で設立された社会集団が特殊利益を求めて圧力団体化することも特徴の1つである(既存集団の丸抱え)。

A45　正解－1

1－正　この背景には立法府に対して行政府が優位するという行政国家化の現象がある。
2－誤　圧力団体は政権の獲得を目指さず、また利益表出機能を果たしている点において政党の機能を補完している。
3－誤　政党は国民に対して政治責任を負うが、圧力団体にはそれがない。
4－誤　政党は政権の獲得を目指し国民的利益の擁護を訴えるために、政策は弾力的に変化する。
5－誤　我が国の圧力団体の特徴の1つは、政党の下に系列化されていることである。

Q46 アメリカの圧力団体

問 アメリカの圧力団体に関する次の記述のうち、妥当なものはどれか。 (地方上級)

1 ロビイストの働きかけは伝統的に立法府に対して行われており、世論などに訴えかけることはない。

2 アメリカにおいても圧力団体と政党との結びつきは強く、それは選挙応援などに見られる。

3 1946年には連邦ロビイング規制法が制定され、ロビイストの登録などが義務づけられ、ロビイング活動は厳しく制限されている。

4 ロビイストの活動対象は、連邦議会はもちろん、連邦制の国で各州にも自律的な政策決定権が与えられていることから、州議会に向けられることもある。

5 ロビイストは議会に働きかける際にその効果を極大化するため元議員や元政府高官である者が多く、弁護士、新聞記者などはほとんどいない。

PointCheck

◉アメリカの圧力団体の特徴……【★★★】

(1)ロビイスト

アメリカは、圧力団体の国と呼ばれるほど圧力団体活動が活発である。アメリカの圧力団体の最大の特徴は､専門的職業としてのロビイストによる活発なロビイング活動である。ロビイストとは元議員、元政府高官、新聞記者、弁護士などが圧力団体の代理人として活動し、圧力団体の利益のために議員に働きかけて立法の促進や阻止を行う者である。

(2)ロビイングの対象

ロビイストの働きかけは従来、議会議員に向けられることが多く、ロビイングは立法府に向けられるのが一般的だった（立法ロビイング）。しかし、行政国家の進展にともなって行政府もその対象となり（行政ロビイング）、より一層の効果を上げるために広く世論に訴えかけることも行うようになる（グラスルーツ・ロビイング）など、その活動も多様化している。

(3)ロビイング規制

アメリカでは1946年に連邦ロビイング規制法が制定され、ロビイストは、登録、献金者や献金額、収支決算の報告が義務づけられ、違反者には処罰が下されるようになっている。これはロビイング活動そのものに制限を加えるものではなく、ロビイング活動をガラス張りにしようとするものである。

▼アメリカと日本の圧力団体の比較

	アメリカ	日本
主な対象	立法ロビイング（対議会・議員）議会に強大な権限があり、議員に対する政党の拘束が少ない	行政府・官公庁 政策形成における主導権が立法府ではなく行政府にある
活動主体	専門・職業的なロビイスト 元議員・弁護士などが活動する	既存集団の丸抱え 圧力団体として設立されていない
組織の特徴	独立団体・代理人 連邦ロビイング規制法による登録	圧力団体は集票機構化 政党ごとに系列化
活動	情報収集や陳情、利益誘導、審議会への代表者の派遣	補助金や許認可権を握る経済官庁に対する活動が顕著

◉圧力団体の逆機能……………………………………………………【★★★】

⑴社会的エリートの手段化：圧力団体の構成員は中流以上の階層の人々が多い。
⑵過剰代表化：「声の大きい」者の利益重視で、サイレント・マジョリティの利益を無視。
⑶拒否権行使集団化：既存の組織利益の侵害に政治的圧力を行使してこれを阻止しがち。
⑷「利益集団自由主義」化（T.J. ローウィの批判）：議会の代わりに強大化した行政と官僚制（恒久的管財国家体制）が、体制内における既存組織利益の安定を保障している。

◉ローウィの依法的民主主義（Q82 参照） 理解を深める……………………………【★☆☆】

利益集団により損なわれた民主主義を回復しようとする主張。
⑴法の復権（法の支配による行政手続の復活、制定法に時限を示すサンセット法の導入）
⑵恒久的管財体制国家に代わる新自由放任主義を採用する。

A46 正解－4

1－誤　市民の支持を獲得し、より一層の効果を上げるために広く世論に訴えることも多い。
2－誤　日本とは異なり、アメリカにおいては圧力団体と政党との結びつきが弱い。
3－誤　連邦ロビイング規制法の趣旨はロビイング活動を規制することではなく、ロビイング活動をガラス張りにすることである。
4－正　ロビイングの対象は伝統的に議会が主であり、州議会に対しても行われる。
5－誤　ロビイストには元議員、元政府高官の他、弁護士、新聞記者も多い。

Q47 利益集団論

問 利益団体に関する次の記述のうち、妥当なのはどれか。 （国家一般）

1 C. オッフェは、利益団体を市場団体と政策受益団体に分類した。市場団体には、市場制度から大きな利益を得る大企業を中心とした経済団体や大企業正社員の労働組合などが、また、政策受益団体には、規制や再分配といった政策から利益を得る農業団体、中小自営業の団体、福祉団体などが含まれるとした。

2 T. ロウィは、政策を規制政策、分配政策、再分配政策などに類型化したが、この政策類型に対応付けて利益団体の分類を行えば、規制政策には価値推進団体、分配政策には業界団体や消費者団体、再分配政策には福祉団体や医療・保健団体がそれぞれ対応することになる。

3 M. オルソンは、団体に所属するメンバーの数と、その団体の利益団体としての活動の活発さとの関連について考察し、メンバー数の多い団体ほど、そのメンバーが当該団体の影響力を大きく認識するため、メンバーの活動への参加がより盛んになり、結果としてその団体の活動が活発化するとした。

4 R. ソールズベリーは、利益団体は政治的企業家とメンバーの間の便益の交換によって成立し、その交換が継続する限り存続するとした。ただし、こうした役割を果たす便益は物質的・経済的な便益に限られ、メンバーは団体参加に伴う費用と便益を比較して、便益の方が大きければその団体にとどまるとした。

5 D. トルーマンは、利益団体の形成を導く基本的な要因はマクロな社会的変化であるとし、工業化や都市化に伴う社会的分化が利益や価値の多様化を通じて様々な利益団体を生み出し、また、既存の社会勢力間の均衡が崩れると、それにより不利益を被る社会集団の側からの圧力活動が盛んになると論じた。

PointCheck

◉利益集団の評価…………………………………………………………………………【★★☆】

圧力団体を肯定的に評価したのがベントリーやトルーマンで、個人が原子化した状況では集団化することで利益を追求し得るし、個人が複数の圧力団体へ加盟（重複的メンバーシップ）することで集団間の均衡も保つことができるとした。トルーマンは、「潜在的利益集団」という概念を用いて世論の圧力による均衡論を説くが、そこでは集団を構成する個人の態度や動機が重視されており、社会心理学的な傾向が強い（**Q82** 参照）。

圧力集団が「過少代表の過大利益」であるとして批判的なのは、シャットシュナイダーやオルソン、ローウィなどである。オルソンは「フリーライダー（ただ乗り）」が存在しうる点に着目する。ローウィは「利益集団自由主義批判」を展開し、政府が利益集団の要求に応じてきたため政策に一貫性がないと手厳しい。また、近年では、圧力団体や市民運動に参加できるのは比較的恵まれた人々だという「政治参加のパラドックス」も指摘されている。

◉ **D. トルーマンの『統治過程論』** 理解を深める ……………………………………………【★★☆】

政治学に集団と過程を重視する政治過程論を取り入れたのは A.F. ベントリーであるが、その研究は、当初日の目をみることはなく、トルーマンの『統治過程論』(1951 年)が、ベントリーの研究の意義を再評価した。第1に、ベントリーの「集団のクリス・クロス(交叉)」を「重複的メンバーシップ」という概念に精緻化した。第2に「習慣背景」を「潜在的利益集団」という概念に精緻化した。そして、集団間のバランスがとられていく過程を「均衡理論」と定式化したのである。

◉ **T.J. ローウィの「利益集団自由主義」批判** ……………………………………………【★★★】

ローウィは、行政と官僚制がある特定の圧力団体や利益集団と恩顧関係(クライエンテリズム)を結び、明確な根拠をもたずに政策を決定していると指摘し、この基礎にある政治哲学と政治システムを「利益集団自由主義」と呼んで批判した。

◉**ネオ・コーポラティズム** ……………………………………………………………………【★★☆】

ネオ・コーポラティズムとは、1970 年代の世界的不況期に注目された、現実の政治状況を説明するために提示されたシステムであり、利益集団間の協調・調整によって社会秩序形成・政策決定が行われるという考え方である(**Q50** 参照)。

多元主義の立場にあるアメリカやカナダでは利益集団間の対立・競争が前提となるが、オーストリア、スウェーデンなどの西欧諸国では、重要な政策決定が主要な利益集団と行政官僚との協調・協議によって進められる政治状況が一般化している。

ネオ・コーポラティズムが成立するためには、①利益集団の全国的統合が進み巨大な頂上団体が形成され、組織的に公平な利益の表出が行われること、②国家は利益集団の全国組織を事実上公認し、政策決定過程に組み込んでいくことが必要になる。

A47 正解－5

1－誤 「市場団体」には企業団体・消費者団体、「政策受益団体」には福祉団体・教育団体などがある。文中の農業団体・中小自営業団体は経済的利益を基盤とする「セクター団体」で、通常は「市場団体」に分類される。

2－誤 分配政策には各別の個人・企業、規制政策には規制を受ける業界団体、再分配政策には政策受益団体(福祉団体・教育団体など)が対応する。

3－誤 オルソンは、大集団の場合に生じるフリーライダーのために集合行為が成立しづらいとする。「ただ乗り」の監視がしやすい小集団のほうが集合行為が成立し公共財が供給されると考える。

4－誤 ソールズベリーは、メンバーが加入することで得られる利益には、金銭などの物的・経済的なものだけでなく、連帯意識や心理的満足感もあるとする。

5－正 圧力集団が多く存在しても社会の安定・均衡は損なわれず、むしろ安定・均衡を維持するように機能しているとトルーマンは主張する。

Q48 日本の選挙

問　我が国の選挙に関する次の記述のうち、妥当なのはどれか。　(国家一般)

1　衆議院議員総選挙の小選挙区比例代表並立制においては、衆議院の定数475議席のうち、295議席は小選挙区から選出され、残りの180議席は比例代表で選出される。小選挙区制では大政党が有利になる一方、比例代表制では小政党でも候補者を当選させることができるため、小選挙区比例代表並立制は、大政党と中小政党間の議席配分上のバランスをとる側面がある。

2　衆議院議員総選挙の小選挙区比例代表並立制においては、重複立候補制が採用されている。これは、立候補した者は自動的に小選挙区と比例区の両方に立候補したこととされる制度である。比例区では名簿に優先順位を付けることはできず、小選挙区で落選した候補者の中で惜敗率の高い候補者から順に当選することとなる。

3　平成25（2013）年、公職選挙法の一部を改正する法律が成立し、インターネットを使用した選挙運動が解禁された。これにより、候補者や有権者は、ウェブサイト等及び電子メールを利用した選挙運動ができることとなった。また、成立当初はインターネットを使用した投票は行うことができなかったが、マイナンバーの運用開始に伴い、インターネットを使用した投票が解禁された。

4　平成27（2015）年、公職選挙法の一部を改正する法律が成立し、参議院選挙区選出議員の選挙について、東京都・愛知県・福岡県等で定数の削減を行うとともに、新潟県・長野県等で定数の増加が行われた。これは主に、選挙区間において議員一人当たりの人口に不均衡が生じている、いわゆる一票の格差の状況を是正するために行われた。

5　平成27（2015）年、公職選挙法等の一部を改正する法律が成立し、公職選挙法、地方自治法に規定する選挙権年齢及び被選挙権年齢について、20歳以上から18歳以上への引下げの措置が講じられた。法律上の成年年齢等について整合性を図るため、同年、民法、少年法の成年年齢等についても18歳に引下げが行われた。

PointCheck

◉小選挙区制と政党制……………………………………………………【★★★】

世界的にみて、小選挙区制と二大政党制との間に明白な関連性があるかどうかは微妙である。二大政党制は、その国の政治文化、経済的社会的状況、政治制度などが相互に影響しあって形成されるので、小選挙区制だけで誕生するとは断定できない。

ただ、小選挙区制が有効に作用するためには、二大政党の勢力の拮抗、政党の政策の包括性、社会の同質性などの条件が必要である。したがって、政治的利害が多元化し多様な利益集団が複雑に関係している社会では、その長所を発揮しにくい。実際、多極共存型民主主義を採用しているオランダなどの国では、比例代表制を重視している。

◉比例代表制の長所と短所 繰り返し確認 ……【★★★】

比例代表制は、国民との関係では、死票が少ないため国民や各社会集団の多様な意思が反映されやすい。政党や議会との関係では、小政党も議席を確保できること、新たな政党の出現を容易にすることが長所とされる。しかし反面で、国民との関係では、議員と国民との関係が疎遠になる。また、政党や議会との関係では、小党分立を招きやすい。政府との関係では、政権構成が単独政権よりも不安定な連立政権になる可能性が高いと考えられる。

なお、大陸ヨーロッパ諸国は社会的亀裂が顕著なので、イギリスのような小選挙区制の導入は、逆に社会内部の対立を顕在化させることになる。つまり、「小選挙区制による二大政党の出現が政治的安定をもたらす」という図式と、「比例代表制による多党制の出現が政治的不安定化をもたらす」という図式は、無条件で肯定できるものではない。

◉日本での投票行動 ……【★★☆】

従来の選挙運動は、候補者の地盤を中心とした後援会や支持組織の構築が行われた。そのため有権者は、候補者が政党や派閥の影響力を生かし、いかに利益を還元するかに重きをおき、政党の政策や争点は判断材料とならなかった。結果として、大都市よりも地縁関係の深い地方での投票率が高く、女性の投票率が男性を上回っていた。また、都市部の20歳代の政治的無関心が顕著である。ただ、近年ではマニフェスト選挙が展開され、政党・候補者の政策を重視する傾向が、国政・地方選挙ともにみられる。

代表的な分類である多数代表制（小選挙区制）と比例代表制の２つはかなり詳しい内容の出題が予想される。各国の状況と合わせて、実際の問題点を確認しておくこと。

A48 正解ー1

1ー正　なお、2016年の定数改正により、小選挙区6減、比例代表4減し、次回の総選挙から戦後最少の465議席とされた。

2ー誤　比例区に立候補するには政党の許可が必要であり、自動的に重複となるのではない。また、名簿は拘束方式なので順位があるのが原則で、重複立候補者についてのみ、同一順位として惜敗率による決定が認められるのである。

3ー誤　電子メールは候補者・政党のみで有権者には認められていない。また、電子投票は条例を定めた地方選挙でのみ可能で、国政選挙では行われていない。

4ー誤　定数の変更は２人増加が北海道・東京・愛知・兵庫・福岡、２名減少が宮城・新潟・長野で、区域変更は鳥取・島根と徳島・高知が合区となった。

5ー誤　被選挙権年齢は変更されていない。また、18歳選挙の実施にあたり、公職選挙法は附則で「20歳以上の者との均衡等を勘案しつつ、民法、少年法その他の法令の規定について検討を加え、必要な法制上の措置を講ずる」と規定してはいるが、成年年齢は引き下げられていない。

Q49 圧力団体の機能

問 利益団体に関する次の記述のうち、妥当なものはどれか。 (国家一般)

1 人々が特定の利益や価値の擁護・増進を目的として集団を組織し、政治に働きかけようとするとき、これを「利益団体」と呼ぶ。利益団体と政党の違いは、政党が究極的には政権の獲得・維持を目的とするのに対して、利益団体はそれを目的としない点にある。
2 利益団体の分類方法には種々あるが、経済的利益の追求に基づく「セクター団体」と特定の価値や主義の普及を目指す「価値推進団体」とに分ける方法はその一例である。さらに、この二つのカテゴリーに収まらない団体を「市場団体」と呼ぶことがあり、その例として、福祉団体、教育団体、行政関連団体が挙げられる。
3 利益団体が相互に対抗・競争する中から政策が生まれる仕組みを多元主義的政治システムという。こうした市場原理に任せるシステムは、実際には強力な組織力をもった団体の利益だけが過剰に代表されるという点で「ネオ・コーポラティズム」的であるとして、批判されている。
4 アメリカ合衆国の社会学者E. フロムは、その著書『統治の過程』の中で、南北戦争後の急速な経済発展、労働階級の台頭、都市部への人口集中、移民の増加といった社会的潮流を背景として、さまざまな集団が自己利益の増進のためにロビイストを使って連邦議会に圧力をかけ、それを連邦議会が調整するという点がアメリカ合衆国の政治過程の特徴であると指摘した。
5 現在の我が国の利益団体は、政党別に系列化されていることから、専ら政党や議員に働きかけ、行政機構には働きかけないといった特徴がある。また、各分野の頂上団体は下位組織が自発的に参加することによって形成されている。

PointCheck

◉圧力団体の活動対象・活動内容・種類……………………………………【★★☆】

⑴活動対象

議会や議員を対象とする立法ロビイング（アメリカが典型)。行政を対象とする行政ロビイング（日本が典型)。世論を対象とするグラスルーツ・ロビイング（最近増加）など。

⑵活動内容

政策形成や特殊利益に関する広範な情報収集、陳情や利益誘導、審議会への代表者派遣、デモや宣伝など。

⑶種類

部分利益集団は、経済的利益を中心としてそれぞれの特殊利益を追求する集団である。これに対し、公共利益団体は、社会正義の追求を掲げて公共的な利益を追求する集団である。例えば、アメリカの団体コモン・コーズは、選挙資金規制、政治家の資産公開などの実績がある。

⑷最近の動向

公共利益団体や市民・住民運動の台頭は、新しい課題に対応する政党や従来型の圧力団体の能力が減少していることを表している。

◉日本の圧力団体の特徴 繰り返し確認 ……………………【★★★】

⑴行政府に集中した活動対象

補助金や許認可権を握る経済官庁に対する活動が顕著である。

⑵議員の集票機構化

圧力団体と行政府を結ぶ専門的職業的ロビイストが未発達であるため、その役割を議員が担う。その一方で、政党の組織基盤が弱いため、議員が圧力団体を集票機構として利用する。議員と圧力団体との間でギブ・アンド・テイクの関係が成立する。

⑶政党系列化

圧力団体が集票機構化しているため、政党ごとに系列化される。例えば、自民党は日本医師会、日本遺族会と深い関係がある。55 年体制の崩壊と自民党と民主党による二大政党化への進展によって、その系列にも変化が生まれている。

⑷鉄の三角形

圧力団体―政権党―官僚の、いわゆる政官業の構造的癒着がある。

⑸既存集団丸抱え的傾向

日本の圧力団体は、特定の利益を実現、擁護するという目的では設立されておらず、すでに他の目的で設立された社会集団が特殊利益を求めて圧力団体化する。

Level up Point!

一口に圧力団体、ロビイングといっても、機能・特徴・活動形式の面でかなりの違いがある。具体的な政治システムの中の位置づけをイメージできるようにしたい。

A49 正解－1

1－正　利益団体は自己の特殊利益実現を目的とし、その利益表出を主たる機能としている。

2－誤　福祉団体や教育団体は市場原理によらない「政策受益団体」である（**Q44** 参照）。

3－誤　多元主義は市場社会における利益集団間の競争が鮮明であるのに対し、ネオ・コーポラティズムでは協調・調整により社会秩序が形成される。

4－誤　『統治の過程』は、A. ベントリー（**Q81** 参照）の著作である。

5－誤　政策形成の主導権をもつ行政と圧力団体を結びつけるロビイストの役割を果たすのが政党・議員である。

Q50 各国の圧力団体の特徴

問 利益集団に関する次の記述のうち、妥当なものはどれか。 （国家一般）

1 現代の政治においては、政党と並んで利益集団が大きな発言力をもっている。利益集団とは、政治以外の領域でそれぞれ特定の目的をもって活動する団体であり、経済団体や労働団体が含まれるが、学術文化団体や自然保護団体は含まれない。
2 政策形成過程に何らかの圧力を及ぼそうとするものもある。しかし、利益集団が行政府に圧力をかけることは、官僚機構の中立性と両立しないものであり、我が国においては禁止されている。
3 利益集団の代表が審議会の委員となる場合には、各利益集団は審議会を通じてそれぞれの利害を表明することとなる。これは、行政府に必要な専門知識を調達するという審議会制度の本来の目的とは異なるものであり、我が国においては、利益集団代表の委員の数が一定割合以下となるよう法律で定められている。
4 利益集団の圧力活動は、必ずしも行政府に対してだけ向けられるとは限らない。例えば、アメリカ合衆国においては、立法府への働きかけも重要な圧力活動となっており、議会に直接働きかけて立法を促すなどの活動はロビイングと呼ばれている。
5 利益集団の政治的発言力が増大していくと、重要な政策決定が主要な利益集団と官僚との協議によって進められるようになる。こうした政策決定のあり方は、コーポラティズムと呼ばれるが、利益集団の統合が進むと、団体内部での意見の統一が困難となることから、コーポラティズムは成立しづらくなる。

PointCheck

◉アメリカの圧力団体の特徴 繰り返し確認 ……………………………【★★☆】

⑴ロビイストの定義と規制

ロビイストは、圧力団体や企業から依頼を受けて行政府や立法府の政策決定過程に影響力を行使する人々のことである。ロビイストに対する規制として、1946年に成立した連邦ロビイング規制法は1995年に改正された。これによりロビイストの定義がより明確になり、議会への登録が必要になった。また、依頼主やその依頼内容や費用などの報告も義務化された。

⑵活動対象

厳格な三権分立制の下で議会は強力な権限を保持しているため、ロビイストの活動は議会に集中する。また、アメリカ政治は政党の議会内組織が弱く党議拘束もほとんどない。そのため、ロビイストが個々の議員を説得する余地が大きい。しかし、行政国家化に伴い、活動の重点も行政府に移ってきている。

◉圧力団体とネオ・コーポラティズム……………………………………………………【★★★】

⑴ネオ・コーポラティズムの特徴

ネオ・コーポラティズムは、国家と巨大な頂上団体（ある利益集団や職能集団の最上位の団体）に緊密な関係が生まれ、頂上団体が国家の政策に協力する政治現象である。この頂上団体は、諮問委員会などを通じて国家の政策決定過程や執行過程における重要なメンバーになって自己の利益を反映させる役割を担う。その一方で、頂上団体は、自己抑制的な行動をとらなければならない。つまり、利益集団や職能集団相互の調整や妥協を図りながらも、議会制民主主義を否定しない行動が必要とされている。

⑵比較史的考察

コーポラティズムは、第一次世界大戦後における民主主義の危機的状況の中から登場した。イタリアのムッソリーニやスペインのフランコ政権で採用された頂上団体の参加形態であったため、民主主義を否定する文脈で歴史の舞台に登場した。これと区別される現代のネオ・コーポラティズムは、オーストリア、スウェーデンなどにみられるが、1970年代の世界同時不況を乗り切るため登場した点で共通している。

⑶圧力団体との比較

ネオ・コーポラティズムにおける頂上団体は、社会的利害の調整や妥協を行うため、政策決定機関に参加する。一方、圧力団体は、利益集団間の競争や対立を特徴とし、また政策決定機関に正式に参加することはない。

⑷国家との関係

国家権力による頂上団体や利益集団の組み込みという側面と、頂上団体や利益集団による国家権力の抑制と監視という側面が指摘される。言い換えれば、前者の側面は「自由民主主義体制」の否定、後者の側面は「自由民主主義体制」の現代的な補完機能を果たしている（議会制民主主義と政党政治の存在軽視につながるという批判もある）。

日本的な圧力団体とは大きく異なる、アメリカのロビイングと、ヨーロッパのネオ・コーポラティズムを対比して、現実的な利益集団の体制・機能を把握する。

A50 正解－4

1－誤　公共利益団体は人権・環境保護など社会的正義を主張する圧力団体である。学術文化団体や自然保護団体も利益集団に含まれる。

2－誤　日本では「行政ロビイング」が特に活発に行われている。

3－誤　利害関係者の意見表現も審議会の本来の目的であり、本肢のような規制は存在しない。

4－正　アメリカで活発なのは「立法ロビイング」である。

5－誤　コーポラティズムは、現在の利益集団のあり方を表す言葉ではない。

第6章 マス・メディアと国民の政治意識

Level 1 p114～p127 Level 2 p128～p133

1 マス・メディアの機能と逆機能

Level 1 ▷ Q51,Q52 Level 2 ▷ Q58

テレビやラジオ、新聞などをマス・メディアといい、これらを通じて行われる情報の伝達過程をマス・コミュニケーションという。

⑴マス・メディアの政治的な役割 ▶p114 ▶p115

①政府の政策を国民に伝達

②政策に関する情報を提供して世論を形成

③政治的争点に対する国民の態度を政府に知らせる

⑵マス・メディアの麻酔的逆機能 ▶p114 ▶p117

ヒトラー政権における宣伝省に見られるように、権力者の側がこれを大衆操作の道具として利用する危険性が存在しているという側面ももつ。

2 マス・メディアの効果に関する理論

Level 1 ▷ Q53 Level 2 ▷ Q59,Q60

マス・メディアの影響が具体的にどのようなもので、それがどの程度までのものかについては、分析方法、調査対象などによってさまざまな見解が出されている。▶p130 ▶p131 ▶p132

①強力効果論（弾丸理論・皮下注射理論）

②限定効果論

「マス・コミュニケーションの２段階の流れ」仮説

「クラッパーの一般化」

③新強力効果論

「知識ギャップ」仮説、「議題設定機能」仮説、「沈黙の螺旋（らせん）」仮説、「培養」仮説

3 マス・コミュニケーションの２段階の流れ

Level 1 ▷ Q51 Level 2 ▷ Q59

ラザースフェルドらは、マス・メディアから大衆への情報の伝達の過程について、それぞれが所属する小集団の中には、普段から他の人よりも多くマス・メディアに接することで情報に詳しくなっているオピニオン・リーダーが存在しており、マス・メディアからの直接の情報よりも、オピニオン・リーダーからの口伝えのパーソナル・コミュニケーションの方が影響力をもつというコミュニケーションの２段階の流れを説いている。▶p130

▼マス・コミュニケーションの２段階の流れ

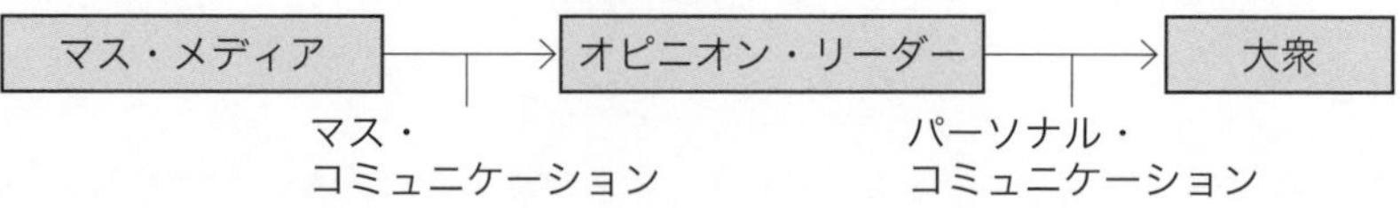

4 政治的パーソナリティ

Level 1 ▷ **Q54,Q55**

⑴ウォーラスの「主知主義的人間像批判」 ▶p9

本能、衝動、暗示などの作用を強調

⑵ラズウェルの「政治的人間」 ▶p120 ▶p122

p } d } r = P （政治的パーソナリティ）

「私的動機（p）を、公の目標に転位（d）し、公共の利益の名において合理化（r）」

⑶アイゼンクの「パーソナリティ・モデル」 ▶p121

「急進的―保守的」と「硬い心性―柔らかい心性」の座標軸

ファシスト、保守主義者、自由主義者、社会主義者、共産主義者の位置づけ

⑷フロムの「権威主義的性格」 ▶p122

他者支配のサディズムと自己消滅のマゾヒズムとの共棲

5 政治的無関心

Level 1 ▷ **Q56,Q57**

⑴リースマンの２類型 ▶p124

伝統型無関心（政治に参加できないため）

現代型無関心（参加方法はあるが参加しない）

⑵ラズウェルの３類型 ▶p124

無政治的態度（そもそも関心なし）

脱政治的態度（関与したが挫折）

反政治的態度（政治を否定）

⑶政治的無関心の原因 ▶p125 ▶p126

個人の関心領域のカプセル化、マス・メディアの問題、政治的疎外感

6 投票行動研究

Level 1 ▷ **Q55**

⑴投票行動研究 ▶p123

計量的科学的実践的アプローチを重視し、社会学や心理学を応用

①コロンビア学派（社会学的アプローチ）：政治的占有傾向の重要性

②ミシガン学派（心理学的アプローチ）：政党帰属意識の重要性

⑵投票行動モデル

①合理的選択理論：候補者・政党間の期待効用差から投票参加を説明

(a) A. ダウンズの期待効用モデル：$B = E(U_X) - E(U_Y)$

期待効用差 $B > 0$ なら X に投票、$B < 0$ なら Y に投票、$B = 0$ なら棄権

(b) W. ライカー・P. オーデシュックのモデル：$R = PB - C + D$

投票影響度 P、期待効用差 B、投票コスト C、投票自体の効用 D

投票の全効用 $R > 0$ なら投票、$R < 0$ なら棄権

②争点投票モデル（S. ヴァーバ）：重要な争点を判断して投票

③業績投票モデル（M. フィオリーナ）：業績を判断して投票

Q51 マス・メディアの機能

問 マス・メディアに関する次の記述のうち、妥当なものはどれか。 （国税専門官）

1 マス・メディアは、一般的に商業主義とは無縁な存在であり、社会の公器としてその世論形成に果たす役割は大きい。
2 ラザースフェルドは、コミュニケーションはマス・メディアから直接個々の受け手に流れるのではなく、オピニオン・リーダーを経由して伝達されることを指摘した。
3 マス・メディアが発達した現代社会においては、個人の社会化や意見形成に関してパーソナル・コミュニケーションの果たす役割・機能は著しく低下した。
4 現代社会においては、メディアが巨大化したため受け手への情報は一方通行となりやすいが、国民が反論する権利も十分に保障されている。
5 マス・メディアから情報が大量に供給されるため、国民は政治的選択の幅が広がり、マス・メディアによって政治的関心が増大した。

PointCheck

◉マス・メディアの流れと機能例…………【★★☆】

大衆社会のコミュニケーションの担い手が、新聞・テレビなどのマス・メディアである。マス・メディアは、①技術的な理由から専門的な組織・企業が送り手となり、②不特定多数の大衆を受け手とし、③受け手に対して大量の情報を、④一方的に提供するものとされる。特に、大衆社会の民主主義は、マス・コミュニケーションが不可欠の要素であり、メディアが大衆社会に対してどの程度の影響を与えるものなのか、伝達過程や情報の効果が議論されてきた。

⑴マス・コミュニケーションの２段階の流れ

1940 年のアメリカ大統領選挙「エリー調査」に基づく仮説（P.F. ラザースフェルド）。

マス・メディアの大衆に対する影響は、オピニオン・リーダーを介する間接的なものであることを示す（**Q59** 参照）。

〈マス・メディア〉→〈オピニオン・リーダー〉→〈大衆〉

⑵マス・メディアの逆機能

マス・メディアからの情報が多くなれば、政治に対する認識が高くなると考えられていた。しかし、現実には大量の情報を受け取ることで満足してしまい、十分な情報の処理もなく何も行動を起こせないという政治的無関心を生む原因となっている（**Q52** 参照）。

⑶マス・メディアによる地位付与

マス・メディアに取り上げられることによって人や事物が正当化され、威信を与えられることになる。すなわち、大衆からは一定の地位があるかのようにみえ、人や事物に対して無条件の信頼を与えることになる（**Q52** 参照）。

◉マス・メディアの顕在的機能……………………………………………………【★★★】

H.D. ラズウェルは、マス・メディアの社会的機能として、「環境監視」機能、「社会諸部分の相互の関連づけ」機能、「社会的遺産の世代間伝達」機能を挙げた。さらに「娯楽提供」機能を挙げたのは、C. ライトである。これらは、社会が意図して認知する機能であるため顕在的機能と呼ばれる。

⑴「環境監視」機能

「環境監視」とは、一般的には、社会の存立を脅かす環境条件が発生した時に適切に対応・処理することである。そのためには、システムが内外の環境条件の変化を発見することが必要で、マス・メディアはこの役割を担っている。報道や情報提供を通じてマス・メディアは政治的・経済的・社会的環境の監視を行う。

⑵「社会諸部分の相互の関連づけ」機能

E. デュルケムは、分業の発展が社会全体の意見調整や交換を困難にすると考えた。そして、マス・メディアがこのコミュニケーションの減少を補完するとラズウェルは指摘した。つまり、公共的な討論を促し、さまざまな意見や知識を提示することで、社会的諸部分を有意に関連させるのである。

⑶「社会的遺産の世代間伝達」機能

文化や芸術、社会的規範を伝達する機能をマス・メディアは担う。この意味でマス・メディアは、次の世代の子どもたちの政治的社会化の担い手ととらえられる。

⑷「娯楽提供」機能

マス・メディアは、人間の余暇活動の一環としてさまざまな娯楽的内容の情報や映像を提供する。ただし、過度の提供は政治的無関心を助長する危険がある。

A51 正解－2

1－誤　マス・メディアは私的な企業・営利団体である。したがって、商業主義になっている部分（視聴率競争など）もある。

2－正　マス・コミュニケーションの２段階の流れである。

3－誤　マス・メディアが発達した今日においても、パーソナル・コミュニケーションの重要性は低下していない。口コミを考えればわかる。

4－誤　国民がメディアに対して反論発表の機会を求めることができる権利を反論権・アクセス権と呼ぶが、現代社会においても反論権は過度の表現制約の可能性があることから、完全に保障されてはいない。

5－誤　マス・メディアには麻酔的逆機能がある（**Q52** 参照）。人は多くの情報に接するとき、それを処理しきれず、かえって関心を失う場合が多い。

Q52 現代社会とマス・メディア

問 政治とマス・メディアに関する次の記述のうち、妥当なものはどれか。 (国家一般)

1 マス・メディアは、立法・行政・司法に続く「第四の権力」であるといわれている。これは多くの国々においてマス・メディアが政治的な立場を明らかにした上で、政治評論や解説によって世論を一定の方向に誘導していく機能を果たしていることによるが、日本のようにマス・メディアが客観性・中立性を重視する社会には当てはまらない。

2 マス・メディアは、多数の情報の中から何をどの程度の比重で報道するかについて敏速かつ容易に適応できる基準を必要とする。ニュースバリューの基準と呼ばれるのがそれである。この客観化された基準は、偏見や固定的なイメージによる情報の歪曲を防止し、マス・メディアの公正さや客観性を維持する役割を果たしている。

3 マス・メディアが未発達だった時代には、人々は家族や地域社会、職場集団の中で政治問題に詳しいオピニオン・リーダーによって伝達される情報を受容する傾向が強かった。しかし、テレビなどのマス・メディアが大衆に普及するようになると、オピニオン・リーダーの影響力は縮小し、マス・メディアが取って代わっていった。

4 現代社会において政治的な出来事は、ほとんどの人にとってマス・メディアを通して初めて知ることができるものである。したがって、マス・メディアは政治的関心を高める上で不可欠の存在となっているが、その一方でマス・メディアは政治的な出来事を非政治的に伝達することにより逆に、政治的無関心を助長する機能も果たす。

5 人間は世界についてさまざまなイメージをもっており、それに基づいて現実を認識し行動する。このようなイメージのうち、固定化してしまったものをステレオタイプと呼ぶが、W. リップマンは多様な情報を伝達することによってステレオタイプを打ち壊すマス・メディアの機能に注目した。

PointCheck

◉マス・メディアと現代社会……【★★☆】

(1)現代社会の特徴

現代社会は大衆社会であるといわれるが、大衆には近代社会を担ってきた教養や財産のある市民だけでなく、労働者階級も含んでいる。さらに国によっては歴史的に多数の民族から構成されている。つまり、均質的な人間で構成されておらず、分散して存在していることから、大衆社会は「原子化された個人の集合」といえる。

(2)現代社会とマス・メディアの評価

大衆化した現代社会についての評価は二面性があり、この二面性がそのままマス・メディアの機能評価につながる。その1つが、大衆のもつエネルギーに期待して、マス・メディアを民主主義の普及の担い手とする肯定的な評価である。もう1つが、大衆の受動性、非合理性、情緒性に着目して、マス・メディアの機能を否定的に評価するものである。マス・

メディアの顕在的機能（**Q51** 参照）については肯定的な面からの分析が中心になり、否定的な面からは潜在的な逆機能を強調することになる。

◉マス・メディアの潜在的機能……………………………………………………【★★★】

P. ラザースフェルドとR. マートンは、マス・メディアによる潜在的機能として、「地位付与」機能、「社会的規範の強制」機能、「麻酔的」逆機能を挙げた。これらが潜在的と呼ばれるのは、受け手の側の社会が意図も認知もしていないからである。

⑴「地位付与」機能

新聞の論説などを分析して、「ある人物や政策の好意的な取り扱いがその人物や政策の社会的立場の向上をもたらす」と指摘した。

⑵「社会的規範の強制」機能

文化人類学の研究の知見から、マス・メディアがある問題を取り上げて批判すると、人々は批判側か擁護側のどちらに立つのかという二者択一を迫られると考えた。

⑶「麻酔的」逆機能

マス・メディアのセンセーショナリズムは、重要な政治的問題に対する関心度を低下させ、私的関心領域への引きこもりを助長する。この意図しない結果としてのマス・メディアの機能は、市民の積極的な政治参加を阻害するものとして、麻酔的逆機能と呼ばれる。

A52 正解－4

1－誤　日本においても、マス・メディアは世論を誘導したり、一定の方向に世論を形成したりしている。また、各メディアの論調を見ればマス・メディアが中立であるとは言えない。

2－誤　どのような内容の記事を掲載するかは、各メディアに委ねられており、編集にあたって必ずしも公正・客観性が担保されてはいない。また、それらを保障する明確かつ客観的なニュースバリューの基準があるわけではない。

3－誤　マス・メディアが発達することによってオピニオン・リーダーの役割は低下すると考えられたが、実際にはメディアからの情報はオピニオン・リーダーを介して大衆に普及していることが「エリー調査」によって指摘された。

4－正　マス・メディアの麻酔的逆機能と呼ばれる。

5－誤　W. リップマンは、「世界についてのさまざまなイメージ」（擬似環境）をマス・メディアが流すことによって、大衆に単純化・固定化したステレオタイプが生じるとしている（**Q53** 参照）。

Q53 マス・メディアの影響

問 マス・メディアに関する次の記述のうち、妥当なものはどれか。 （地方上級）

1 現代社会においては、国民の高学歴化が進行しており、そのためマス・メディアによる大衆操作の可能性は著しく低下してきている。
2 マス・メディアによる報道は、客観的に正しいものであるので、従うべきである。
3 現代の世論形成にとって、マス・メディアは決定的な力をもち、また世論を問題にする場合でもマス・メディアの機能を抜きにしては語れないほど両者は密接な関係を有している。
4 アメリカ・イギリス・日本などの先進諸国においては、マス・メディアは「第四の権力」として政治権力にできるだけ密着すると同時に、マス・メディアに対する国民のアクセス権を認めており、国民に政治的知識を与える機能を有している。
5 現代社会にあっては、民主政治と独裁政治の区別なく、世論の形成にマス・メディアの果たす役割は大きなものがあるが、マス・メディアは国民を積極的に政治に参加させ、その意見を反映させることを制度的に保障していることから、マス・メディアによって表明される意見が世論に合致している。

PointCheck

◉マス・メディアの社会的地位と影響……………………………………………【★★★】

⑴第四権力化

立法・行政・司法に並ぶほどマス・メディアの影響力は強大なものであるが、伝統的な権力とは違い、民主的統制を受ける制度的枠組みの外に位置する。そこで、「プレス・オンブズマン」や反論権・アクセス権による制度的統制が議論されているが、表現・報道の自由の保障との兼ね合いから、実現までには至っていない。

⑵メディアフレームとセンセーショナリズム

マス・メディアは政治的事実を報道し、それを評価する機能をもつ。そのためマス・メディアは社会の「公器」であり、客観性、中立性を標榜する。しかし、その報道価値、いわゆるニュースバリューの基準があいまいで、報道内容の取捨選択についてメディアフレームと呼ばれる価値判断が入る。さらにマス・メディアも私企業であるため、視聴率獲得のためにコマーシャリズムやセンセーショナリズムに陥りがちである。

⑶アナウンス効果

アナウンス効果とは、マス・メディアがある政党や候補者の特性やパーソナリティ、選挙時における有利不利などを報道すると、それが一見客観的中立的な報道であっても、結果に大きな影響力を及ぼすことを指す。

アナウンス効果のうち、例えば「X候補有利」→「X候補の得票増加」という効果をバンドワゴン効果という。つまり、選挙報道で有権者が勝ち馬に乗ろうとする現象である。

逆に「X候補不利」→「X候補の得票増加」という現象をアンダードッグ効果という。つまり、選挙報道で支持者が結束を強化してX候補の得票が増加する現象である。

◉擬似環境とステレオタイプの形成 理解を深める……【★★★】

⑴擬似環境とステレオタイプ

W.リップマンは主著『世論』において、大衆社会の中で人々は、現実の環境ではなくマス・メディアがさまざまな情報から取捨選択して再構成した環境である「擬似環境」に反応していると指摘した。また彼は、「ステレオタイプ」という概念を提唱して、マス・メディアは、ある事象を表現、伝達する際に、それを単純化、歪曲化、固定化する現象を指摘した。

⑵擬似イベントとメディアイベント

マス・メディアは単にニュースを報道するだけでなく、ニュースを製造する場合もあり、この製造されたニュースのことを「擬似イベント」という。「メディアイベント」とは、マス・メディア以外の主体、例えば、政府の広報担当者が、報道されることを意図してあらかじめイベントを用意して政治的支持を得ようとすることである。

知識を広げる

マス・メディアの特徴

⑴印刷メディア

印刷メディアの特徴は、反復性と論理性である。そのため、受け手の能動性と情報を解析し理解する能力が要求される。印刷メディアが市民社会の成立に寄与した一方で、形式化された文書の登場は官僚制の成立を促した。

⑵電波メディア

電波メディアの特徴は、人々の感性に直接訴える点にある。受け手の能動性は要求されず、人々は情緒的な反応を要求され、大衆が動員されやすくなる。電波メディアの登場は現代社会の誕生と表裏一体である。

A53 正解ー3

1ー誤　高学歴化は進んでいるが、現代人は他人志向型であり、操作可能性は高い。

2ー誤　マス・メディアから流される情報は、ステレオタイプ的情報であり、必ずしも客観的に正しいとは限らない。

3ー正　現代人は他人志向型であり、マス・メディアから流される情報によって操作される可能性が高い。世論形成においてもマス・メディアの影響が大きい。

4ー誤　国民がメディアに反論発表を求める反論権・アクセス権は、先進諸国においても制度的に保障されるものではない。

5ー誤　反論権・アクセス権は制度的に保障されておらず、確実にすべての国民の意見がマス・メディアに反映するとはいえない。

Q54 政治意識の形式

問 民主主義に関する次の記述のうち、妥当なものはどれか。 （地方上級）

1 政治意識とは、我が国の政治学における独特の概念で、人々が政治一般や政治問題に対して持つものの見方、考え方をいい、これには政治的態度を含むが、政治的行動は含まれない。
2 政治的無関心とは、政治から排除されたりすることによって政治的知識、情報が欠如する伝統的無関心と、高度な知識、情報を有するが政治的疎外感、無力感から政治に対して冷淡な現代的無関心とに、アイゼンクにより分類された。
3 脱政治的態度とは、経済、芸術、宗教など政治以外のものに関心を集中する結果、政治に対する知識や関心が低下するもの、無政治的態度とは、政治そのものを軽べつ又は否定する態度であると、ラズウェルによって定義された。
4 反政治的態度とは、自分の所属する社会や集団の政治状況に対する関心や参加の程度が低く、政治過程に対して積極的な反応を示さない態度であるとリースマンによって定義された。
5 政治的社会化とは、社会の成員が、その社会で一般的に行われている政治的価値観や態度を習得し、同化していく過程、あるいは世代間で政治文化を継承する過程である。

PointCheck

◉政治意識の形成……【★★☆】

政治意識とは政治に対するものの見方・考え方の総称であり、これは家庭、学校、マス・メディアなどから受動的に身につけていくものである。また個人が政治について意見をもつようになったり、政治的な行動のパターンを身につけたりすることを「政治的社会化」といい、政治意識は政治的社会化を通じて形成されていくものである。

この政治意識の研究は、人間の行動を実証的・科学的に分析する政治行動論に含まれ、投票行動の分析などと同一領域にある。したがって、研究対象は、統計学的手法を用いて、政治に対する関心や信頼（政治的無関心、政治不信）、国家や制度に対する意識（国家意識、イデオロギー傾向、支持政党）、基盤となる生活に対する意識（生活階級意識、政治文化）など、個人的な内心の領域から政治社会全体に及ぶことになる。

◉政治意識とパーソナリティ……【★☆☆】

H.D. ラズウェルは、フロイトの精神分析を取り入れ、政治意識とは幼少期の経験に基づく無意識的衝動であるとした。またE. フロムはドイツのファシズム台頭の原因を国民のパーソナリティに求め、権威に服従することによって快感を得る権威主義的パーソナリティがナチズムを支える心理的基盤になったとした（**Q55** 参照）。さらにH.J. アイゼンクはイギリス中産階級の政治意識を調査した結果、イデオロギーや政治的意見といったものは比較的容易に変化するが、パーソナリティのような人格的特性はいったん形成された以上、そう容易には変化しないと考え、共産主義者がファシストに転換するのは容易だとした。

◉ H.J. アイゼンクのパーソナリティモデル ……………………………【★★☆】

⑴モデルの構成と位置づけ

アイゼンクは、横軸に「急進的―保守的」というイデオロギーの因子をとり、縦軸に「硬い心性(権威主義的)―柔らかい心性(非権威主義的)」というパーソナリティの因子をとる。そして、この座標軸にファシスト、保守主義者、自由主義者、社会主義者、共産主義者を位置づけた。

⑵アイゼンクの分析

彼は、パーソナリティのような人格的特性は、いったん形成された以上そう容易には変化しないと考えた。しかし、共産主義者がファシストに転向するのは容易だと指摘した。これは言い換えれば、イデオロギーや政治的意見といったものは比較的容易に変化するということである。

つまり、理念やイデオロギーよりも、人間のパーソナリティが政治意識や政治行動を規定すると考えたのである。

▼アイゼンクによる政治意識の分析

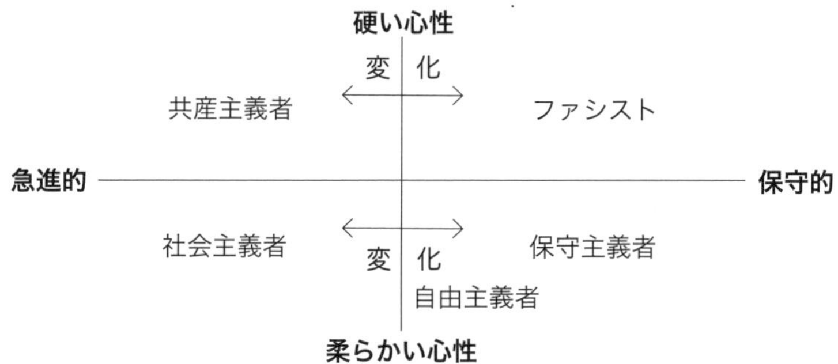

A54 正解－5

1－誤　投票行動など政治的行動も、政治意識の領域と同じ領域にある。
2－誤　伝統型・現代型無関心の分類はリースマンによる（**Q56** 参照）。
3－誤　ラズウェルの３分類の中で、政治以外に関心が向くのは無政治的態度、政治を否定するのは反政治的態度である（**Q56** 参照）。
4－誤　選択肢は政治的無関心（political apathy）を説明するもので、その中でもさらに政治そのものを否定するのがラズウェルの「反政治的態度」である。
5－正　政治意識は、この政治的社会化により形成される。

Q55 政治意識の理論

問 政治意識に関する次の記述のうち、妥当なものはどれか。 （国家一般）

1 H.D. ラズウェルは、フロイトの精神分析の方法を否定し、政治意識は青年期における社会生活の経験に基づくものとした。
2 E. フロムは、ドイツにおけるファシズム台頭の原因は、政治的不安に際して統一を求めるドイツ国民の代償行為にあるとした。
3 政治意識は、個人が成長の過程で自主的かつ個性的に身につけるものである。
4 政治意識は、権力主体の操作の対象であるとともに、権力主体の行動をコントロールするものである。
5 H. アイゼンクは、イデオロギー次元の転換は困難とし、共産主義者がファシストに転向することはありえないとした。

PointCheck

◉ H.D. ラズウェルの政治的人間 ……【★★★】

⑴ラズウェルの３段階論

ラズウェルは、新フロイト学派の精神分析的手法を導入し、３段階論を提唱した。それは、p } d } r＝P、つまり、政治的パーソナリティ（P）の形成過程を「私的動機（p）を、公の目標に転位（d）し、公共の利益の名において合理化（r）する」というプロセスである。

⑵ラズウェルの権力の定義との関係

特に、私的動機（p）は、ある人間が人格形成期に何らかの価値剥奪やトラウマを克服する場合、またはその代償として権力を追求する場合に形成されやすいと指摘した。

⑶ラズウェルの２つのパーソナリティ

ラズウェルは、政治的パーソナリティのうち、リーダーのパーソナリティを「官僚型」と「扇動家型」の２つに分類した。官僚型、扇動家型のそれぞれの母体となる性格が、強迫型性格、劇化型性格である。

◉ E. フロムの権威主義的性格 ……【★★☆】

⑴フロムの問題意識

戦前のドイツ社会は、強者（ナチス）への盲目的服従と弱者（ユダヤ人など）への破壊的敵対的行動をとるようになった。そこには、近代化の進展とともに自由を獲得したドイツ国民が、その一方で自由を重荷に感じ、孤独感や無力感、不安感に耐えられなかったのではないかという分析がある。そこで、フロムは『自由からの逃走』（1941 年）で、ドイツのナチズム体制を支えた人間の深層心理を分析した。

⑵フロムの分析

彼は、ヒトラーとナチズムの組織が、サディズム(加虐的性向)とマゾヒズム(自虐的性向)とが共棲する権威主義的な社会的性格であることを見出した。同じ傾向は、被支配者側の特に下層中産階級のドイツ国民にも見出すことができ、全体として、ドイツ国民全体の社会的性格が権威主義的であったと分析したのである。このフロムの分析は、『権威主義的パーソナリティ』を著したT.W. アドルノやD. リースマンにも多大な影響を及ぼした。

◉投票行動の分析と政治意識 理解を深める ……………………………………【★★☆】

投票行動研究は、最も一般的な政治参加として、政治意識を実証的に分析し、政治文化を明らかにする。投票行動については、アメリカの２大学の重要な研究成果がある。

⑴コロンビア学派

パネル調査などの手法で投票行動を分析し、社会的要因（経済的地位、宗教、居住地域など）から政治行動の研究を試みた。P.F. ラザースフェルドらは、1940 年の大統領選挙の投票行動調査（エリー調査）で、重要な多くの理論・仮説を提示した。

・政治的先有傾向（過去の経験から作り上げた政治的意見や態度）の重要性
・クロスプレッシャー（政治的先有傾向の矛盾）から生じる棄権などの投票行動
・「マス・コミュニケーションの２段階の流れ」仮説（**Q51** 参照）
・マス・メディアの補強効果（**Q59** 参照）

⑵ミシガン学派

A. キャンベルらは、1948 年、1952 年の大統領選挙の投票行動についてサンプル調査を行い、心理学的アプローチによる分析を行った。そこでは、社会的属性（地位・宗教・居住地域など）と投票行動を媒介する心理的変数の存在を仮定し、政党・候補者・争点のうちどれが決定的要因になるかを調査分析し、コロンビア学派の社会的属性の重視を批判、政党帰属意識の重要性を指摘した（**Q87** 参照）。

A55 正解ー4

1ー誤　H.D. ラズウェルは、フロイトの精神分析の方法を導入している。
2ー誤　E. フロムは、ファシズム台頭の原因をドイツ中産階級の権威主義的パーソナリティに求めている。
3ー誤　政治意識は、受動的に身につけるものである。
4ー正　支配者は、被支配者の政治意識を操作することで、効率的な支配を行う。一方、被支配者の服従を得るために、その政治意識に迎合せざるをえない面もある。
5ー誤　H. アイゼンクは、パーソナリティ次元の転換が困難であるとし、イデオロギー次元の転換は容易であるとしている。したがって、共産主義者がファシストに転換することも容易であることになる。

第6章 マス・メディアと国民の政治意識 Level 1

Q56 政治的無関心

問 ラズウェルまたはリースマンの政治的無関心に関する次の記述のうち、妥当なものはどれか。 (地方上級)

1 ラズウェルは、政治的無関心のうち、アナーキストと同様に、価値としての権力または権力過程に幻滅を感じて政治的行為をしなくなるタイプを、「脱政治的」無関心であるとした。

2 ラズウェルは、政治的無関心のうち、芸術などで政治以外の価値に専ら没頭して、相対的に政治には価値を見出さないタイプを、「無政治的」無関心であるとした。

3 ラズウェルは、政治的無関心のうち、政治的知識をもっているにもかかわらず、政治に対して冷淡なタイプは、「現代型」無関心であり、マス・メディアの発達によって政治的関心は高まるとした。

4 リースマンは政治的無関心のうち、政治に対して要求や期待をもったが、容易に実現しがたいことを知り、政治価値を否定するタイプを、「反政治的」無関心であるとした。

5 リースマンは、政治的無関心のうち、政治は他人のものという意識をもち、政治的知識がないタイプは、「伝統的」無関心であり、関心は私生活の領域に集中し、「マイホーム主義」が出現するとした。

PointCheck

◉ H.D. ラズウェルの政治的無関心の3類型 ……【★★★】

⑴無政治的態度

政治を低く評価し、文化、スポーツ、科学など政治以外の活動や知識に関心を示す。

⑵脱政治的態度

権力との関係で自己の期待を充足するのに失敗して、政治に関心を向けなくなる。

⑶反政治的態度

自己の宗教や思想などの価値と対立するものとして政治をとらえ拒否する。

◉ D. リースマンの業績 ……【★★★】

⑴政治的無関心の2類型

①伝統型無関心：支配者と被支配者が身分的に固定され、政治は特定の少数者が行っていたため、庶民は政治的知識も皆無な状態で政治には無関心であった。

②現代型無関心：教育やマス・メディアを通じて政治的知識がある一方、大衆は政治的事象に対して冷淡な態度をとる現象である。

⑵社会的性格の3類型

①伝統志向型・内部志向型・他人志向型

伝統志向型は、前近代社会に多くみられ、儀礼や風習などの伝統的な秩序にしたがって行動する性格構造である。そして、個人主義が一般化する近代社会に多くみられるのは、内部志向型で、自分の内部にジャイロスコープ（内面的価値観のこと）があり、それに基づいて行動する性格構造である。さらに、個人の孤立や不安感が増幅する現代社会に多くみられるのは、他人志向型で、自分の内部に社会環境のレーダーをもち、他人やマス・メディアの情報による期待や好み、願望に敏感に反応し、アイデンティティを模索しながら行動する性格構造である。なお、他人志向型よりも内部志向型に価値があるのではなく、この３つは価値中立的な概念である。

②自律型・適応型・アノミー型

リースマンはさらに、３つの志向型それぞれに、その志向に適応して同調する能力はあるが、それを自由に選択できるという意味の自律型、その志向に適応したという意味の適応型、その志向に不適応という意味のアノミー型という価値的な評価基準を設定し、他人志向型の自律型に期待を寄せた。

◉政治的無関心の原因・大衆社会の人間観……………………………………【★★☆】

⑴個人の関心の領域がカプセル化

管理社会である現代社会では、個人の果たす役割は以前よりも減少し、その結果、社会的な責任感を喪失し、関心が国や社会共同体から、家庭など私的なものに移行している。つまり、個人の関心領域が身の回りのことに限られて、閉じこもった状態になっているのである。これは公的空間である政治空間と、私的空間である生活空間とが乖離している状態ととらえられ、政治的無関心を醸成している原因となっている。

⑵マス・メディアの問題

マス・メディアは、非政治的領域の情報も大量に提供する結果、大衆の関心が政治から離れる傾向がある。また、メディアフレームという価値判断が介入し、メディアが戦略的フレームで政治を取り上げることで、政治に幻滅感や否定的態度をもつようになるとの仮説がある（冷笑の螺旋、カペラ、ジェイミソン）。これらの結果、大衆が受動的に反応する姿勢が促進されたり、大衆の非政治化がもたらされると考えられる。

⑶政治的疎外感の発生

現代では政治問題が複雑で、専門的なものになっている。その結果、素人である大衆は、これを詳細に理解し合理的な判断を下すことができなくなっている。

A56　正解－2

1－誤　政治や政府を拒否するアナーキストは「反政治的」無関心の典型とされる。

2－正　無政治的無関心は、政治的価値の軽視と、政治以外の価値の重視が並存する。

3－誤　伝統型・現代型の分類はリースマンによるものである。ラズウェルは、メディアの発達によって政治的無関心が減るとはしていない。

4－誤　「脱政治的」無関心についての説明であり、ラズウェルが主張した類型である。

5－誤　「伝統型」は、歴史的に国民が政治に参加することが許されず政治的意識も欠如した状況下における無関心である。関心が私生活に集中した上での「マイホーム主義」は、むしろ政治参加が可能な「現代型」無関心である。

Q57 現代の政治的無関心

問　政治的無関心に関する次の記述のうち、妥当なものはどれか。　（地方上級）

1　現代の政治的無関心は、マス・メディアの発達に伴い、政治に関する情報が大衆に行き渡るようになったので、減少傾向にある。
2　現代の政治的無関心は、欧米諸国には見られず、日本においてのみ顕著に見られる傾向である。
3　現代社会における政治的無関心は、政治に参加する権利を与えられていないため、政治的自覚がなく、支配層との間に隔絶感をもったことから生じたものと言える。
4　現代型の政治的無関心は、政治に対する無知と盲従によるものであり、この点でいわゆる伝統型の無関心とその性格はほぼ同じである。
5　現代型の政治的無関心は、政治的疎外感の現れであり、デモクラシーにマイナスに作用する危険があり有害であるが、他方において、デモクラシーの安定条件の１つにもなっている。

PointCheck

◉現代型無関心の原因と効果……【★★☆】

現代型無関心の特徴は、政治参加できるにもかかわらず参加しないというものであり、屈折した無関心である。ここに政治的山師が出現し、自己の政治的欲求を満足させてくれるならば、盲目的に追従することになり、独裁への道が開かれることになる。

(1)現代型無関心の主観的原因

①面倒くさい……………………娯楽優先
②政治的有効感覚の欠如……自分が政治に参加したとしても、政治が変わるわけではないといったあきらめ
③自己疎外……………………人間が自分自身に対して疎遠な存在になること

(2)現代型無関心の政治的効果

①現状追認…………………消極的忠誠
②独裁への契機

◉政治意識の形成……【★☆☆】

(1)近代以前の政治意識

近代以前の時代にあっては、一部の特権階級を除くと、ほとんどの国民が政治に参加できない状況下にあり、また、交通やコミュニケーション手段が整っていないことから、特に国政レベルの政治に関心を向けるということはほとんどなかった。国民の多くは、政治的伝統に従うということが普通であった。つまり、国民はリースマンが「伝統的無関心」と表現する、政治意識をもたない状況にあったのである。この状況下での政治意識は散漫

で、まとまりをもたないものである。

⑵近代の政治意識（19世紀～20世紀初め）

産業革命が起こり、社会がそれ以前に比べて飛躍的に豊かになり、同時に伝統社会の崩壊が始まると、それに伴い、国民の大多数を占める一般大衆の政治意識も高まりをみせる。彼らはまず、政治参加の権利を強く求めるようになってくる。1830年代のイギリスにおけるチャーチスト運動や日本の普選運動は、そのような意識の反映であった。

このように参政権は先進国では漸進的に拡大したが、新たに参政権を得た層の政治意識の中には、社会革命への志向性がみられ、その一方で、偏狭なナショナリズムや国家社会主義的な改革への志向がみられるようになった。

⑶現代の政治意識

現代、多くの国では普通選挙が普遍的なものになったが、そうした状況下でも政治に背を向けるという姿勢がみられる。日本でも、近年の選挙は投票率の低いことが常態化している。これは、リースマンによると「政治というものをきわめてよく知りながら、それをなお拒否するという無関心であり、政治的な情報をもっているにもかかわらず、それを拒絶するという無関心であり、また、自分たちが政治上責任をもっていることを知りながら、その責任を果たそうとしない無関心」である。

さらに、「一億総中流」という言葉にあるように、中間層意識が広がった現代の社会においては、貧富の差を背景にしたイデオロギー対決を軸として政治意識が形成されることはほとんどなくなり、環境問題や反核、差別の問題などに政治意識が向くようになる。

A57 正解－5

1－誤　現代型無関心は、政治参加の方法も、またその情報もあるにもかかわらず参加しようとしないものである。情報が多くあるためにかえってそれを処理しきれず、無反応・無関心になっていくのであり、マス・メディアの発達により増加したと考えられる。

2－誤　現代型無関心の原因は、政治的有効感覚の欠如にある。これは、日本のみならず、欧米においても顕著にみられる傾向である。

3－誤　現代型無関心は、政治参加の道があるにもかかわらず参加しようとしないものである。

4－誤　現代型無関心においては、十分な情報が与えられているのであって、無知・盲従とはいえない。

5－正　政治的無関心は、デモクラシー（多数者支配）の根底を揺るがすものであるが、一方において、現状を追認する働きがあることから、安定性をもたらすことになる。

Q58 インターネットとメディア

問 インターネットとメディアに関する次の記述のうち、妥当なのはどれか。 (国家一般)

1 元ルモンド紙編集委員エドウィ・プレネルらによって創設されたフランスのインターネット新聞メディアパートは、報道の自由をジャーナリストの特権ではなく市民の権利であるとした上で、政治権力からの独立性、取材源の保護が確保されなければならないなどとした宣言を発表したことを理由に、2010年、フランス憲法違反の判決を受けた。

2 2010年、チュニジアで起こったいわゆるジャスミン革命は、20年余り政権にあり続けたベンアリ大統領を失脚・亡命させることとなった。こうした事態の背景の一つとして、情報を即時かつ広範囲に伝えることが可能なツイッターやフェイスブックといったコミュニケーションツールの登場が挙げられている。

3 ハンナ・アレントは、かつて、ジャーナリストがいなければ、絶え間なく変化する世界において、まさに、我々は自分たちがどこにいるのかわからなくなるだろうと述べていたが、インターネットや携帯電話の機能を利用して情報を即座に確認できる現在においては、誰でも必要な情報を簡易迅速に入手することができるため、ジャーナリストによる裏付け取材や経緯の説明といった情報の正確性・信頼性を高める作業は不要となったと指摘して話題となっている。

4 外務省では記者会見について、原則として全てのメディアに開放されたところであるが、インターネットメディアはこれに含まれていないことから、外務省内会見場における定例記者会見の主催者である外務省記者会に対して、複数のインターネットメディアから取材機会の付与を求める声があがっている。

5 フランスの社会学者ドミニク・カルドンによれば、新聞、ラジオ、テレビの出現が社会に与えた変化には二つの側面があるとされる。一方は、公に意見を表明することができる者をジャーナリストのみでなく社会全体に広げた面であり、他方は、私的空間の一部を公共空間に組み込ませる面である。近年見られるインターネットによる社会の変化は、もっぱら前者の側面に限られているといえる。

PointCheck

◉インターネットと選挙……………………………………………………【★★☆】

(1)外国の事例

フランスのようにインターネット選挙運動の手段・方法に関する規制がある国は少なく、多くの国では選挙資金面での規制があるのみで、選挙活動へのインターネット活用が進展している。アメリカでは、支援体制の構築からネット献金による個人からの選挙資金集めまで、広範かつ大規模なインターネット選挙体制が構築される。韓国では、掲載情報の届出や公正を期するための措置が求められるが、ツイッターなどSNSの利用も解禁されて、ネットでの選挙活動が強力な機能を有するに至っている。

(2)日本の場合

①公職選挙法の解釈

改正以前の公職選挙法では、インターネットによるホームページ、SNS等は、パソコンに表示される「文書図画」の「頒布」にあたるとされ、ホームページ更新やEメール送信も自粛されていた。2013年の改正により、ウェブサイト等を利用する方法による選挙運動用文書図画の頒布の解禁、電子メールを利用する方法による選挙運動用文書図画の頒布の解禁、選挙運動用有料インターネット広告の禁止、インターネット等を利用した選挙期日後の挨拶行為の解禁、屋内の演説会場内における映写の解禁等が行われた。

②インターネット活用への動きと問題点

低廉な選挙活動を可能とするネット利用は、印刷や広報に金のかからないクリーンな選挙を目指したものであり、若年層の政治参加や投票率の向上も期待された。しかし、初のネット選挙となった2013年の参院選の投票率は戦後3番目の低さで低調となり、候補者も有権者も実感できるコスト・情報収集での成果を得られていない。誤った情報の流布や誹謗中傷、なりすましによる妨害などの選挙の阻害要因が警戒され、経験のない試みに対する不安が大きかった面もある。今後、既存のメディア構造からの本質的な変化を直視し、候補者と有権者間での情報需給関係の合致と、情報自体の質、情報収集・分析の技術が進展することが求められる。

Level up Point!

ジャスミン革命は政治学というよりも教養試験の知識レベルで対応する。肢1は、「報道の自由を宣言して憲法違反？」で切ってよい。ナチス・全体主義研究のハンナ・アレントは1975年没で、当然、ネットや携帯に関する論考はない。難しそうにも見えるが、合格点に達するために得点しておきたい新傾向問題である。

A58 正解ー2

フランスのサルコジ政権を揺るがした不正献金事件や、アラブの春につながるジャスミン革命の詳細な「知識」を問う問題ではない。社会学者ドミニク・カルドンについても、近著『インターネット・デモクラシー　拡大する公共空間と代議制のゆくえ』があるが、やはり試験対策として深入りする必要はない。

ここではまず、インターネットの出現は従来のマス・メディアを凌駕する効果をもって、大衆の政治意識形成に影響を与えていること（肢2)、現代政治にはインターネットによる情報伝達、世論形成が、強力かつ決定的な機能となっていること（肢1）などを再確認し、従来のマス・メディアとどう異なるのかを考えることが大切だ。

そのような視点から考えれば、4の「インターネットメディアへの取材機会の付与」や、3の「情報の正確性・信頼性を高める作業」が重視されるべきことは当然であるし、5のインターネットによる社会の変化が「私的空間の一部を公共空間に組み込ませる面」にも及んでいることは、国民のメディア参加の側面から注目される点である。

Q59 マス・メディアの理論

問　政治と世論に関する次の記述のうち、妥当なのはどれか。　(国家一般)

1　P. ラザースフェルドらは、エリー調査を始めとする一連の調査からマスメディアの世論への影響を分析し、ラジオ番組のキャスターやニュース解説者のようなオピニオンリーダーの発言が世論に大きな影響を与えることを明らかにした。

2　J. クラッパーは、20世紀初頭に、マスメディアの世論への影響は限られたものであるとする限定効果説を唱えたが、その後のロシア革命やナチスの台頭過程などの経験を通じて、1960年代にはマスメディアの大きな影響力を認める強力効果説が支配的な学説となった。

3　M. マコームズらは、マスメディアの報道が「いま政治で何が重要か」に関する世論の動向に影響を与えることを通じて、政策決定者による政策的な優先順位の決定にも影響を及ぼすとする、マスメディアの第三者効果仮説を提唱し、後に実証研究によってそうした効果の存在を確認した。

4　S. アイエンガーは、マスメディアが社会問題を取り上げる場合に、争点を描写する際のフレーム（切り口）の違いが、問題の責任をどこに帰属させるかという受け手の解釈に差をもたらした、としてフレーミング効果の存在を示した。

5　G. ガーブナーらは、マスメディアの伝える政治情報が、長期的には政治に関する市民の認知的な理解力を増大させ、結果として民主主義の質を高めるという、マスメディアの涵養効果の存在を主張した。

PointCheck

◉「コミュニケーション２段階の流れ」仮説……………………………………【★★★】

⑴位置づけ

マス・メディアが登場した当初は、受け手に対するマス・メディアの効果が非常に強力だとする強力効果論が主張された。マス・メディアのメッセージが直接的に受け手の態度を変容させるという意味で、「弾丸理論」や「皮下注射理論」と呼ばれる。その後、実証的研究に基づき、マス・メディアの効果がそれほど強力なものではないという限界効果論が中心となる。P.F. ラザースフェルドらは、有権者の投票に対するマス・メディアの影響を調査し、「コミュニケーション２段階の流れ」の仮説を主張した。

⑵仮説の内容

マス・メディアの影響は、まずオピニオン・リーダーに伝わり、次にパーソナルコミュニケーションによって大衆に伝わるにすぎない、という仮説である。

⑶仮説の背景

仮説の背景には、多元的社会のイメージがある。それは、多様な人間関係を形成する政治的市民が権力エリートに対抗するイメージであり、大衆社会の原子化された受動的で政治に無頓着な大衆といったものではない。

◉ J.T. クラッパーの「マス・メディアの効果の一般化」……………………………【★★★】

クラッパーは、マス・メディアの主な効果は受け手の先有傾向に基づく状態を補強する方向に働くものであり、決定的な作用を受け手にもたらさない、という一般化を行った。彼は、マス・メディアの効果には、創造・改変・補強・減殺・無効果の５つがあるとし、創造（意見・態度を作り出す）や改変（意見態度を変更）の効果はほとんどないとした。

◉「沈黙の螺旋」仮説……………………………………………………………………【★★★】

⑴位置づけ

現代社会では、電波メディアが普及しメディアの中心的役割を果たし、従前の研究の限界が指摘されるようになった。そこでは、受け手における認知のあり方や意識の変化に基づく、より複雑な意見形成プロセスが研究され、マス・メディアが単なる補強にとどまらない大きな影響を及ぼしているという主張をなし、「新強力効果論」と呼ばれている。

⑵仮説の内容

E. ノエル＝ノイマンは、「人前では沈黙を守ろうとする人の数が螺旋的に増幅」するという仮説を主張する。なぜなら、マス・メディアで頻繁に表明される意見は一見多数意見に思え、そのため、周囲から孤立するのを防ぐために、自分の意見が少数意見の場合沈黙する傾向があるからである。さらに、少数派が沈黙すると、その結果多数意見が強化されるという連鎖反応が起こると考えるのである。

マス･メディアの影響に関する多くの学説は、メディアの進歩と政治的社会の進化に連動する。必ずしもそれぞれの仮説が対立するのではなく、多元的重層的な構造であることを理解する。

A59 正解ー4

1ー誤　キャスターや解説者はマスメディアそのものであり、そこからさらに情報通のオピニオンリーダーのパーソナルコミュニケーションを経て、大衆に伝わると指摘したのである。

2ー誤　クラッパーらのマスメディアの限定効果説が主流であったのは、1940 年代から第二次大戦を経て、新強力効果説が登場する 1960 年代までである。

3ー誤　M. マコームズと D. ショーが提示したのは「議題設定仮説」と呼ばれる。「第三者効果」とは、マスメディアの説得的なコミュニケーションは、それを受けた自分自身より他の第三者のほうが影響を受けやすいと考えてしまう効果で、報道の悪影響を非難する立場にみられる効果である（W. デイヴィソン）。

4ー正　フレーミング効果を最初に提唱したのはアイエンガーで、具体的事例に位置づけるエピソード型と、抽象的文脈に位置づけるテーマ型があるとした。

5ー誤　ガーブナーはテレビの現実認識への影響を「培養（涵養）効果」と提示しており、民主主義との関連までは言及していない（**Q60** 参照）。

Q60 マス・メディアの機能・効果

問 マス・コミュニケーション（マスコミ）の機能と効果に関する次の記述のうち、妥当なものはどれか。 （地方上級）

1　ラズウェルは、マスコミの社会的機能として、「環境の監視」、「環境に反応する際の社会的諸部分の相互の関連づけ」、「世代から世代への社会的遺産の伝達」のほか、「娯楽の提供」を挙げた。

2　リップマンは、マスコミがさまざまな情報から取捨選択して再構成した環境を擬似環境と呼び、人々が固定観念に照らして、情報に選択的に接触したり、情報を単純化・歪曲化したりすることをステレオタイプと呼んだ。

3　ラザースフェルドらは、議題設定機能仮説を提起し、アメリカ大統領選挙で選挙期間中にマスコミが強調した争点と有権者が話題にした争点との間に高い相関関係があったことを検証した。

4　「コミュニケーションの２段の流れ」説は、人々の態度を変えるマスコミの影響力は、まずオピニオン・リーダーに伝わり、次にフォロワーに伝わるとするもので、マスコミの強力効果を主張する理論の１つである。

5　「沈黙の螺旋」仮説は、マスコミは受け手に対する効果の必要かつ十分な要因として作用するのではなく、むしろ媒介的な諸要因の連鎖を通じて作用するとするもので、マスコミの限定効果説を主張する理論の１つである。

PointCheck

◉新強力効果論……【★★☆】

⑴新強力効果論に含まれる仮説

新強力効果論に含まれる仮説は、「議題設定機能」仮説、「沈黙の螺旋」仮説、「知識ギャップ」仮説、「培養」仮説である。

⑵「議題設定機能」仮説

M. マコームズとD. ショーの「議題設定機能」仮説は、マス・メディアが強調した争点と有権者が強調して話題になった争点との間に高い相関関係があったという調査に基づいた仮説である。簡単にいえば、マス・メディアが設定した話題が、社会で重要な話題になるということである。

⑶「知識ギャップ」仮説

P. J. ティチナーらの「知識ギャップ」仮説は、メディアリテラシーと関係があり、社会的経済的地位や教育水準の高い人は、そうでない人よりも迅速に情報を獲得するという仮説である。

⑷「培養」仮説

G. ガーブナーの「培養」仮説は、テレビドラマの人間像や社会像に近いものを、現実の人間像や社会像として受け入れるという仮説で、テレビドラマの視聴量を調査したところ、テレビドラマを長時間見る人は、短時間しか見ない人よりも、その度合いが高いという結果を得た。

◉限定効果論の根拠……………………………………………………【★★☆】

⑴位置づけ

クラッパーは、「クラッパーの一般化」という命題を出し、「マス・メディアは通常、受け手の効果の必要かつ十分な原因として作用するのではなく、媒介的諸要因と諸影響力の中で、その連鎖を通して作用する」ものであるとした。彼によれば、マス・メディアの効果の多くは単なる「補強」にとどまり、「改変」や「創造」に至るケースは少ない。

この「媒介的諸要因と諸影響力」がマス・メディアの限定効果論の根拠になるが、具体的には次のような心理的アプローチが挙げられる。

⑵根拠の例

①人々は、自分の意見や態度と一致するコミュニケーション内容を選んで接触する（選択的接触傾向）。

②人々は、自分の所属集団への帰属意識があり、それが効果に影響を及ぼす（帰属意識論）。

③人々は、好きな人とは同じ話題について同じ考えを共有したいという心理メカニズムが働く（バランス理論）。

④人々は、情報の送り手のパーソナリティによって意見や態度を形成する（送り手の信憑性）。

⑤人々は、すぐに影響を受けるのではなく一定の時間が経過したあと効果が現れる（仮眠効果）。

Level up Point!

マス・メディアの効果分析の違いは、調査分析のアプローチの違いによるところが大きい。顕在的な側面から第四の権力と把握するだけでなく、さらに社会学的・心理学的分析手法により、潜在的ではあるが特徴的な効果が見えてくるのである。

A60 正解ー2

1ー誤　「娯楽の提供」を提起したのは、C. ライトである。ラズウェルは、マス･メディアの社会的機能として、「環境監視」機能、「社会諸部分の相互の関連づけ」機能、「社会的遺産の世代間伝達機能」を挙げた。

2ー正　単純化・歪曲化・固定化などの概念化が「ステレオタイプ」である。

3ー誤　議題設定機能仮説を提起したのは、M. マコームズと D. ショーである。

4ー誤　コミュニケーションの２段階の流れ説を提起したのは、P. ラザースフェルドであり、強力効果説ではなく、限定効果説に分類されるものである。

5ー誤　E. ノエル＝ノイマンの「沈黙の螺旋」仮説は、マス・メディアによる意見形成プロセス研究に基づく新強力効果論の立場である。

第7章 現代の政治制度

Level 1 p136～p149 Level 2 p150～p155

1 現代の政治制度の特徴

Level 1 ▷ Q63,Q64,Q67 Level 2 ▷ Q69,Q70

具体的に政治を行うための制度はどうなっているのかを考えていくのが、政治制度論である。現在、各国の政治制度は大きく議院内閣制と大統領制に分けることができる。

議院内閣制はイギリスで成立した後に各国に広まったものであり、大統領制はアメリカ合衆国で採用された政治制度である。

議院内閣制と大統領制との違いは、立法府と行政府が密接に結びついているか、厳格に分離・独立しているかである。議院内閣制の下では、内閣は議会の多数党によって組織され、内閣は議会に対して連帯責任を負う。これに対して大統領制では、大統領は国民から選出されるため、議院内閣制のように議会に対して責任を負うことはない。▶p140 ▶p146

2 イギリスの政治制度

Level 1 ▷ Q61,Q65,Q66 Level 2 ▷ Q70

▶p136 ▶p144 ▶p147

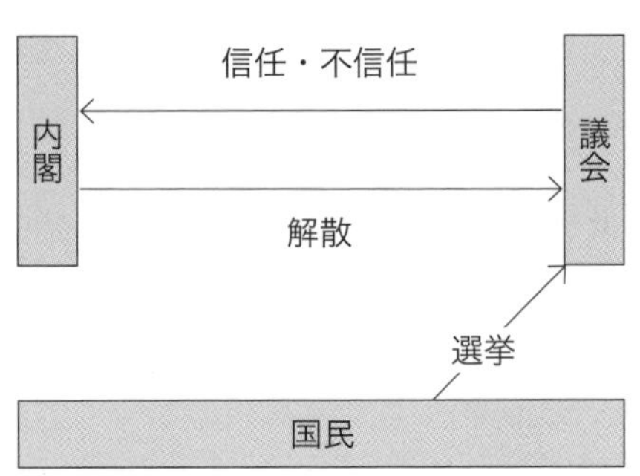

議院内閣制＝内閣の成立・存続を議会の意思によって決定する制度

3 アメリカの政治制度

Level 1 ▷ Q62,Q65,Q66 Level 2 ▷ Q70

▶p138 ▶p144 ▶p147

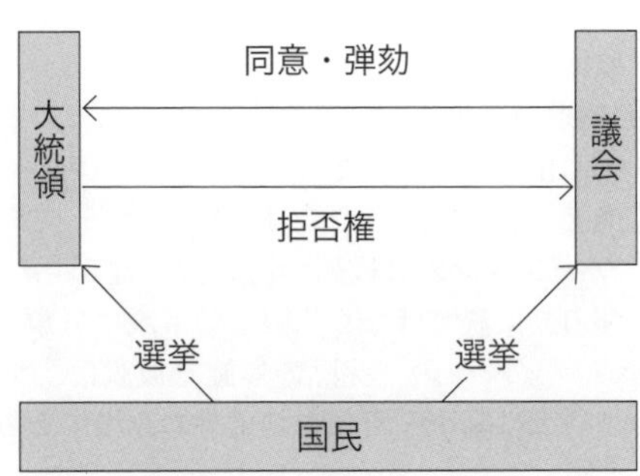

4 フランスの政治制度

Level 1 ▷ Q65,Q67　Level 2 ▷ Q68

▶p145 ▶p148

共和国大統領
任命
政府
信任
解散
国民議会
選挙
元老院
選挙
選挙
市町村参事会
県会
選挙
選挙
選挙
選挙
国民

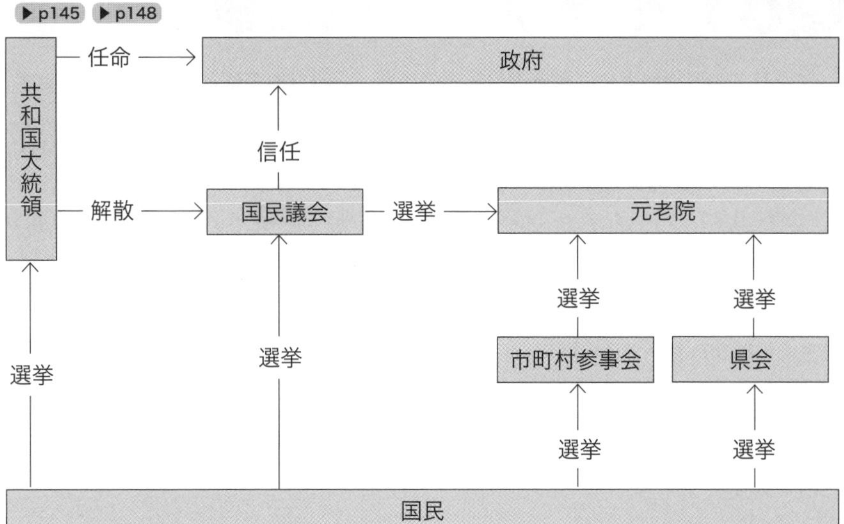

5 中国の政治制度

Level 2 ▷ Q68

▶p150

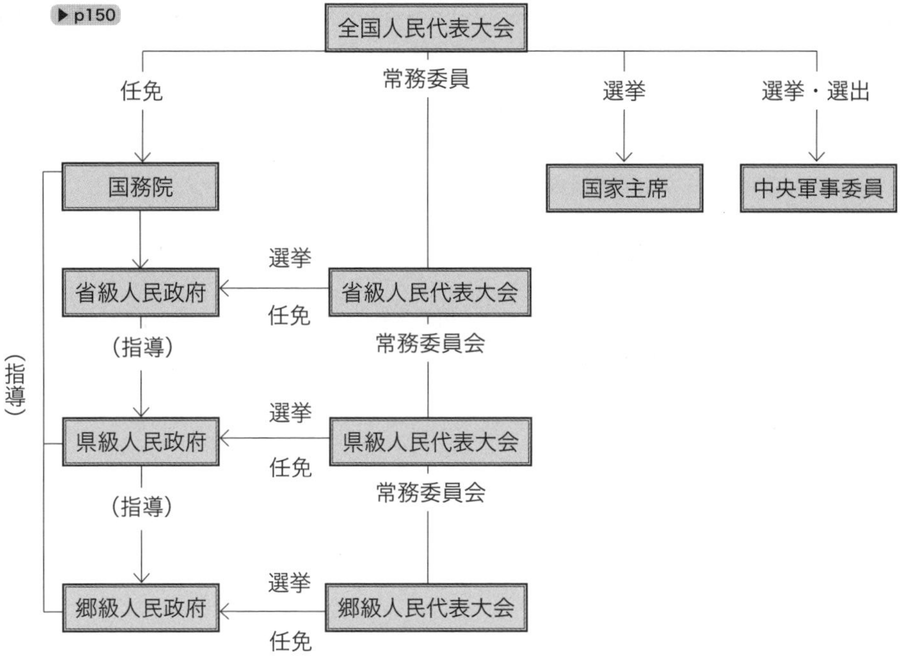

全国人民代表大会
任免
常務委員
選挙
選挙・選出
国務院
国家主席
中央軍事委員
選挙
省級人民政府
省級人民代表大会
任免
(指導)
常務委員会
(指導)
選挙
県級人民政府
県級人民代表大会
任免
(指導)
常務委員会
選挙
郷級人民政府
郷級人民代表大会
任免

Q61 イギリスの政治制度

問 イギリスの政治制度に関する次の記述のうち、妥当なものはどれか。 （地方上級）

1 イギリスの上院は貴族院であり、世襲貴族、一代貴族、大主教など王族以外の貴族の称号をもつ者の中から互選で選ばれる。
2 内閣は議会の多数党によって組織され、内閣総理大臣は下院議員から、閣僚の過半数は国会議員の中から選ばれる。
3 議会が内閣に対して不信任決議を行った場合、内閣はその責任をとって総辞職しなければならない。
4 議院内閣制においては内閣の存在が議会の多数派に依存していることから、政党内閣が形成されることになるのが普通である。
5 議院内閣制はイギリスで成立し、これが後に各国に広まっていったが、イギリスは議会政治の母国でもあり、また権力の抑制と均衡を保つための三権分立が最も明確に実現された国である。

PointCheck

◉イギリスの議会と内閣……………………………………………………………【★★★】

議会政治と議院内閣制の最も古い伝統をもつ国。

⑴議会（二院制）

①上院…貴族院

世襲貴族、一代貴族、大主教など王族以外の称号をもつ者が自動的に議員に任命される。選挙によらない終身議員からなる。

②下院…庶民院

有権者から直接選挙された議員によって構成される。選挙制度は小選挙区制。

⑵議院内閣制

・内閣は議会（下院）の多数党によって組織され、内閣総理大臣（首相）は下院議員から、閣僚はすべて国会議員の中から選ばれる。
・内閣は議会に対して連帯して責任を負う（＝責任内閣制）。
・内閣の存立は議会の信任に左右される。
・議会は内閣に対して不信任決議権をもつ。
・内閣は議会（下院）に対する解散権をもつ。
→議会が内閣に対して不信任決議を行った場合、内閣はその責任をとって総辞職するか、議会を解散させて国民に信を問う。

知識を広げる

イギリスの立法過程

⑴政府提出法案中心

イギリスでは、立法権をもつのは議会である。しかし、実際に立法において主導的立場に立っているのは、行政府である政府である。これは、議院内閣制を採っているためであるとされる。すなわち、法案の提出は議員にも認められているが、1年間1会期に提出されるほぼ100本の議員提出法案のうち､成立するのは全体の1割、10本余りにすぎない。一方、政府提出法案の方は40本ばかりあるが、可決されない法案はゼロもしくは全体の1割に満たない。そのような事実からイギリスでは、議会は「立法（legislate）せず合法化（legitimize）するのみ」といわれる。

⑵審議の過程（三読会制）

提出された法案の審議は、次のようなプロセスを経る。

①第一読会が開かれる。この第一読会では実質的な審議は行われない。

②第二読会では、所管の大臣が「法案の第二読会に入るべし」という動議を提出して、法案審議が始まる。第二読会が終わると、原則として法案は常任委員会に付託される。

③委員会では、1条ごとに分けて議題にし裁決するという方法で審議が行われる。

④委員会での審議が終わると、修正する必要のある法案、あるいは原案のままとすべき法案との議決がなされたことが委員長から本会議に報告される。

⑤次に第三読会が開かれ、各段階において修正を受けた法案を最終的に総括的な審議をする。修正は字句の表現を変えることのみ許されるが、それもほとんどない。

このように、イギリスの下院では、法案は「①第一読会→②第二読会→③委員会―④報告段階―⑤第三読会」という5段階を経ることになる。このシステムが議会審議の基本形となり、アメリカやドイツの議会も形式上は三読会制を採用している。

A61 正解－4

1－誤　上院である貴族院の議員は、貴族等の称号をもつ者が自動的に任命される。

2－誤　イギリスでは、閣僚はすべて国会議員の中から選ばれる。

3－誤　議会が内閣に対して不信任決議を行った場合、内閣はその責任をとって総辞職するか、議会を解散させて国民に信を問う。内閣は解散権を行使することもできるのである。

4－正　議院内閣制は内閣の存在が議会、とりわけ下院の意思に委ねられており、本肢のように政党内閣が形成されることになる。

5－誤　議院内閣制では内閣と議会が密接な関係にある。三権分立が明確に、しかも厳格に実現されるのは大統領制である。

Q62 アメリカの政治制度

問　アメリカ合衆国の政治に関する次の記述のうち妥当なのはどれか。　（地方上級）

1　連邦憲法には、刑法や民法の制定、弁護士や医師の資格認定、貨幣の鋳造など州政府にゆだねる権限が列挙されている。これは、それ以外のすべての権限を連邦政府が有することを意味するものである。

2　連邦議会の上院と下院とでは、その議員選挙の仕組みが異なる。選挙ごとの各州の定数が１である上院議員選挙は小選挙区制で行われるが、選挙ごとの各州の定数が複数である下院議員選挙は大選挙区制で行われる。

3　連邦議会には常任委員会は存在しない。そのため、必要に応じて上下各院が議題ごとに委員会を設置するが、これらの委員会は審議すべき論点を整理するにとどまり、実質的な審議は本会議でなされる。

4　大統領は、憲法上は連邦議会への法案提出権がないが、実質的には与党議員を通じて自身が望む法案を提出することができる。しかし、望まない法案を連邦議会上下両院がともに過半数で可決した場合は、大統領はその法案を拒否できない。

5　連邦裁判所は違憲立法審査権を有している。違憲立法審査権は連邦憲法に規定されたものではないが、連邦裁判所は、連邦政府、州政府いずれの制定した法律に対しても違憲判決を下すことができる。

PointCheck

◉アメリカの議会……………………………………【★★★】

権力分立を徹底させた大統領制の国（イギリス議会と比較、**Q61** 参照）。

⑴議会（二院制）

①上院……各州２人ずつ選出された任期６年の議員により構成。
２年ごとに３分の１ずつ改選。

②下院……小選挙区から選出された任期２年の議員により構成。

⑵連邦議会と大統領の関係

①大統領…議会に対して責任を負わない。
議会を招集したり解散したりする権限はない。

②議会……大統領に対してその不信任決議をする権限はない。
議会による弾劾裁判は可能で、有罪のときは罷免できる。

◉法案提出と拒否権……………………………………【★★★】

⑴議会への法案提出権（議員のみ）

大統領は議会に対して「教書」を送り、その意思と希望を表明できる。

(2)大統領の拒否権

大統領からみて議会が望ましくない法案を可決したと判断するときには、拒否権を行使してそれを拒むことができる。ただし、議会がこれを再び3分の2以上の多数で可決したときは、その法案が法律となる（オーバーライド）。

◉アメリカの立法過程……【★☆☆】

法案は、次のようなプロセスを経て審議される。

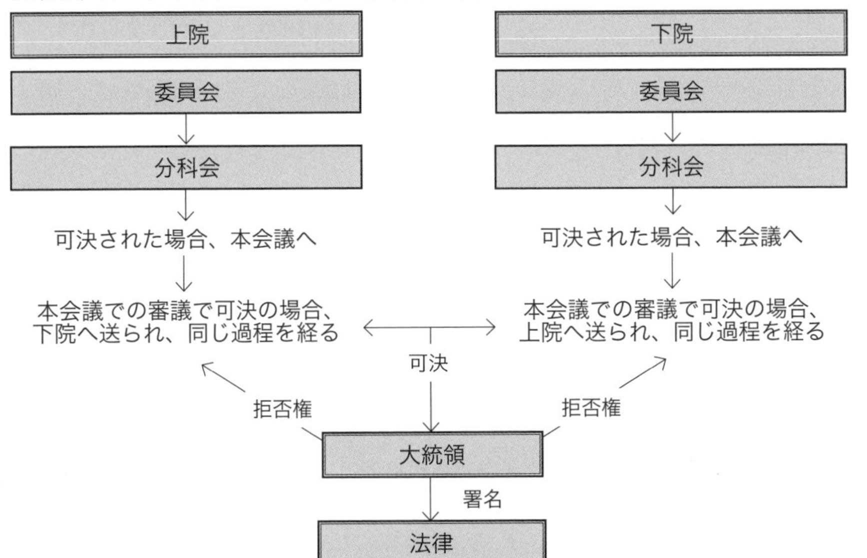

A62 正解ー5

1－誤　連邦憲法では連邦政府の権限規定が明確に規定され、それ以外の権限は州政府・人民に留保されるのが原則である。貨幣の鋳造は連邦政府の権限だが、刑法・民法制定、弁護士・医師資格認定は各州政府の権限である。

2－誤　上院の定数は各州2名で任期が異なり、改選時は各州1名を選出する小選挙区制である。下院は各州を選挙区分けし、各選挙区の定数は1名の小選挙区制である。

3－誤　アメリカ議会は委員会中心主義であり、まず常任委員会で法案審議がなされる（**Q65** 参照）。

4－誤　大統領は法案の拒否権がある。また、「実質的に法案提出が可能」ともいいきれない。あくまでも法案提出は議員の専権であり、大統領教書によって発議を促すのである。

5－正　違憲審査制はアメリカの連邦裁判所の判例法により確立した。

Q63 議会政治の展開

問　議会政治に関する次の記述のうち、妥当なものはどれか。　　(国家一般)

1　議会政治の原理の一つとして国民代表の原理があり、議会を構成する議員は、選出母体の代理人ではなく、国民全体の代表者であるとされ、この原理はトクヴィルが著書『アメリカにおけるデモクラシー』の中で初めて明確に主張した。

2　議会政治の原理の一つとして審議の原理があり、議会での決定は公開の場で、できるだけ多くの議員による慎重な審議を経て下されなければならないとされ、この原理は多数決原理と相反するものである。

3　議会政治の原理の一つとして行政監督があり、議会は国家意思の発動を効果的に監督する機能を具備していなければならないとされ、この原理は行政部に対する立法部の優位性を保障する目的をもっている。

4　議会には、一議院で議会を構成する一院制と、二つの議院で構成する二院制があり、連邦制国家は一院制を採用する傾向があるのに対し、単一国家は二院制を採用する傾向がある。

5　議院内閣制においては、議会は内閣総理大臣に対して不信任決議でき、内閣総理大臣は議会を解散できるのに対し、大統領制においては、議会は大統領に対して不信任決議できるが、大統領は議会を解散する権限をもっていない。

PointCheck

◉議会主義の展開……【★★★】

⑴議会主義の原則

今日、先進国の多くでは、立法機能、代表機能、審議機能および行政監督機能などの重要な政治機能が、国民から選ばれた人々が構成する会議体である議会に任されている。これを議会主義という。日本でも「国会は、国権の最高機関であって、国の唯一の立法機関である」(憲法第41条)と規定して、議会主義を採ることを表明している。

⑵議会政治の起源

議会主義は、国民代表機関としての議会を中心に営まれる政治の仕組みとその原理を示す言葉である。現在多くの国で、議会主義はデモクラシーを保障する制度としての意味を与えられている。しかし、その起源においては、議会はデモクラシーとともに形成されたものではない。

近代的議会の始まりは、中世の身分制議会にある。身分制議会は、13世紀から14世紀にかけて、イギリスを始め西ヨーロッパで発達した。その主たる機能は、国王の課税要請に承認を与えることであった。その形態は、高級貴族と僧侶からなる一部会と他部会の二部会制(イギリスの議会が代表例)と、貴族・僧侶・市民のそれぞれが部会を構成する三部会制(革命前のフランスの議会が代表例)の2つの型があった。

(3)議会政治の転換

身分制議会は、中世封建制の分権的性格を反映したものであったとされ、それゆえ、絶対王政期（イギリスではエリザベス1世の時代、フランスはルイ14世の時代）になって中央集権化が確固たるものになると、一般に開催されなくなった（イギリスは例外)。その後市民革命の時代を経ると、身分制議会は近代的議会に転換することとなる。イギリスでは、名誉革命後、議会の王権に対する優位が確立する。

しかし、この段階では、議会に代表を送れるのは「財産と教養」をもつ市民までであり、議会政治を担うのもこの層にとどまっていた。

(4)議会制民主主義の成立

議会政治が今日のようにデモクラシーを支える制度となるには、大衆が選挙権を獲得するまで待つ必要があった。成人男女がその財産や階級の背景に関係なく、選挙権をもつに至った20世紀に入り、議会主義はデモクラシーと結びつくこととなる。

◉行政監督……………………………………………………………………【★☆☆】

立法機関である議会には、立法に関する機能以外に、行政機関による行政行為を監督する機能が認められている。これは近代立憲民主制の原理からの要請である。

(1)行政機関の人事への関与

上級行政機関の人事については、通常はその行政部自体がその任免権を持っている。しかし、議会が人事の承認権を保有することが多くの国で認められている。

(2)行政行為の基礎となる法律および予算の制定ならびに決算の承認

(3)国政に関する調査を行うこと

議会による国政調査権は、すべての行政行為に及ぶものとされる。主権者である国民の代表機関としての議会にこの権限が与えられていることは、近代立憲主義の当然の要請である。証人喚問、証言記録の提出等を要求することができ、証人が偽証した場合には偽証罪に問うこともできる（憲法第62条）。

A63 正解－3

1－誤　国民代表の原理を初めて明確に主張したのは、A.トクヴィルではなくE.バークである（**Q64** 参照）。1774年にブリストルの選挙区で行った演説の中で、国民代表の理念を表明している。

2－誤　「審議」の原則は、「採決」に関する多数決原理と必ずしも相反しない。

3－正　議会は行政機関の人事権、予算議決権、国政調査権を通じて行政を統制する。

4－誤　アメリカやドイツなどの連邦国家でも二院制が採用されている。両国とも上院が州の代表という構成になっている（**Q64** 参照）。

5－誤　アメリカなどの大統領制の国では、議会は大統領に対して弾劾はできるが、不信任決議をすることはできない（**Q62** 参照）。

Q64 各国の二院制

問 各国の二院制に関する次の記述のうち、妥当なものはどれか。 (地方上級類題)

1 アメリカの下院は、条約批准同意権および連邦官吏任命同意権をもち、他方、上院はこれらの権限をもっていないので、前者は後者に対し優越した地位に立っているといえる。
2 二院制が採用されている国の上院議員の選出方法には際立った違いが見られるが、いずれも身分制的に形成・維持され、今日にいたっている点で共通している。
3 二院制が採用されている国の下院は、民意を反映させるため一定の要件の下で解散されることがあり、また、下院議員の任期は上院議員の任期に比べて長く設定されている。
4 日本の参議院議員は、全国を1つの選挙区として選出され、地域や政党ではなく職業ごとに代表選出を行う職能代表制を採っている。
5 連邦制を採るアメリカおよびドイツにおいては、上院の構成について連邦に対応して選出される議院で構成するという制度が採られている。

PointCheck

◉二院制(両院制)の特徴……………………………………………………………【★★☆】

⑴二院制は、国民代表機関として一般的性格の強い下院(第一院)の他に、特殊性をもたせた上院(第二院)を併せもつ制度である。
⑵二院制では、複雑かつ多様化する民意を多く反映でき、二院の相互抑制によって議会に一部勢力の権力が集中するのを防止している。
⑶二院制による意思決定の行き詰まりを回避するため、下院の権限を上院よりも優越させる規定をおく場合が多い。

◉二院制の類型・上院の性格…………………………………………………………【★★☆】

⑴貴族院型

下院のもつ民主主義的性格を抑制するために残された上院で、イギリスや明治憲法下での日本がその例である。

⑵参議院型

一院だけの場合に生じかねない過誤を回避するための「第二の考慮」を行う場所として設置された上院で、日本がその例である。

⑶連邦制型

国家を構成する州などの意向や利益を反映させるために設置された上院で、アメリカ、ドイツ、カナダ、スイスがその例である。

◉一院制……【★☆☆】

「民意は一つ」であるから他の議院は必要ないとの認識で採られている制度である。

現在、一院制を採る国家は、スウェーデン、フィンランド、デンマークの北欧諸国（ノルウェーは変則一院制。選挙後、議員の互選により上下院に分かれる）、中国、韓国、エジプト、トルコなどがある。

◉国民代表原理の危機　理解を深める……【★★☆】

議員は特定の利益代表ではなく、国民全体の代表であるとする原理が「国民代表原理」である。これを最初に提示したのはE.バークである。しかし、現在その原理は危機にさらされていると指摘されている。その原因は、以下の点にあるとされる。

⑴国民の意見を統合する議会の能力の低下

普通選挙制の下で政党が名望家政党から組織政党に変わり、党の規律が強化され、党派間の対立の図式が固定したものになったため、議場での討論によって妥協や譲歩をできる可能性が低くなった。

⑵十分な討論の困難さ

国家機能が拡大するとともに、議会が審議しなければならない議案の量が急激に増加して、議会は議案の審議に十分な時間を割くことができなくなった。

⑶議会と社会の間の断絶の深まり

政治が複雑になり大規模化した結果、大衆の政治的無力感が増大し、政治参加の意欲が減衰して、議会と社会とが情報交換するための回路によって必要な情報が伝達されることがなくなった。

以上のような事態が進んだために、現在、民主主義の原則があるにもかかわらず、現実には国民代表の機関であるはずの議会が、民主主義と相容れない支配機関に変化していっているとされる。

A64　正解－5

1－誤　条約批准同意権と連邦官吏任命同意権は、上院の権限である。また下院と上院は基本的に対等とされている。

2－誤　近年の例をみるかぎり、貴族院型のイギリスなどの例を除いて、上院が身分制的に形成・維持されてきたとはいえない。

3－誤　日本・アメリカ・フランスでは、上院議員よりも下院議員の任期のほうが短く設定されている。

4－誤　日本の参議院は、定数248議席中148議席は都道府県単位の選挙区から選出される。残りの100議席は、全国を1単位として比例代表選挙で選出される。

5－正　どちらも上院は、各州の代表で構成されている。

Q65 各国の議会制度

問 各国の議会に関する次の記述のうち、妥当なのはどれか。 (国家一般)

1 米国の議会は、任期6年の上院と任期2年の下院から成る。上下両院とも議長は現職の議員から選出されるが、通常はそれぞれの院で多数を占める政党の有力議員が選ばれるため、両院議長の所属政党が異なる場合もある。

2 英国の議会は、貴族議員によって構成される貴族院と有権者の直接選挙で選出された議員によって構成される庶民院から成る。庶民院での首相指名選挙によって選ばれた者が国王から首相に任命される一方、貴族院は最高裁判所としての機能を有している。

3 ドイツの議会は、州議会の議員による間接選挙で選出された各州6名の議員によって構成される連邦参議院と、有権者の直接選挙によって選出された議員によって構成される連邦議会から成る。連邦参議院は州の権限・予算に関する法案にのみ議決権を持つが、その他の法案についても意見を表明することができる。

4 フランスの議会は、有権者の直接選挙によって選出された議員によって構成される国民議会（下院）と、国民議会議員や地方議員らによる間接選挙で選出された議員によって構成される元老院（上院）から成る。両院の議決が一致しない場合、法案が両院間を往復することとなるが、最後には、政府が求めれば国民議会が最終的議決を行う権限を持つ。

5 韓国の議会は、有権者の直接選挙によって選出された議員によって構成される下院と、第一級行政区画を単位として地方議員による間接選挙で選出された議員によって構成される上院から成る。上院には解散はないが、その権限は下院の議決に対して意見を表明することにとどまる。

PointCheck

◉イギリス下院におけるフロントベンチャーとバックベンチャー……【★☆☆】

イギリスの下院の議場は、与党の議員と野党の議員とが相対する対面式の構造になっている。主要閣僚たちは与党側座席の最前列に座り、野党幹部との論戦に臨むのである。前列に座る幹部議員はフロントベンチャー、後列の一般の議員はバックベンチャーと呼ばれる。

◉アメリカの議会における委員会主義……【★★★】

⑴議会運営の機能

アメリカの議会では、法律案が提出されると、議長はすぐにその法案を審議するのに適当な委員会に付託する。このようなやり方は委員会中心主義と呼ばれる。委員会で法案の審議をするようになった要因は、大統領制において議会を運営していく上での必要からである。本会議場での議論はともすると混乱し、収拾がつかなくなってしまう可能性があるので、前もって各会派間で議論を行った上で、大統領・政府対議会会派の議論の方向づけが必要なのである。

⑵意見集約の機能

アメリカの政党は、その拘束力が弱く会派の結束も強くない。議員は一人一党といいうる状況にある。そのため、会派内での議論に代えて、小人数が参加・協議する場所を議会の中に設ける必要があった。また、法案の大幅な修正をする審議（変換型審議）を実施するのに、そのためのシステム・場が必要であった。こうした事情から、アメリカの連邦議会では、設立当初はイギリス型の審議手続きを採っていたものの、次第に独自の委員会制度を発展させてきた（現在でも形式上は三読会制が維持されている）。

◉ドイツの議会……………………………………………………………………【★★☆】

⑴連邦議会

ドイツでは、連邦議会と連邦参議院の二院制が採られている。連邦議会の方は、連邦主義に基づく国家の国民代表機関（任期は４年）である。連邦議会は、連邦の法案や予算案の制定および確定、連邦首相の選出（連邦大統領の提議に基づく）の権限をもつ。

⑵連邦参議院

連邦参議院の目的は、州が連邦政府の立法や行政に協力することにある。連邦参議院の機能は、法律の発議権、連邦議会の議決した法律に対する同意権および異議の提出権などである。なお、連邦参議院の議員には任期はなく、それぞれ不定期に任免される。

◉フランスの議会 理解を深める ……………………………………………【★☆☆】

下院にあたる「国民議会」と上院にあたる「元老院」の二院制を採り、両院の間では、①内閣不信任権、②予算案および社会保障財政法案の先議権、③両院不一致の場合の最終決定権、④臨時会の開会を要求する権利、以上の４点で国民議会に優位な権限が与えられている。

A65 正解ー4

1 ー誤　上院議長は合衆国副大統領が兼務するので現職上院議員ではない。下院でも議長を現職下院議員から選出するとはされていないが、過去には全て多数党の現職議員から選出されている。

2 ー誤　首相指名選挙はなく、総選挙で過半数を獲得した政党の党首が首相に任命される。また、2009 年に最高裁判所が新設されて、貴族院の終審裁判所機能は失われている。

3 ー誤　連邦参議院は各州の人口比例で議決権を与えられ、州代表を選出する選挙はない。また、連邦議会を通過した法案は連邦参議院に回付され、州の利益に関わる法案については連邦参議院の同意が必要とされる（一種の拒否権）。

4 ー正　重要議案については国民議会の優越が規定されている。

5 ー誤　韓国国会は一院制で、解散はない。

Q66 行政府と立法府の関係

問 執政制度と法案提出に関する次の記述のうち、妥当なのはどれか。 (国家一般)

1 議院内閣制は、議会の多数派が内閣を組織する制度である。議院内閣制においては、内閣は、議会の多数派によっていつでも総辞職に追い込まれる可能性を持つことから、議会との融合を図る必要があり、議院内閣制を採用する英国では、大多数の幹部公務員は政治任用されるとともに、議員との調整を行う役割を担っている。

2 大統領制は、原則として、国民による直接選挙によって大統領が選出され、大統領によって各省長官が任命される制度である。大統領制においては、議会と大統領が独立して牽制しあうことが基本となっているが、大統領制を採用する米国では、憲法において、各省長官の半数を連邦議会議員が占めることと定められている。

3 議院内閣制を採用している英国では、内閣提出法案も議員提出法案も認められているが、成立率は内閣提出法案のほうが高い状況にある。議会本会議においても、法案を作成している官僚が前面に立って、答弁を行うことが基本である。

4 議院内閣制を採用している日本では、憲法において、国会は「唯一の立法機関」と定められていることから、国会による立法以外の実質的意味の立法は、憲法の特別の定めがある場合を除いて許されないという、国会中心立法の原則が採られている。このため、国会において承認の議決を得た場合に限り、内閣は法案を提出することができる。

5 大統領制を採用している米国では、大統領に議会への法案提出権はなく、法案は全て連邦議会議員が提出することになっている。一方、法案提出権を持たない大統領には、議会に教書を送付して立法を促す勧告権と、議会で可決した法案の成立を拒む拒否権が与えられている。

PointCheck

◉議院内閣制……【★☆☆】

議院内閣制とは、政府(内閣)の存立が議会の信任に依存する制度である。イギリスで長い時間をかけて少しずつ形成されてきたものであり、日本もこの制度を採用している。議院内閣制は次のような特徴をもつ。

(1)内閣が、議会下院の多数党か多数派連合によって組織される。

(2)少なくとも内閣の長と主要閣僚は、下院の議席をもつ。ここで、三権分立制の下で立法部と行政部が部分的に重なり合うことになる。

(3)内閣は下院を解散して総選挙を行うことができ、下院は内閣を不信任する権限をもつ。ただし、下院が不信任案を可決する可能性は高くない。それは与党が分裂したり、与党の連合が崩れたりした場合のみに可能であるからである。

(4)政権交代は総選挙の結果に基づく。それゆえ、議院内閣制の前提として、ある程度凝集力のある政党が必要であるといえる。

◉イギリス型議院内閣制の特徴……………………………………………【★★☆】

⑴下院の選挙結果がそのまま内閣の指導部の選択に直結している。

⑵内閣は、その行政責任を連帯して議会に対してとる。

⑶下院の選挙周期が不定で、政治上の争点と民意とを結びつけることが容易にできる。

⑷政治的責任を比較的容易に追及できる。

⑸連立内閣・協力内閣より単独内閣のほうが通常の形態であり、そのような状況が小選挙区制、二大政党制の確立によって維持されている。

⑹首相は議会議員でなければならない。内閣を構成するメンバーは、下院与党の幹部という形となっている（内閣が議会の中に存在するともいわれる）。

◉アメリカ大統領と議会との関係 理解を深める ……………………………【★★☆】

⑴大統領制と議会の機能低下

アメリカでは、大統領と議会および裁判所はそれぞれ権力基盤の上で独立しており、相互に牽制し合っている。これは、その牽制によって独任制の大統領の権力が大きくなりすぎることを防止することを期待したからだといわれる。しかし現実には、大統領は帝王のような権力を行使することもあった。近年の代表例がジョンソン大統領やニクソン大統領とされるが、実際に1950年代以降、冷戦の深化とともに大統領の権限は拡大したが、それに反比例するように、大統領の権限を牽制する議会の力は低下したのであった。このような事態を招いた責任の一端は議会にもあったとされる。

⑵アメリカ議会制度改革

こうした事態が再び起こることがないように、1970年代以降一連の改革が行われた。その1つが議会予算局の創設であり、これにより行政府が提案した各支出項目の妥当性を検討することができるようになった。また、技術評価局も創設され、これにより議会は新しい法律が及ぼす影響を独自の立場から検査することができるようになった。加えて、会計検査院や議会調査局の機能も強化したが、これらの改革により行政に対する議会の監視機能は大きく前進し、議会がその必要とする情報を行政に頼る必要性は大きく減じたとされている。さらに、大統領の強大な権限に対して、議会は戦争遂行権法や予算留保法を制定し、一定の制約をかけることを目指した。

A66 正解－5

1－誤　幹部公務員の政治任用が多いのは大統領制のアメリカであり、イギリスの官僚の多くは資格任用職（メリット・システム）である。

2－誤　アメリカ大統領制では、各省長官は議員との兼職が認められない。

3－誤　イギリスの本会議は読会制で、議員が討議をする場である。政府を代表し答弁するのは大臣であり、証人以外で官僚が発言することはない。

4－誤　国会中心立法の原則の例外は、条例・議院規則・裁判所規則・政令であり、内閣の法案提出権が問題となるのは国会単独立法の原則である。これを合憲とするのが多数説であり、内閣の法案提出に国会の承認は必要とされていない。

5－正　アメリカは議員立法のみで、上院下院議員が対等に法案提出権限を有する。

Q67 各国の大統領制

問 各国の大統領に関する次の記述のうち、妥当なのはどれか。 （国家一般）

1 フランスの大統領は、国民による直接選挙によって選出される。大統領は、首相を任命し、また首相の提案に基づき政府の構成員を任命する。ただし、大統領とは党派の異なる首相が任命されることもあるため、閣議の主宰は首相が行う。
2 米国の大統領は、各州及びワシントンD.C.選出の選挙人による間接選挙によって選出される。大統領は議会が可決した法案に対する拒否権を持つが、これに対して議会は上下両院で３分の２以上の賛成で再可決すれば、拒否権を乗り越えることができる。
3 イタリアの大統領は、国民による直接選挙によって選出される。大統領は、議会の解散、首相の任命、外交使節の信任及び軍隊の指揮権を単独で行使することができる強い権限を有している。
4 ドイツの大統領は、国民による直接選挙によって選出される。大統領は、元首として国の内外に対してドイツ連邦共和国を代表し、首相の任命権や議会の解散権等の強い権限を有しており、首相の地位は象徴的なものである。
5 韓国の大統領は、上院議員による間接選挙によって選出される。大統領は、政治的に強い権限を持ち、首相を国会議員の中から任命するが、この人事には国会の同意は必要なく、大統領と首相が異なる党派に属することによって政治が混乱することを防いでいる。

PointCheck

◉大統領制……………………………………………………………【★★☆】

⑴フランスの大統領制

①性質：国家元首
②選任：直接選挙（二回投票制）で選出。任期は５年。
③権限：
・政府との関係
(a) 単独で首相を任命、(b) 首相の提案に基づいて閣僚を任免、(c) 閣議では議長として主宰、(d) 行政命令に署名、(e) 国の文官・武官を任命、(f) 国軍の最高指揮官として国防会議および国防委員会を統轄。
・議会との関係
(a) 首相および両院議長に諮った上で、国民議会の解散を宣言できる、(b) 政府または議会の提案に基づき、一定の法律案を議会にかけず直接国民投票に付託することができる、(c) 憲法評議会に法律の違憲立法審査を請求することができる。

⑵イタリアの大統領制

イタリアの大統領は、名目的な元首ではなく、国政に重要な影響を及ぼす権限を保持している。その意味で、直接選挙で選ばれるフランスの大統領よりは権限が弱いものの、同じく間接選挙によって選出されるドイツの大統領よりも権限が強いとされる。

①性質：国家元首（国の統一を代表）

②選任：両院議員と州議会から選出された各州の代表３名による選挙。任期は７年。

③権限：軍隊の指揮権、最高国防会議の主宰、戦争状態の宣言等の軍事に関するもの、両議院の解散権など。

⑶ドイツの大統領制

ドイツの連邦大統領は、連邦または州の政府および立法機関に所属することが禁じられている。これは、その中立性を保障するためである。現行の大統領の地位は形式的儀礼的なものである（戦前のワイマール憲法時代の大統領は強力な権限を有していた）。

①性質：国家元首

②選任：連邦会議により、討議することなく選挙が行われる。任期は５年（連邦会議は、連邦議会議員と州議会が比例代表の原則に従って選出する同数の議員から構成される）。

③権限：連邦の名において条約を締結、連邦議会の解散、連邦裁判官・連邦公務員・士官および下士官の任免、連邦大臣の任免など。

⑷ロシアの大統領制

①性質：国家元首（ロシア最高総司令官、安全保障会議議長を兼任）

②選任：直接選挙で選出される（二回投票制）。任期は６年。

③権限：首相の任免権や国家院（下院）の解散権、国防相・外相・内相・検事総長の任命、議会の承認なしで大統領令を発布。

A67 正解－2

１－誤　仏大統領は下院多数派から首相を選任するため保革共存政権(コアビタシオン)となることもあるが、エリゼ宮殿で行われる閣議は元首の大統領が主宰する。

２－正　大統領が法案を承認しない場合は署名を拒否し議会に差し戻すが、議会両院が３分の２以上で再可決すれば、大統領の署名なく法律は成立する。

３－誤　伊大統領は議会代表による間接選挙で選出される。

４－誤　独大統領は連邦議会で選出され、その地位は形式的儀礼的なものである。

５－誤　韓国は一院制。大統領は国民の直接選挙で選出され、権限は比較的強いが、首相任命に国会の同意が必要で、議会解散権もない。

Q68 各国の元首と政治制度

問　各国の元首に関する次の記述のうち、妥当なものはどれか。　（地方上級）

1　中国の国家主席は、国家権力の最高機関である全国人民代表大会において選出され、任期は6年である。国家主席は軍隊の統率、最高国務会議の召集など強大な権限をもっている。
2　フランスの大統領は、連邦政府議員とこれと同数の各州議会代表者によって構成される連邦会議で選出される。大統領は国家を代表する儀礼的な地位にとどまり、大きな権限はないが、一定の場合に議会を解散することができる。
3　ドイツの大統領は、一般国民の直接選挙によって選出され、任期は5年である。大統領は首相の任免、国民議会の解散、国民投票の実施などを単独で行使しうる権限をもっている。
4　アメリカの大統領は、まず各州において、一般有権者が大統領選挙人を選び、次にこの大統領選挙人が大統領を選ぶという間接選挙制で選出される。大統領は法案提出、議会の解散などの権限をもっている。
5　イギリスの国王は、国家を代表する儀礼的な地位にとどまり、議会の召集・解散・法律の裁可、宣戦・講和の締結などの権限はあるが、内閣の助言によって行使されるにすぎない。

PointCheck

◉中国の政治制度……………………………………………………………【★★☆】

⑴全国人民代表者会議（全人代）

憲法上は、国家の最高権力機関に位置づけられている。議員の任期は５年で、毎年３月に全国会議が開かれる。

▼権限

(a) 憲法改正・法律制定などの立法権、(b) 国家経済計画などの決定権、(c) 国家主席・副主席・国務院総理・各大臣（国家主席の指名に基づく）などの任免権、(d) 憲法と法律執行の監督権、(e) 最高人民法院院長および最高人民検察院検察長を選挙、(f) 国民経済・社会発展計画およびその執行状況の報告の審査・承認等

常設委員会として常務委員会が置かれている。常務委員会は、委員長、副委員長、秘書長、委員（複数）で構成。一方、全人代は共産党のコントロール下に置かれているため、共産党中央の決定を追認するだけという批判も強い。

⑵国家主席

1954年に設置された中国の国家元首であり、任期はない（2018年に撤廃)。

▼権限

〈対内的〉(a) 法律の公布（全人代の決定に従う）、(b) 国務院総理・副総理・国務委員・各委員会主任など政府責任者の任免、(c) 特赦令・戒厳令や戦争状態の宣言

〈対外的〉(a) 外交使節接受、(b) 外国との条約や協定の批准・廃棄といった国事行為

最初は、毛沢東が党主席としてこのポストを兼任した。59年に劉少奇が就

任。文化革命で劉少奇が失脚して以来、82年まで空席であったが、その後復活し、2019年現在このポストには習近平が就いている。国家元首ではあるが、権限は儀礼的象徴的なものとされている。実質的な行政権限は国務院総理（首相）に委ねられている。

⑶国務院

中国の最高権力執行機関。日本の内閣に相当する。国務院には国務院常務会議が設けられているが、これは総理、副総理、国務委員、部長・各委員会主任（大臣）らによって構成され、執行に関わる重要事項を決定するもの。その下に日本の官庁にあたる、外交部、国防部、公安部、司法部、財政部、民政部などがある。国務院は、立法機関である全国人民代表大会に対し責任を負い、議案を提出し、活動を報告する。

知識を広げる

韓国の政治制度

⑴大統領

直接選挙で選出され、任期は5年である（再選禁止）。

▼権限

(a) 国務総理および国務委員（各部長官）の任命権、(b) 国務会議（内閣）の議長、(c) 議会に対する大統領令制定権、(d) 予算提出権、(e) 法案の拒否権、(f) 軍隊の指揮権、(g) 憲法改正提案権、(h) 官吏や裁判官の任命権

⑵国会

一院制。議員の選出法は、小選挙区と全国区比例代表並立制とされる。議員の任期は4年。

議院内閣制の要素も採り入れられているが、解散はない。

中国の政治制度は独特のもので、他の国に類似の制度がないのでイメージがしづらい。例えば、国家主席は英訳するとPresidentであるが、共産党主席が兼任した場合にはじめて実質的にも国の最高責任者としての地位になるのである。

A68 正解－5

1－誤　中国の国家主席は、基本的には儀礼的象徴的な存在である。

2－誤　本肢は、ドイツの大統領に関するものである（**Q67** 参照）。

3－誤　本肢は、フランスの大統領に関するものである（**Q67** 参照）。

4－誤　アメリカの大統領は教書を通じ立法についての意見を表明できるにすぎず、議会の解散権も有していない。

5－正　内閣の助言により権限を行使するのは、日本の天皇の国事行為と同じである。

Q69 権威主義体制

問　リンスの権威主義に関する次の記述のうち、妥当なものはどれか。　（地方上級）

1　リンスは、フランコ時代のスペインの分析を通じて、民主主義と全体主義の中間に位置する国家体制として、権威主義体制という概念を提起した。
2　権威主義体制の政治構造では、政党や利益団体の自由な設立と活動を認めるなど、民主主義体制と同様の広範な多元性が存在する。
3　権威主義体制では、国民に対して高度の政治的動員が行われ、国民が政治に無関心であることは許されない。
4　権威主義体制では、伝統に結びつく感情的な思考や心情の様式であるメンタリティーは、あいまいでわかりにくいものとされる。
5　権威主義体制は、精緻で体系的なイデオロギーによって理論武装されているが、実際にはそれが徹底されることはない。

PointCheck

◉権威主義体制の位置づけ……………………………………………………………【★★☆】

政治体制として、自由民主主義体制と全体主義体制との中間に位置づけられるのが権威主義体制である。J. リンスによると、権威主義体制とは、「限定的かつ責任制でない政治的多元主義をとり、精緻かつ指導的なイデオロギーはもたず、政治的動員は強くも広範囲でもなく、かつその指導者の権力は、現実には予測し得る範囲内で行使される体制」とされる。スペインで1930年代後半から始まったフランコ総統による統治を念頭に、リンスが考え出したものである（他にポルトガルのサラザール、フランスのビシー政権など）。

◉権威主義体制の特徴（自由主義・全体主義との比較）………………………………【★☆☆】

⑴限定された多元主義

全体主義体制では多元性が否定されるが、権威主義体制では、教会、労働団体、経営団体などの存在や活動が、限定的であるにしろ、多元性が許されている。

⑵体系的イデオロギーの欠如

全体主義体制では排他的なイデオロギーが自己武装し、国家社会の推進力となるが、一方、権威主義体制では、それほどイデオロギーに依存することはなく、強いて言えば、現在ないし過去に密着したメンタリティーに依存する。リンスは、このようなイデオロギー的他律性が体制特有の弱点を生むと指摘している。

⑶低度の政治的動員と政治的無関心への依存

自由民主主義体制では、国家権力がイニシアチブを握って政治的動員を図ることはない。権威主義体制では、体制の形成段階においてはかなり強度の政治的動員が行われるが、体制が確立して安定すると、むしろ国民の政治的無関心を助長して、国民の消極的支持の上に体制を安定させる。

⑷指導者のカリスマ性の希薄さ

全体主義体制では、ヒトラーやムッソリーニ等に見られるように強いカリスマ性を帯びた政治的指導者が政治を強力にリードすることになる。権威主義体制では、政治指導者は相対的にカリスマ性は薄く、伝統を重視して支配を行う。

▼権威主義体制と他の体制の比較

	権威主義	全体主義	自由主義
社会の多元性	限定	否定	肯定
体系的イデオロギー	イデオロギーに強く依存することはない	強力な排他的イデオロギーで武装している	体系的なイデオロギーは存在しない
政治的動員のレベル	低い	高い	原則としてない
指導者のカリスマ性	あまり高くない	高い	必須要件ではない

知識を広げる

現代のポピュリズム (Populism)

19 世紀アメリカの人民党に対する農民の熱烈な支持活動に現れた政治的傾向で、人民主義・大衆主義などと呼ばれることもある。現代では「大衆迎合主義」の意味合いで使われることが多く、細川護煕の日本新党や、小泉純一郎首相の劇場型政治のような国民を意識した政治手法を、現代日本のポピュリズムとして挙げることもある。

政治的手法としては、政党・指導者が大衆との同一性を強調し、大衆とともに政治改革を推進する形の活動となる。社会主義的改革を訴える場合もあるが、イデオロギー的な限定はなく、保守主義的な体制を志向することもある。通常は、現体制・官僚・政治的エリートを否定し、大衆迎合的な政策を展開していく。

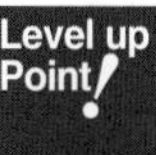

フランコは左派政権を倒すにあたってナチス・ムッソリーニの支援を受けたが、第二次世界大戦では枢軸側につくことはなかった。全体主義ではないが民主主義ともいえない特徴的な政治体制が、他にも軍部独裁から民政に移行する過渡期などにみることができる。

A69 正解－1

1－正　全体主義体制と権威主義体制は異なる政治体制である。

2－誤　権威主義体制の政治構造では、政党や利益団体の活動は制約を受け、民主主義体制での多元性までは認められていない。

3－誤　ファシズム体制などと比べて、国民の動員が高度とはいえない。

4－誤　権威主義体制では、伝統や感情的な思考を利用する傾向があるが、それがあいまいでわかりにくいというわけではない。

5－誤　権威主義体制では、イデオロギーに依存し理論武装することはない。

Q70 現代の議会制度

問　議会と立法過程に関する次の記述のうち、妥当なのはどれか。　（国家一般改題）

1　我が国の法案作成過程においては、与党による事前審査が重要な役割を果たした。自由民主党内では、各省庁が作成した法案はいわゆる族議員の活躍の場である政務調査会の部会審議を経た上で、政務調査会審議会において党としての最終的な決定に付され、ここで了承されない法案は国会に提出させないというのが自由民主党結党時からの慣例であった。

2　M. モチヅキは、我が国の国会は二院制や会期制、委員会制、審議ルールをめぐる全会一致の慣行といった要因のためにヴィスコシティ（粘着性）が高く、政府の提出する予算案や法案が野党の抵抗によって成立しないことが少なくないと主張した。実際、第二次世界大戦後の内閣提出法案の成立率は７割程度であり、残りの３割程度は野党によって否決されている。

3　第二次世界大戦後の我が国の国会は、英国型とアメリカ型の制度を採り入れた混血型の議会という性格を持つといえるが、近年、与野党の論戦を活性化させるために導入された党首討論の制度と、国会議員の政策形成能力を高めて議員立法を活性化させるために導入された政策担当秘書の制度は、いずれもアメリカ議会にモデルを求めたものである。

4　アメリカ合衆国では、大統領は教書を送るなどして自らが望む法律の制定を要請することはできるが、法案を議会へ提出する権限は持たないので、形式的にはすべて議員立法である。また、党議拘束が弱いことから、議員間で法案の相互支持に関する取引、いわゆる「丸太転がし（ログ・ローリング）」や「交差投票（クロス・ヴォーティング）」などが行われやすい傾向にある。

5　N. ポルスビーは、議会を「変換型議会」と「アリーナ型議会」に類型化した。前者は、社会の要求を実質的に法律に変換する機能を果たすものであり、後者は、与野党が争点を明確にして自らの政策の優劣を争う討論の場としての機能を果たすものである。委員会や公聴会の制度が発達したアメリカ議会は、アリーナ型議会の典型とされている。

PointCheck

◉マイク・モチヅキのヴィスコシティ（粘着性）……………………【★★★】

ヴィスコシティとは、どのような形で議会が政策に影響を与えるかに関して、議会審議の過程で法案をスムーズに通さない消極的な意味での粘着性を表す概念である。アメリカの政治学者であるマイク・モチヅキは、会期、二院制、委員会制度、国会運営の全会一致などにより、日本の旧社会党には、ヴィスコシテイ（粘着性）があって、政府・自民党の法案を廃案に追い込むことが比較的多かったと指摘した。

◉ N. ポルスビーのアリーナ型議会と変換型議会 ……………………【★★★】

アリーナ型（演説型）議会とは、議場が闘技場のように、議員の弁論が審議の中心となっているタイプの議会を指す。この型の議会では、実質的な政策決定は議会外で行われるため、議会内多数派が提出した法案はほぼ原案通りに議会を通過する。しかし、法律が成立するまでの過程で、アリーナの周囲で見守る観衆としての有権者に双方の主張を訴えるのである。イギリス議会はこのタイプの議会の典型である。

これに対し変換型（実務型）議会とは、議会に提出された問題を議論し、法律という形式に変換する機能を重視する議会のことである。各々の議員や政党が代表する主張や損得を調整し、妥協点を探りながら法案にまとめていく作業に審議の中心がある。変換型議会の典型とされるのは、アメリカの連邦議会である。アメリカでは法案を提出できるのは議員のみであるが、法案は、常任委員会での審議において、当初の形がわからなくなるほどに多くの修正が加えられることも珍しいことではない。アリーナ型議会が審議機能に重点があるのに対し、変換型議会は立法機能を重視するとされる。

◉日本の国会における委員会 理解を深める ……………………………【★★☆】

戦後採用した委員会制度は、国会運営の上で重要な組織である（委員会中心主義）。所管別あるいは事項別に編成された常任委員会と、案件ごとに設置される特別委員会の２種類があり、議案は議長が適当な委員会に付託し、委員会の審査を終了した上で本会議に付する。委員会では議案について質疑、討論が行われ、必要がある場合には、小委員会、分科会を設置することや、公聴会や他の委員会との連合審査会が開催されることもある。

現実の政治制度をより機能的具体的に説明するのが、モチヅキの「ヴィスコシティ」や、ポルスビーの「アリーナ型」「変換型」の分類である。議会制度の知識と合わせて理解すること。

A70 正解－4

1－誤　自民党政権下での事前審査は、池田内閣の1962年に始まった。自民党内の政務調査会の審議を経て、総務会で決定された後に、閣議決定、内閣提出法案として国会提出という流れだった。民主党政権下は政策決定一元化のため政策調査会を一時廃止していたが、菅政権下で復活させている。

2－誤　M. モチヅキの指摘したヴィスコシティ（粘着性）は、野党が審議を長引かせることによって、内閣提出法案の成立を妨害したり、廃案に追い込んだりすることに着目し、野党の役割・意義を明らかにしたものである。

3－誤　戦後の日本の国会運営は委員会中心のアメリカ型をベースとしている。政策担当秘書の制度はアメリカ型の政策立案専門スタッフだが、党首討論の制度は英国のクエスチョンタイムをモデルとしている。

4－正　アメリカの議会でも行政府の影響は大きくなってきており、形式的には議員立法だが、政府主導の重要法案が多くなっている。また、アメリカの議会では、相対的に政党の党議拘束は弱く、それゆえログ・ローリング（票取引）や交差投票（党議拘束なしで投票）が行われるのである。

5－誤　イギリスはアリーナ型の議会、アメリカは変換型の議会、とされる。

第8章 政治思想史

Level 1 p158～p171　Level 2 p172～p177

1 社会契約論

Level 1 ▷ Q71

思想家	ホッブズ	ロック	ルソー
主著	リヴァイアサン	市民政府二論	社会契約論
自然状態	戦争状態	一応平和状態	平和状態
特徴	自然状態は万人の万人に対する闘争	近代立憲主義確立のために社会契約論を展開	全員一致の社会契約を結んで国家を創設
	個人の自然権を契約で国王（主権者）に譲渡	社会契約は所有権＝自己の生命、自由、財産を確実に保障していくための契約	一般意志は、共通の利益だけを追求する全人民の意志で、権利の全面的譲渡で形成される

▶ p158

2 18世紀の政治思想

⑴ C.L. モンテスキューの政体論

モンテスキューは、政体の「本性」を３つに類型化し、それぞれの政体に「原理」を対応させた。「原理」とは、「本性」を支える精神や情念のことである。

本性	共和政	君主政	専制政
原理	徳	名誉	恐怖

モンテスキューが評価するのは、君主政である。君主政だけが、経験的に存在する人間を等身大にした政体だからである。

⑵ C.L. モンテスキューの権力分立論

モンテスキューの３権は、立法権、万民法に関する執行権（行政権）、市民法に関する執行権（司法権）である。立法権と執行権が同一人物や同一機関の手にある場合は、自由は存在しない。また、司法権の独立、つまり裁判権が立法権、執行権（行政権）と分離していない場合も、自由は存在しないと考えた。

3 19世紀の政治思想

Level 1 ▷ Q72～Q74,Q76　Level 2 ▷ Q78,Q79

⑴ J.S. ミルの自由論 ▶ p163

ミルは『自由論』において、個性の擁護を目的とする自由主義の１つである質的功利主義を確立した。ミルは、国家の干渉そのものを悪と考える自由放任主義を否定する。また、個性を有する少数者の自由が、個性を欠いた凡庸な多数者によって侵害される現象を、ミルは危惧した。

⑵ T.H. グリーンの自由論 ▶p163 ▶p173

グリーンは、最高の価値を人格の形成とし、自由はあくまで人格を形成するための手段にすぎないと考えた。人格の形成のためには国家への自由の確保が必要であり、これを共通善と呼んだ。

⑶ A. トクヴィルの自由民主主義の先駆け ▶p162

フランスの思想家であるトクヴィルは、主著『アメリカにおける民主主義』で、自由主義と民主主義を相補関係にあるものとしてとらえ、特に19世紀前半のアメリカ民主主義には、平等な自由を確立する制度や習俗が残されていることに着目した。

4 20世紀の政治思想 Level 1 ▷ Q72,Q74,Q75,Q77 Level 2 ▷ Q79,Q80

⑴ H. アレント ▶p170

アレントは『全体主義の起源』で、反ユダヤ主義、帝国主義、全体主義という政治のネガティブな側面を暴き出した。さらに『人間の条件』で、言葉をもつ動物としての人間の政治性を強調し、言葉を暴力と対置する。

アレントによれば、人間の行為には、生命を維持するための営みとしての「労働」、人工物の世界を形成するための営みとしての「仕事」、言葉を伴って自分のアイデンティティを開示する営みの「活動」がある。

⑵ J. ハーバーマス ▶p170 ▶p175

ハーバーマスは『公共性の構造転換』で、コミュニケーションによる合意を中心に理論を構成した。支配と操作の拡大を合理性とみなすのではなく、支配や強制のないコミュニケーション的行為としてとらえる「包括的合理性」を提唱する。

⑶ J. ロールズ ▶p174

ロールズは1971年に『正義論』を発表し功利主義を批判、社会契約説を現代に生かす形で、「公正」を正義概念の基礎に置いた。

正義は、「正義の第一原理＝平等な自由原理」と、最も不利な人々の最大の利益を実現することを提唱する「正義の第二原理その1＝格差原理」「正義の第二原理その2＝公正な機会均等原理」から構成される。

⑷ R. ノージック ▶p65 ▶p176

ノージックの立場はリバタリアニズムと呼ばれ、自由に最大限の価値を置く個人主義的な立場である。ノージックは『アナーキー・国家・ユートピア』でロールズの正義論を批判し、個人の権利の執行だけを任務とする「最小国家」論を主張する。

⑸ A. マッキンタイア ▶p176

マッキンタイアの共同体主義は、リベラリズムが強調する個人の選択よりも、慣習や共同体に価値を置くもので、共同体の生活様式を明らかにする「共通善」を重視する。この立場から、ロールズ的なリベラリズムが志向する福祉国家や、人間の属性を無視する「負荷なき自我」を批判する。

Q71 社会契約論

問 政治思想に関する次の記述のうち、妥当なものはどれか。 (国税専門官)

1 ホッブズは、国家における主権者としての君主を擁護し、人民の革命権を否定するなど、反社会契約論の立場に立っていた。
2 ロックは、人民が社会契約を結んで自然法の解釈・執行権を放棄することによって政治社会が成立すると考えた。
3 ルソーは、自然状態を「万人の万人に対する闘争」であると考え、私有財産制がその根本原因であると考えた。
4 ホッブズは、権力の濫用に対する抵抗運動を理論づけ、革命を正当化し、政治の民主主義的運営を基礎づけた。
5 ロックは、政府がその信託の目的に反した場合には、各人はいつでもそれを撤回できるとした。

PointCheck

◉社会契約論 繰り返し確認……【★★☆】

17世紀、清教徒革命を経験したイギリスでは、人間は本来的に自由で平等であるとする思想が台頭してくる。それに伴い、神が社会を作ったとする従来の説に対し、自由で平等な個々人が自然状態を脱することを目指して、相互に契約を結んで社会を作ってきたという考え方が登場してきた。これを社会契約論という。

◉自然状態……【★☆☆】

社会や国家といった組織が存在を始める以前の状態のことを指す。そのような状態下では、人間を拘束したり、その行動を規制したりするものもなかったと考える。実際に、歴史的にこのような状態があったわけではない。

◉抵抗権……【★☆☆】

ロックによると、社会が存在しなかった時代にあっても人間は自然権をもっていた。そして、社会は自然権を守るために契約を締結することから誕生した。それゆえ、政府が圧政的・専制的となり自然権を侵害する場合には、人間にはそれに抵抗する権利があるとした。それを抵抗(革命)権という。

◉一般意志……【★☆☆】

ルソーが提示した概念で、共通の利益のみを目標とする、全人民が共有するべき意志を意味する。これに対する特殊意志とは、私的利害の実現を目指す個人の意志であり、それを単にすべて足した総和を全体意志とする。ルソーによると、公の利益を目指し、常に正しくあるのが一般意志であり、単に私の利益にしか配慮しないのが全体意志である。

●社会契約論の比較 繰り返し確認 ……【★★★】

思想家	ホッブズ	ロック	ルソー
主著	リヴァイアサン	市民政府二論	社会契約論
自然状態	戦争状態	一応平和状態	平和状態
特徴	主権の絶対性の根拠を個人の自然権に求める	所有権を共同社会に委ねて（同意）、共同社会が設立する統治機関に所有権の保存を委ねる（信託）	一般意志は、絶対的で、分割が不可能で、構成員の個々の意志を集めた全体意志とは異なる
	絶対王政の理論的擁護	共同社会が一方的に信託を取り消すことを抵抗権という	一般意志では代議制は否定され、直接民主制が成立する

●社会契約論批判 理解を深める ……【★★☆】

⑴ D. ヒュームの社会契約論批判

ヒュームは、人間行動の源泉を感性的情念に置いて、社会契約論的な先験的理性を否定する。すなわち、人が社会に所属する根本の理由は服従の必要と利益であり、これが存在する限り社会への服従が黙諾される。この服従が継続して習慣化したのが習慣的黙諾（コンヴェンション）であり、社会の成立基礎となる。社会契約論のような何らかの意志によって社会の存立を説明するのは、非経験的独断的だとする。

⑵ E. バークの批判

『フランス革命の省察』を著したバークは、フランス革命を批判する形でJ.J. ルソーの人民主権論の危険性を指摘した。バークも国家の成立を人々の契約に求めるが、それは社会契約論的な非歴史的合理的な契約ではなく、人々の合同事業としての契約である。それは、現在の人々だけではなく、過去、未来の人々をも貫徹する意志だとする。

⑶ J. ベンサムの社会契約論批判

功利主義者のベンサムは、社会契約論は無用で有害なフィクションであると弾劾する。社会契約が人々を拘束する理由について、社会契約論は説明していない。ベンサムにとって、功利性原理だけが契約の拘束性の根拠、支配と服従の必要性を説明できるのである。

A71 正解－5

1－誤 ホッブズも社会契約論の立場に立つ。ただし、その内容が絶対君主制を擁護する点で他の者と異なる。

2－誤 ロックは、自然状態においても一応の平和があるとしたが、自然法の解釈をめぐって争いが起こると考えた。そこで、その解釈権を国王に「信託」すれば平和が維持できると考えた。放棄することによるのではない。

3－誤 「万人の万人に対する闘争」と考えたのは、ホッブズである。

4－誤 ホッブズは、自然権すべてを国王に譲渡してしまうと考える。抵抗権は、この自然権に含まれるので個人は抵抗権も失ってしまう。

5－正 ロックは、自然権の一部である解釈権のみを統治者に譲渡、信託するのであるから、統治者がその信託の趣旨に反するならば、当然撤回できると考えた。

Q72 市民社会

問 「市民社会」概念に関する次の記述のうち、妥当なものはどれか。 （国家一般）

1　市民社会は、地域社会論において、地域社会を地方行政制度との関連の下に分析する際によく用いられる概念であり、その適用範囲は行政区画に対応する。したがって、市民社会は市制のしかれる地域社会を指す概念であり、県民社会・町村市民社会とは区別して使われる。政治学における市民社会概念も、通常このような意味で使われる。
2　市民社会概念における「市民」とは、シヴィルとブルジョワという２つの原語からの翻訳語である。前者による表現 civil society は、17、18 世紀のイギリス思想界では、ホッブズが述べたように「欲望の体系」としての市場社会と同義語であった。したがって、ホッブズやロックにおける市民社会概念は、専ら経済活動の領域を指す概念であり、政治社会の構成原理とは無関係なものとして、位置づけられていた。
3　市民社会と国家との関連について、初めて明快な説明を与えたのはマルクスであった。マルクスは、市民社会においては個別的に分裂せざるを得ない利害関心を最終的に統合する制度としての国家が、普遍意思の担い手たる君主に体現されて、歴史の過程に姿を現す必然性を描きだした。このためマルクスはその後のドイツ国家学に大きな影響を与えた。
4　第二次世界大戦後の日本の政治学は、アメリカ政治学の圧倒的な影響下に置かれていた。このため、ドイツ国家学の基本概念である市民社会概念は戦後初期から一貫して、理論的にも実践的にも無意味なものとして日本の政治学者により忌避された。このことの背景には、日本は近代化の課題を既に戦前期において達成しており、戦後の日本社会は「近代の超克」期にある、という認識が戦後初期から共有されていたことがあった。
5　市民社会概念は、国家から相対的に自律的な領域の存在を前提にしており、この意味で市民社会は、諸集団が共存する多元性によって特徴づけられる。1989 年に頂点に達した東欧の自由化も踏まえて、現在の政治理論では市民社会概念の再評価が生まれているが、その場合には、多様な社会集団のネットワーク形成がしばしば重視されており、市民社会は経済活動に還元されるものとしてとらえられているわけでは必ずしもない。

PointCheck

◉市民と公衆……………………………………………………………【★★☆】

市民社会の「市民」とは「教養と財産」がある人々のことで、市民革命が起こった 17 世紀から 19 世紀までに社会を担った人々のことである。

これに対して、「公衆」とは、「市民」の中で特に政治の担い手になり、理性的に公共問題に積極的に取り組む市民の集合体を指す。公衆は共通した関心や利害をもち、日常的合理的な存在として散在するが、成員同士の接触は間接的なものとなる。新聞などのマス・コミュニケーションを利用することで共通した関心が形成され、世論形成や民主主義の育成という社会的役割が公衆に与えられているのである。

◉大衆と群衆……………………………………………………【★★☆】

大衆社会の「大衆」は、このような市民とは異なり、さまざまな階層を形成する人々の集合体である。市民は均質的であるが、大衆には労働者を含むためにその内部構成が異質的であり、分散して存在し、いわば「原子化して孤立した」人間である。

大衆は、共通した関心や利害をもたず、連帯感や帰属意識が低い存在として散在し、成員同士は間接的に接触する。したがって、大衆は、マス・コミュニケーションを通じて受動的な大量の商品の消費者という社会的役割に甘んじることになる。

これに対して群衆とは、「爆発的なエネルギーをもつ」人間集団で、匿名性をもち、密集して存在し、非合理的な行動をとるその場限りの集合体であることが特徴である。群衆は、声やジェスチャーなどのパーソナル・コミュニケーションを行うが、継続した一定の社会的な役割はほとんど認められない。

◉大衆社会の評価……………………………………………………【★☆☆】

20 世紀は、大衆社会の世紀といわれる。大衆社会に関する評価は、大衆のもつエネルギーに着目し、それに期待をかけ、民主主義の担い手と考える肯定的な評価もある（参政権の拡大に伴う女性の大衆化現象もみられる)。しかし他方で、その受動性、非合理性、情緒性に注目して、大衆社会を否定的にとらえる見解もある。

大衆がもつこの肯定否定の二面性が、そのままマス・メディアの評価にもつながる。「マス」は「大衆」自体を意味するものでもあり、マス・メディアと大衆は相互に影響し合いながら、歴史を動かすものとなったのである。さらに、コンピューターの発達が大衆社会に情報社会化をもたらし、インターネットに顕著にみられるように、普通の人々が情報発信の主体となることを可能にし、大衆のもつ二面的可能性を押し広げている。

A72 正解－5

1－誤　市民社会は、市民革命を経た近代社会における自律的領域を指す言葉であり、行政区画における「市制」の範囲に対応しているわけではない。

2－誤　市民社会の範囲は、私的自治が妥当する自律的な私経済領域に対応しているが、ホッブズやロックは社会契約説を前提に政治社会の構成原理（市民が自己統治する政治社会）として語っているのである。

3－誤　本肢の内容は、マルクスの階級社会論・唯物史観の説明としては妥当ではなく、ヘーゲルの国家論を指すものとなっている。

4－誤　戦後にあっても、日本の前近代性（市民社会の未成熟）をいかに超克するか、という点に政治学者の関心があった。

5－正　市民社会が経済活動（市場主義）に解消しきれるものではなく、多元的な民主主義を根底におくのは、政治思想としての自由主義に合致する。

Q73 自由主義

問 自由主義に関する次の記述のうち、妥当なものはどれか。 （国税専門官）

1 A.トクヴィルは、自由主義は平等を基本理念とする民主主義とは相容れないとして、その例としてアメリカを挙げた。
2 L.ハーツは、アメリカの自由主義は、複数のイデオロギーが混在するヨーロッパから持ち込まれたことから、自己と異なるイデオロギーに対しても寛容であるとした。
3 J.S.ミルは「最大多数の最大幸福」を図るためには世論の多数意見に従う必要があることから、個人の自由が結果的に制約されてもやむを得ないとした。
4 T.H.グリーンは、自由放任主義の国家観に立ち、自由とは外的な制約や拘束のない状態を意味するとした。
5 I.バーリンは、自由には他の人々に働きかける積極的自由と、自由に放任される消極的自由があるが、積極的自由は全体主義に結びつきやすく、消極的自由が選択されるべきであるとした。

PointCheck

◉A.トクヴィル ……【★★★】

⑴自由民主主義の先駆者

トクヴィルは、主著『アメリカにおける民主主義』で、自由主義と民主主義を対立関係にあるものとしてではなく、相補関係にあるものとしてとらえ、後の自由民主主義論の先駆者となった。

⑵人民による専制への恐怖

民主主義が進展するにつれて平等化が進展する。平等化への同調圧力は、一歩間違えば多数派の専制を生み出すことになる。トクヴィルは、君主による専制に加え、人民による専制も警戒しなければならないとする。人民による専制は強制がない平等な隷従の形態をとりやすく、穏やかに忍び寄る専制になりやすいからである。

⑶アメリカの自由民主主義

平等化の進展は平等な隷従ではなく、自由と平等の両立を意味する平等な自由をもたらすこともある。トクヴィルは、19世紀前半のアメリカ民主主義には、平等な自由を確立する制度や習俗・思想が残されていることに着目した。例えば、建国精神であるピューリタン主義やアメリカのタウンに根づいている地方自治の伝統である。

これに対し、J.S.ミルは、文明や産業が進歩した偶然の産物がアメリカの民主主義であると批判している。

◉ J.S. ミル ……【★★★】

⑴ミルの質的功利主義

ミルが確立した質的功利主義は、個性を擁護することが目的である。ミルは、社会が進歩するためには思想および言論の自由が保障されねばならず、個性が自由に発展するために国家の積極的政策を容認する。ここにおいて、国家の干渉を否定する自由放任主義には否定的な立場となる。

⑵ミルの自由論

ミルは、トクヴィルとは異なり、自由と平等は両立しないと考える。その背景には、『自由論』が公刊された1859年頃のイギリスの社会状況がある。この頃からイギリスでは選挙法改正の機運が高まり、ミルは、凡庸な大衆が政治に参加し、個性を有する少数者の自由が個性を欠いた凡庸な大衆によって侵害される事態を懸念していたのである。なお、ミルが比例代表制を「高貴な人格と高度の知性をもつ指導者を選ぶ」ことができる制度として支持したのも、同様の理由からである。

◉ T.H. グリーン ……【★★★】

グリーンは、最高の価値を人格形成に求め、自由は人格形成のための手段にすぎないと考えた。そして、人格形成のために必要な国家への自由の確保（共通善）を重視した。

◉ J.S. ミルと、J. ベンサム、A. トクヴィル、T.H. グリーンの主張の相違の関係…【★★★】

ミル	質的功利主義	↔	量的功利主義	ベンサム
	自由と平等の両立が不可能	↔	自由と平等の両立が可能	トクヴィル
	自由が目的	↔	自由は手段	グリーン

A73 正解ー5

1ー誤　トクヴィルは自由主義と民主主義が両立できることを主張した。その例として、アメリカを挙げている。

2ー誤　ハーツは、アメリカが自由を否定する思想に対しては自由を与えないということを指摘して、自己と異なる思想に対して寛容ではないとした（アメリカ自由主義の絶対主義的性格）。

3ー誤　ミルは、多数の専制によって少数の個人の自由が抑圧されることを危惧していた。「最大多数の最大幸福」はベンサムの主張である。ミルは幸福の質を重視した。

4ー誤　グリーンは、国家が個人の道徳的人格発展にその機能を果たすことを認め、積極的な国家観に立っていた。彼の思想は古い自由放任主義に代わり、福祉国家への道を切り開いた。

5ー正　消極的自由・積極的自由は、「国からの自由」「国家による自由」と同じ関係である。バーリンは「二つの自由概念」において、他者との連帯を求める積極的自由に全体主義の危険性があることを指摘している。

Q74 民主主義の類型

問 民主主義に関する次の記述のうち、妥当なものはどれか。 (国税専門官)

1 絶対君主の打倒を目指した市民革命においては、ブルジョワジーによって民主主義が掲げられた。
2 現代社会においては、代議制民主主義の意義は減少しており、それに代わって参加民主主義が主流となっている。
3 現代民主主義は平等化の進行をもたらしたが、それは反面において権威の低下をもたらし、ガヴァナビリティの低下をももたらした。
4 社会民主主義は、議会制度の枠内において社会主義の実現を目指す思想・運動を指すが、西ヨーロッパ諸国ではほとんど受け入れられていない。
5 19世紀から20世紀にかけて、大衆が政治に参加する度合いが高くなり、政治的無関心が減少し、いわゆる参加デモクラシーが定着した。

PointCheck

◉大衆社会における民主主義の変化……【★★★】

⑴大衆民主主義の登場

20世紀に入ると、19世紀型の市民社会が大衆社会に変貌した。大規模な社会変動が起こり、工業化、都市化、マス・メディアが発達し、特に第二次世界大戦後は、大量生産と大量消費、教育水準の上昇、運輸交通手段の驚異的な発達などによって大衆社会が進展した。大衆民主主義は、このような大衆社会が誕生し、普通選挙が実現して大衆の政治参加が可能になった民主主義であるが、それは民主主義の到達点ではない。

⑵大衆社会における民主主義論

19世紀の民主主義論は、個人主義、自由主義、指導者なき多数支配、理性的人間観に支えられた伝統的な議会制民主主義であった。しかし、大衆民主主義の成立は、議会主義や民主主義の変容をもたらした。

例えば、R.ミヘルスは、政党内における「寡頭制の鉄則」を実証して権力者のエリート主義を力説した。同様にM.ウェーバーも、大衆を指導して官僚による支配を防止する「指導者民主主義」を提唱している。J.A.シュンペーターは、選挙やリーダーシップの意義をとらえ直して、「競争的エリート民主主義論」を提唱している。さらに、C.シュミットは、議会主義と民主主義、さらに自由主義を区別して独自の「議会制民主主義批判」を展開している。

◉社会民主主義……【★★☆】

⑴思想の内容

自由民主主義社会において、議会制民主主義を通じての変革を行い、自由と共に社会的平等や公正を目指す思想である。市場経済を尊重しつつも、政府の積極介入による経済政策を容認する。

歴史的には、ドイツ社会民主党の指導者であったカウツキー、マルクス経済学者であったヒルファーディング、修正主義を提唱したベルンシュタインが有名である。

現代では、ドイツ社会民主党だけでなく、イギリス労働党のブレア政権によって推進された「第三の道」路線や、スウェーデンの社会民主労働党の政治思想になっている。ヨーロッパの社会民主主義は、安全保障の面では軍隊や軍事同盟を容認している。

⑵「第三の道」路線

1980年代以降、イギリスのサッチャー政権やアメリカのレーガン政権にみられるように、新自由主義が台頭した。新自由主義は、民営化などによる小さな政府の実現、規制緩和による市場原理主義の導入を特徴とする。

イギリスでこの新自由主義による政権を運営していた保守党に対抗するために、ブレア労働党政権がとり入れた路線が「第三の道」路線である。それは、小さな政府（保守党の理念）でもなく、かといって福祉国家（労働党の理念）でもない、もう1つの道である。具体的には、減税政策を維持する一方で、就労・社会参加支援策を推進するなどの施策がとられた。

◉自由と民主主義に関する諸理論……………………………………………【★★★】

主張者	理論またはキーワード	ポイント
トクヴィル	自由民主主義	自由と平等は両立
ミル	質的功利主義	自由が目的
グリーン	共通善	自由は手段
シュンペーター	競争的エリート民主主義	民主主義への過剰参加に対する警戒
マクファーソン	参加型民主主義	民主主義への過少参加に対する警戒
ローウィ	依法的民主主義	利益集団自由主義批判
ダール	ポリアーキー	自由化と包括性による民主化の度合い
レイプハルト	多極共存型民主主義	各区画による協調行動による民主主義

A74 正解ー3

1ー誤　ブルジョワジーは、自由な活動を望んだことから、自由主義を掲げたのである。市民革命当時、民主主義は平等化を求めるものであり危険思想と考えられた。

2ー誤　大規模な社会において代議制民主主義の意義は減少しているとはいえない。ただし、代議制民主主義では不十分な部分を参加民主主義で補完する形になっている。

3ー正　平等化の進行は権威の低下をもたらす。これは効率的な支配を困難にし、統治能力（ガヴァナビリティ）を低下させることになる。

4ー誤　西ヨーロッパでは、議会主義の枠内で社会主義の実現を目指す社会民主主義が、社会主義勢力の主流となっている。

5ー誤　大衆の政治参加が認められても、政治的無関心は増大している。

第8章 政治思想史 Level 1

Q75 民主主義国家

問 民主主義に関する次の記述のうち、妥当なのはどれか。 (国家一般)

1 ピューリタン革命期の水平派（レヴェラーズ）は、人民こそが世俗の一切の政治的権威の源泉であるという理念の下に、革命議会の議員は全ての成年の男性及び女性による普通選挙によって選ばれなければならないという人民主権論を展開した。

2 J.J. ルソーは、国家は私的な意志の総和を超えた一般意志によって運営される必要があるとして代表制を批判し、人民全員が政府の立法及び行政活動に直接関与しなければならないとする急進的な民主主義論を展開した。

3 J.S. ミルは、個人の権利と利益の擁護という自由主義の理念を貫徹するためには、全ての市民が政治的意思決定に参加する権利を持つ必要があるとし、民主的な政治参加とは、自らの選出した代表が同意した法律によって統治される自由であると論じた。

4 J. シュンペーターは、市民は公共の利益に関する判断を行う合理的で理性的な能力を持つとして、そのような市民によって選ばれたエリートによる統治が現実的に最善の結果をもたらすとする、エリート民主主義論を説いた。

5 R. ダールは、米国では権力を独占した一枚岩的なエリート層による統治が行われていると批判し、そのようなエリート支配から脱するための多元的な集団間の競争に基づくポリアーキーを、民主主義の理想として掲げた。

PointCheck

◉ J.A. シュンペーターの競争的エリート民主主義 ……【★★★】

(1)古典的民主主義論批判

J.A. シュンペーターはオーストリアの経済学者であるが、エリート論の影響を受けて民主主義論を再検討した。

シュンペーターによれば、古典的な民主主義理論では、国民が明確で合理的な政治的意思をもつことが前提とされる。したがって、代表の選出はその意思を実現するための手段であるから、代表の選出が第二義的な意味しかもたないことになるのである。

(2)競争的エリート民主主義論

シュンペーターにとって国民の役割は、統治を委ねるべきエリートを選出することにあるのであって、政策について判断することではない。つまり民主主義は、「決定を行うべき者の選挙を第一義的なものとし、選挙民による問題の決定を第二義的なものにする」制度であるべきなのである。

そこでシュンペーターは民主主義を、「政治的決定に到達するために、国民の票を獲得すべくそれぞれが競争をし、決定権を得るような制度的仕組み」と定義した。「それぞれが競争」の語句がエリート間の競争を意味しているため、シュンペーターの民主主義論は、競争的エリート民主主義論と呼ばれる。

◉ R.A. ダールのポリアーキー論 ……【★★★】

⑴ポリアーキーの定義

ダールは、デモクラシーは理論的に純粋なモデルであり、ポリアーキー（多頭制）が現実に存在する民主的政治体制であるとする。そして、ポリアーキーを「完全でないかもしれないが、比較的民主化された体制」と定義した。また、彼によれば、ポリアーキーは「非指導者が指導者をコントロールする過程」であり、ポリアーキーの諸条件は選挙手続きの民主主義論でもある（**Q85** 参照）。

⑵選挙の機能

現実にあり得る民主主義としてのポリアーキーは、投票期、投票以前の時期、投票以後の時期、選挙と選挙の中間期において、政治的条件を満たす制度でもある。例えば、投票以後の時期では、最大の投票数を得た指導者や政策が、より少ない投票数を得た指導者や政策に取って代わることになる。選挙と選挙の中間期では、その期間における決定は、選挙段階での決定の下位に位置づけられるか、または未確定とされる。

シュンペーターが、選挙の機能を政策決定者の選択に求めたのに対し、ダールはこのように、選挙の機能を政策選択の機能に求めたのである。

A75 正解－3

1－誤　イギリスの近代的な人民主権論はジョン・ロックが創始し、名誉革命を正当化するものだった。それ以前のピューリタン革命期には王権神授説が主流であり、政治体制の改革も女性参政権までには至っていない。

2－誤　ルソーは、直接民主制により政治が一般意志に従うことを重視したが、政治・行政に直接関与するとはしていない。

3－正　ミルは「代議制統治論」でこのような代議制を論じ、比例代表制を支持した。

4－誤　シュンペーターの競争的民主主義では、市民は公共の利益の判断はせず、選挙で統治を委ねるべきエリートを選出するものとされる。

5－誤　ダールは、エリート論で指摘される少数の「一枚岩的なエリート層」は存在せず、複数の多元的な集団の競争が存在するとして、このような現実的な民主政と理念的なポリアーキーを区別して論じている。

Q76 自由主義と民主主義

問 リベラリズムとデモクラシーに関する次の記述のうち、妥当なものはどれか。(地方上級)

1 リベラリズムは、統治権力の侵略に対して、個人の自由の領域を最大限に確保しようとする立場であり、デモクラシーとともに農民階級、労働者階級の革命運動の中から生まれてきた。

2 市民革命急進派のイデオロギーとして形成されたデモクラシーは、ヨーロッパにおいては革命の挫折とともに初期社会主義と結びついたため、リベラリズムとは対立する関係にあった。

3 A.トクヴィルは、1830年代のアメリカ民主主義を観察することにより、それまで衆愚政治、恐怖政治に結びつきやすいとされていたデモクラシーとリベラリズムの分離を提唱した。

4 プロレタリアートが労働者全体を意味するものであれば、プロレタリアート独裁は国民の大多数である労働者の支配を意味し、その内容はリベラリズムとほぼ同義語になる。

5 議会主義は、国民代表の機関である議会を中心にして行われる政治の仕組みとその原理であり、その起源は貴族主義とは関係がなく、デモクラシーから起こったものである。

PointCheck

◉自由主義(リベラリズム)と民主主義(デモクラシー)の関係……………………【★★★】

自由主義は、18世紀から19世紀にかけて市民革命を経て形成されたものであり、当初は国家権力からの自由を追求するものであった。しかし、19世紀後半になると、主に選挙権の拡大に伴って民主化が進展し、自由主義は多数者による専制から少数者の権利を擁護することを追求する思想に変容する。それゆえ、19世紀後半においては、多数決原理を基礎とする民主主義と自由主義とは相容れないものだとする見解が多かった。

◉自由主義と民主主義の課題………………………………………………………………【★★☆】

⑴自由主義の課題

自由主義の課題は、個人の自由の領域をどのようにしてどれだけ確保するか、という点にある。政治権力に対する制約を設定すること、つまり「〜からの自由」が自由のあり方の本質である。権力分立や立憲主義も自由主義の観点から生み出された制度である。

⑵民主主義の課題

民主主義の課題は、政治権力をだれがどれだけ担うかという点にある。現代では、権力主体=国民、支配者=被支配者の関係を構築すること、つまり「〜への自由」が、自由のあり方の本質である。政治権力に対する平等な参加をどれだけ保障するかが問われる。

知識を広げる

議会主義の起源と委任形態

⑴命令委任

絶対王政期においても国王に対して身分的利害を代表する身分制議会があった。しかし、このような議会では、議員は身分や地域社会を代表するだけで一種の代理人のようなものであり、権限は限定的であった。

⑵代表委任

市民革命は、主権の存在に関して君主主権から国民主権へ、議会に関して身分制議会から代表制議会への移行をもたらした。議員は国民全体を代表して独自の判断と意思に基づいた決定を行い、決定は全国民の利益を代表するという存在になった。

◉プロレタリアート独裁……………………………………………………………【★☆☆】

⑴評議会の位置づけ

プロレタリアートが政治権力をもつためには、ソビエト、つまりプロレタリアートが選出する代議員によって構成される評議会が重要な意味をもつ。ソビエトにおいて、評議会は形態上は議会制と類似しているが、制度上は直接民主制に類似している。そして、評議会は単なる立法機関ではなく、権力の最高機関と位置づけられる。

⑵政党の位置づけ

プロレタリアート独裁では、プロレタリアート間の対立も反映されてしまう。そこで、プロレタリアートの利益を完全に掌握する政党が評議会をコントロールする。しかしそこには、執行部・書記長などに権力が集中し、個人独裁に転化する危険性が存在する。

A76 正解ー2

1－誤　リベラリズムの思想は古代からあるが、立憲主義的な自由主義といえば、イギリスの貴族階級が国王に対し、自分たちの特権を認めさせたところに源流がある。農民階級や労働者階級のイデオロギーとして生成したわけではない。

2－正　伝統秩序を重んじる立場は保守主義思想を形成し、デモクラシーを推進する急進派とは対立していった。

3－誤　トクヴィルは、それまでは対立すると思われていた自由主義と民主主義が両立し得るものであることを主張した。

4－誤　民主的な統治組織であっても多数が少数を抑圧する限り、それはリベラリズムとは相容れないものである。そういう意味で、自由主義と民主主義とは矛盾する契機をもっており、人権尊重や法の支配という立憲主義が不可欠なのである。

5－誤　議会は中世の封建社会に起源をもつ。国王の権力に対し貴族たちが自由を確保していったのだから、リベラリズムから起こったものといえる。今日においても、議会が立法権を独占するのは、国民代表機関による立法という民主的意義とともに行政権の専横から国民の自由を守るという自由主義的意義をもつ。

Q77 政治思想家

問 政治思想家に関する次の記述のうち、妥当なものはどれか。 （地方上級類題）

1 プラトンは『国家』において、現段階では哲人による君主政治はやむをえないが、将来的には開明的な多数者の民主政治が望ましいと考えた。しかし、イデアなき民主政治は多数者の論理で支配され、最終的には無政府主義になるとした。
2 A. トクヴィルは『アメリカにおけるデモクラシー』の中で、「諸階層間の平等」が歴史の動かしがたい趨勢であり、民主政治においては伝統的な団体的関係は解体されるが、個々人は新しい共同体の中で自立し、考え方も個性的になると指摘した。
3 J.S. ミルは『自由論』の中で、世論は少数者に対して寛容であり、これが少数者が多数者になる理由であると考えた。しかし他方では、多数意見が少数意見に支配される「少数者の専制」も起こりやすく、それに対する制度的対応の必要を説いた。
4 J. ハーバーマスは、西洋近代が生み出した合理性概念に批判的検討を加え、道具的合理性論を展開し、人間の自由と平等を保障するためには、合理性を自由と平等を達成するための道具とすることを提唱した。
5 H. アレントは、反ユダヤ主義や全体主義の恐怖を暴き出し、さらに、人間の行為を3つに類型化して、そのうち、「活動」領域が公的な営みをする領域として重視し、暴力と対峙する言葉の重要性を強調した。

PointCheck

◉ J. ハーバーマスの政治思想 ……【★★★】

⑴包括的合理性

ハーバーマスは、自然を支配して人間を操作する道具としての合理性を批判し、支配や強制のないコミュニケーション的行為、つまりコミュニケーションによる合意としての「包括的合理性」を提唱する（**Q79** 参照）。

⑵市民的公共性

ハーバーマスにとって、「公共性」とは公的討議を行う空間であり、論議し行為する市民たちが担うものとして特に「市民的公共性」と呼ぶ。大衆社会における操作されやすい世論、私生活に埋没する大衆に替わるものが市民公共性であり、そのためのコミュニケーションが重要になる。そこで、政党やマス・メディアに公開性と民主的意思決定の原理を及ぼすことを主張する（討議的民主主義）。

◉ H. アレントの政治思想 理解を深める ……【★★☆】

⑴言葉と政治

『全体主義の起源』を著したアレントは、帝国主義、全体主義、さらに反ユダヤ主義、という政治の暴力性を暴き出した。歴史から暴力性を消滅させるためには、言葉をもつ動物としての人間の政治性を強調し、言葉を暴力と対置させる必要があるとする。
『人間の条件』では、古代ギリシャをモデルとして、政治を言葉と行為による公的な営みと認識する。そして、この公的な営みが発揮される場所が公的空間（領域）である。

⑵公的空間と行為の３類型

アレントは、人間の行為を「労働」「仕事」「活動」に分類した。「労働」は、動物と同じく生命を維持するための営みのことである。「仕事」は、理念を対象化し人工物の世界を形成するための営みである。「活動」は、他者を不可欠の条件とし、言葉を必ず伴って自分のアイデンティティを開示する営みで、この営みの政治的領域が公的空間である。

⑶公的空間の復権

アレントにとっては、公的空間とは古代ギリシャのポリスのことで、ポリスにみられた本来の政治を歴史の中に読み取ろうとする。政治的であるというのは、ポリスで生活するということを意味し、それは、力と暴力ではなく、言葉と説得によってすべてが決定されることを意味する。

⑷全体主義の特異性

アレントは、この公的空間が全く存在しない全体主義の特異性を３つの要素に見出している。第１は人種主義・共産主義といったイデオロギー上の特異性、第２はヒトラーやスターリンといった指導者原理上の特異性、第３は秘密警察や強制収容所といったテロルの特異性である。このうちアレントは、全体主義の本質をテロルに見出し、テロルが人々の自由な行為と生きた言葉の空間を破壊するとした。さらにテロルを容認する基盤が大衆社会にあったのだとも指摘する。

⑸人間の「複数性」

テロルは人間の「複数性」も破壊する。「複数性」が意味するのは、人間は取り替え不可能な唯一性をもった存在であること、そのような人間から構成されている世界は多様性に満ちていることである。

⑹ハーバーマスとの接点

ハーバーマスは、アレントが行ったアリストテレスの実践概念の再構築、言葉と行為への注目を継承しており、ハーバーマスの市民的公共性とアレントの公的空間は連接している。

A77 正解－5

1－誤　プラトンは、哲人政治が最善であるとした（**Q06** 参照）。
2－誤　トクヴィルは、民主化が時代の趨勢だとしても、平等化が進展すると多数者の専政をまねくおそれがあると主張した（**Q73** 参照）。
3－誤　ミルはトクヴィルの影響の下、個性を有する少数者の自由が凡庸な多数者により脅かされる可能性があると危惧していた。
4－誤　ハーバーマスは、道具的合理性を批判して包括的合理性を提唱した。
5－正　アレントは、全体主義の本質をテロルに求めた。

Q78 イギリス自由主義の系譜

問 イギリスにおける自由主義に関する次の記述のうち、妥当なものはどれか。(国税専門官)

1 イギリスにおける自由主義は、17世紀中頃から始まる産業革命を背景として、その担い手である新興ブルジョワジーの旧体制に対する批判原理としてとらえられた。

2 イギリスにおける自由主義の担い手の一人であるJ.ベンサムは、権力からの自由に立脚した自由主義を唱えた。彼は、幸福の概念は個人の主観に委ねられており、各人の幸福はその主観的な欲望に従ってこれを充足するところにあるとする「功利の原理」と呼ばれる自然主義的な主観価値説を説いた。

3 J.ベンサムは、原子論的人間観に立脚して万人平等主義を主張し、政治的には普通選挙制度を要求し、その支持者たちからは哲学的急進派と呼ばれた。しかし、一方で、経済的には保護主義的思想をもち、政府による国内産業保護の必要性を説いた。

4 イギリスにおける自由主義の本来の特徴の一つは、「権力からの自由」を基調とするところにあり、個人に対する国家干渉を極力排除しようとするものである。しかし、これはいわゆる小さい政府を意味するわけではなく、福祉等の社会保障面での国家の役割は容認するものである。

5 イギリスの自由主義は、J.ベンサムからJ.S.ミルへ大きく転換したといわれている。これは、ミルが「国家権力からの自由」を主張したのに対し、ベンサムは国家権力を肯定し、それに守られた自由を主張した点に見出される。

PointCheck

◉ J.ベンサムの量的功利主義 ……【★★☆】

⑴功利性原理

ベンサムは功利性原理を、利害当事者の幸福を増減させる傾向によってすべての行為を是認または否認する原理と位置づけ、個人の行為や政府の政策の是非は社会全体の幸福を増大させるかどうかによるとする。

⑵サンクション

ベンサムは、人間の行為動機を快楽主義に求めるが、快楽追求と苦痛回避は社会全体の幸福と調和するとは限らない。その調和を確保することが立法者の責務であると主張し、調和のための操作をサンクションと呼ぶ。

⑶政治システム

ベンサムは、最大多数の最大幸福を達成するために自己利益を優先させる個人をサンクションのネットワークに組み込むことを主張した。そのために必要な政治システムは、国民主権、代議制民主主義、普通選挙・秘密投票制、貴族院廃止などである。さらに、立法権についてはその全能性を認めて、三権分立を否定している。

◉自由主義……【★★★】

⑴ J. ロックの位置づけ

自由主義は、17 世紀に市民革命を成立させたイギリスで、国家の干渉に対する自由の擁護として発展した。これは身分制社会における貴族特権としての自由に基づくものであった。ロックは、所有権つまり生命、自由、財産を同意によって共同社会に委ねて、共同社会が設立する統治機関が所有権を調整・管理・運営する社会契約論を構築した。これにより自由は普遍的なものとして認識され、絶対的権力からの自由が確立された。

⑵イギリス自由主義の系譜

J. ベンサムの量的功利主義を批判的に検討したのが、質的功利主義を唱えた J.S. ミルである。思想および言論の自由の他に個性の自由をとりわけ重視し、これらの発展が社会の進歩に不可欠だと主張する。そのために国家の干渉は可能な限り制限される。しかし、ミルは個性溢れる個人相互間の団結の自由を挙げ、個人の個性が発揮できるためには、労働や教育分野における積極的干渉を肯定して、当時の社会主義にも理解を示した。

◉ T.H. グリーンの自由論 ……【★★☆】

グリーンは、質的功利主義を批判的に継承して、最高の価値を人格の形成とし、自由はあくまで人格形成の手段にすぎないと考えた。 そして、人格の形成のためには「国家への自由」の確保が必要であり、これを共通善と呼んだ。この国家への積極的自由を実現し、国民の福祉の増進を図る国家（福祉国家）の必要性を強調したのである。

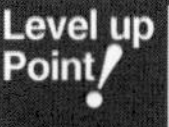

ベンサムは量的功利主義者で、これを批判的に継承したのが質的功利主義を唱えたミル。ベンサム、ミルの時代には国家の干渉からの自由だったものが（古典的自由主義）、大衆社会の登場によって、功利主義を批判し国家の積極的関与を求めるグリーンなどの見解が登場してくる（現代的自由主義・リベラリズム）。ミルは自由を目的としたのに対し、グリーンは自由を手段と考え、功利主義を否定した。A. トクヴィルは自由と平等は両立すると考えたが、ミルは両立しないと主張した。

A78 正解ー2

1 ー誤　イギリスで産業革命が始まったのは 18 世紀である。17 世紀に起こったのは、清教徒革命や名誉革命である。

2 ー正　ベンサムの「最大多数の最大幸福」は量的功利主義と呼ばれる。

3 ー誤　ベンサムは、個人の幸福の増大が、総和としての社会の幸福と考える。したがって、社会経済についても徹底した自由放任主義を唱えていた。

4 ー誤　「権力からの自由」を追求する限り、大きな政府となる行政福祉国家を志向するものではない。ベンサムも当然、小さな政府を主張している。

5 ー誤　ベンサムは国家権力を本質的に害悪をもたらすものとして否定的にみている。国家権力を肯定し、それに守られた自由を主張したのは、T. グリーンである。

Q79 自由主義理論

問 自由主義に関する次の記述のうち、妥当なのはどれか。 (国家一般)

1 J.S. ミルは『自由論』を著して、すべての人間は自分の生命や身体、私有財産に対して不可侵の権利を持つという、古典的自由主義の根幹をなす命題を示した。彼の議論は、後のピューリタン革命において議会派の理論的武器となった。

2 T.H. グリーンは、自由放任を推奨する古典的自由主義を批判して、自由主義の完成のためには個人の自己実現と人格的成長を妨げる障害を国家が積極的に除去すべきであり、国家によって個人の所有権に一定の制限を課すことが有効な場合があると主張した。

3 F. ハイエクは、社会主義は一種の「計画主義的思考」であり、一元的な価値を押し付けることで人間の自由や多様性を抑圧するものであるとして厳しく批判した。彼の主張は、1970 年代のアメリカ合衆国における民主党の政策を支えることになった。

4 J. ロールズは『正義論』を著して、社会的・経済的な不平等を是正することこそが正義にかなうと主張し、そのためには政治的自由などの基本的自由の制限も正当化されるとした。彼の議論は、基本的自由の擁護を優先する古典的自由主義を真っ向から批判するものであった。

5 R. ノージックは、人間の才能の差は努力の差というより偶然の産物であるから、才能に恵まれた者は自らの能力を私的な利益を得るためだけに用いるのではなく、不遇な人々の状況の改善のために用いるべきであるとして、福祉国家的な所得再分配の正当性を主張した。

PointCheck

◉ J. ロールズの正義論 ……【★★★】

⑴ロールズのリベラリズム

ロールズは『正義論』で、社会契約説を現代に生かす形で功利主義を批判し、自由で平等な人々が自分の利点を知らない原初状態（無知のヴェール）で選択するものが正義だとする。彼は、社会的不平等の問題に取り組み、正義概念の基礎を「公正」に置いた。

⑵正義の２つの原理

「正義の第一原理＝平等な自由原理」：自由が不平等に配分されないように、他者の自由と両立する限りにおいて、各人は基本的自由への平等な権利をもつ。

「正義の第二原理その１＝格差原理」：人間の生来の資質や能力、知性、体力などは不平等に分配されていることから、「最も不利な人々の最大の利益」が実現されるべきである（この格差原理と対立するのが、功利主義の基本原理である効率原理である。効率原理は、格差＝個人間の差異を考慮していない）。

「正義の第二原理その２＝公正な機会均等原理」：不平等の原因となる地位や官職が万人に開かれているように制度化されていなければならない。

(3)ロールズに対する批判

R. ノージックによれば、ロールズは反功利主義を掲げながらも実は功利主義の立場にある。なぜなら、平等を実現させるためには富者に大きな負担を負わせて貧者の地位を上げる必要があり、それは富者を貧者の手段と認識するからである。また、A. マッキンタイアによれば、ロールズのリベラリズムは個人の選択を強調するが、その選択可能性を規定する共同体の存在を無視していると指摘する。

◉ J. ハーバーマスの行為論 理解を深める……【★★★】

(1)行為の三類型

ハーバーマスは、M. ウェーバーの社会的行為の四類型を再構成して、道具的行為、戦略的行為、コミュニケーション的行為の３類型を構築した。

(2)生活世界とコミュニケーション的行為

道具的行為は、物の効率的操作、利用、管理を目指す、自然に対する目的合理的行為である。戦略的行為は、手段としての他者の効率的操作、利用、管理を目指す、他者に対する目的合理的行為である。コミュニケーション的行為は、人間の理想的な行為であり、他者との合意や了解を志向する言語的行為である。

ハーバーマスは、システムと生活世界を区別して、システムでは戦略的行為が展開され、生活世界ではコミュニケーション的行為が展開されると考える。

コミュニケーション的行為が重要なのは、それが生活世界の植民地化を食い止めるからである。生活世界の植民地化とは、現代社会において政治経済システムが巨大化して、日常生活のあらゆる領域でシステム化が進行し、戦略的行為に翻弄されている現象を指しており、そこではコミュニケーションによる合意と了解が著しく阻害されている。

Level up Point!

現代的自由主義・リベラリズムの立場にあるロールズが主張する「公正」は、不平等の解消であり反功利主義を標榜するものであるが、新たな格差・差別を生み出すものでもある。現代的な視点に立って、正義・公正・格差についてロールズの主張を確認しておきたい。

A79 正解ー2

1ー誤　19世紀に登場したJ.S. ミルの自由は、個性の擁護を目的とする質的功利主義である（**Q73** 参照）。

2ー正　T.H. グリーンは、自由は人格実現のための手段と考えたのである。

3ー誤　リバタリアンであるF. ハイエクは政府の介入を否定し、共和党の「小さな政府」の政策を支えた。

4ー誤　J. ロールズの主張は、自由の制限ではなく自由の平等であり、古典的自由主義を修正するリベラリズムの立場である。

5ー誤　R. ノージックは、最小国家論を主張し、富者を貧者の手段とする福祉国家的な所得再分配を批判する。

Q80 政治理論の展開

問 政治思想に関する次の記述のうち、妥当なものはどれか。 （国家一般類題）

1 最小国家論とは、国家の規模を効率性の観点から再検討して事実上の分離独立を図ることで現代が抱える政治問題を解決する国家論である。

2 いわゆるリバタリアニズムは、その起源をJ.J.ルソーに求めることができ、J.ロールズの正義論をルソー的な人民民主主義の立場から批判する思想である。

3 共同体主義は、慣習や共同体に価値を置けば、性別や人種などとは無関係ないわゆる負荷なき自我が実現すると考える。

4 いわゆる社会設計思想の推進論者にはF.A.ハイエクがいるが、彼は『隷属への道』において、科学的合理的な社会改造プランを実践しないと人間は、社会に隷属した存在になるだろうと警告を発した。

5 J.ロールズの正義論は、カント的な人格観に基づいて構成されており、「無知のヴェール」は、人格からさまざまな属性を排除していき、経験的要素までもが排除される。

PointCheck

◉リバタリアニズムの位置づけ……………………【★★★】

リバタリアニズムは、自由に最大限の価値を置く個人主義的な自由主義思想であり、他者の自由を侵さない限りにおいて個人に最大限の自由を認めるべきであると考える。R.ノージックはこの立場から、個人の権利の執行だけを任務とする「最小国家」論を提唱する。その主張の源流は、J.ロックとA.スミスの主張である。

リバタリアニズムは、思想的にリベラリズムや共同体主義と対立する。すなわち、ロールズ的なリベラリズムの中核概念である公正や、共同体主義の価値規範である慣習などには批判的な立場である。

◉共同体主義（コミュニタリアニズム）……………………【★★☆】

⑴共通善

M.サンデルやA.マッキンタイアのような共同体主義者が重視する価値は慣習や共同体（コミュニティ）で、共同体の生活様式を明らかにする共通善が、リベラリズムが強調する個人の選択に優位すると考える。

⑵負荷なき自我

共同体主義者は、ロールズ的なリベラリズムが志向する福祉国家を批判する。リベラリズムにとって、例えば性別・人種・家族などは、偶然的産物で切り離し可能なもので、個人はこうした人間の属性とは無関係に、人格、アイデンティティ、自由や平等を獲得できる存在である。M.サンデルやA.マッキンタイアのような共同体主義者は、このような切り離された人格や自我を「負荷なき自我」と呼び、その没歴史的存在を批判する。

◉**社会設計思想（設計主義思想）** 理解を深める ……【★☆☆】

⑴社会設計思想（設計主義思想）の意味

社会設計思想・設計主義思想は、合理的科学的な社会改革プランを設定して、民意を反映した中央政府が強力な指導力を発揮して国民生活の改善を果たすという思想である。この思想はJ. ベンサムをその先駆者とするが、今日では社会主義体制の基礎思想として批判的な意味で使用される。

⑵ F.A. ハイエクの設計主義思想批判

経済学者でリバタリアンであるハイエクは、『隷従への道』などで設計主義思想を糾弾する。人間の行為の結果であるが設計の産物ではない秩序（自生的秩序）があることや、個々人に分散した社会の知識や情報はどれが必要であるか予測できないことが、批判の根拠となる。

⑶ K. ポッパーと C.E. リンドブロムの社会改良

ポッパーは社会全体の改造を「ユートピア工学」と呼び、ユートピア工学のために必要な事実的社会的知識は存在しないと指摘する。一方、試行錯誤しながら小さな社会改良の道が好ましいと考え、これが「断片的工学」と呼ばれる改良である。

リンドブロムも、インクリメンタリズム（漸増主義・増分主義）による社会改良を主張した。彼によれば、増分的な政策変更は、失敗の可能性が低いこと、修正が容易であること、政治的社会的合意が得やすいこと、の３つの利点がある。

ノージックなどが提唱したリバタリアニズムは、1970 年代に福祉政策が行き詰まりをみせるなかで登場してきた議論である。自由主義の流れのなかで理解されるが、それまでのリベラリズムに対立する復古的自由主義である。

A80 正解－5

1－誤　最小国家論は、自由に最大の価値を置く個人主義的国家論であり、政府の効率性を求める制度改革的論議とは異なる。

2－誤　リバタリアニズムは、ロックとスミスといった古典的自由主義の流れをくむ強力な自由主義思想である。政府の手による積極的自由を認めるルソーの人民主権論とは異なる。

3－誤　共同体主義は、「負荷なき自我」を批判し、個人的自由よりも共通善を尊重する。

4－誤　ハイエクは、設計主義的合理主義を、人間の理性を過大評価するものとして批判した。

5－正　ロールズの正義論は、目的に先行する自己観を想定し、原初的状態での正義を主張する。自由で平等な理性的存在としての、人の自律的な行為である点で、カントの人格観に基づくものである。

第9章 現代の政治理論

Level 1 p180～p193　Level 2 p194～p199

1 20世紀初頭

Level 1 ▷ **Q81**　Level 2 ▷ **Q90**

(1) G. ウォーラスと A.F. ベントリー ▶p180 ▶p181

従来の政治学とは大きく異なるアプローチを提唱

→現代の政治学の発展に大きな影響

①ウォーラス： 計量的方法に基づくアプローチの必要性

20世紀の政治学は人間心理・人間性に注目する必要がある

②ベントリー： 政治過程に注目する必要性

制度論的な記述と分析に重点を置く従来のやり方はやがて終わる

(2)大衆社会を理解するための政治学

①現代政治学が登場した背景＝19世紀末期から続く社会の急速で大きな変化

②社会の主体の変化＝教養と財産を有する市民・公衆から、大衆と呼ばれる層に交代

→新たに政治参加する大衆が政治状況を大きく塗り替える

③政治の量的変化＝有権者の拡大（イギリスの例）

19世紀初頭3％しかなかった有権者の比率が、20世紀初頭には60％に。

④政治の質的変化＝大衆政党や労働組合を始めとする利益団体の勃興

(3)大衆の非合理性を理解するための政治学

近代社会の市民・公衆…均質で相対的に理性的な存在

現代社会の大衆…………時に非合理的に行動することもある存在

→全体主義勢力が強大な政治権力をもつに至った背景

ウォーラスやベントリーは、このような変化が政治状況にもたらす影響に目を向けるべきであると主張した。

2 1920年代以降

Level 1 ▷ **Q82,Q87**　Level 2 ▷ **Q90**

(1)シカゴ学派の登場 ▶p198

シカゴ大学では、1920年代以降、ウォーラスと同様の指向性をもって新しいアプローチを模索するグループが台頭する。その代表的な論者はメリアムである。

C.E. メリアム： 統計学の手法を重視することを主張

医学や心理学といった他分野の業績や分析手法を応用することを提唱

(2)他の学問分野との融合 ▶p182 ▶p187

① H.D. ラズウェル： 政治学と心理学とを結びつけることを推進

② G.A. アーモンド： 心理学や統計学のアプローチで科学的な行動研究を展開

③ D. トルーマン： ベントリーを継承。社会心理学を応用して政治過程を実証的に研究

シカゴ学派を中心とする研究の結果、アメリカの政治学はその対象を大きく拡大させ、統治に関する斬新な研究が多く出されるようになった。

3 第二次世界大戦後

Level 1 ▷ Q83,Q84

(1)行動主義的なアプローチ

戦前戦中にかけて大挙渡米したヨーロッパ政治学者の影響、さまざまな財団の後押し
→行動論に基づいた政治行動の調査
行動主義的なアプローチが政治学の分野では主流となる

(2)行動論の応用としてのシステム分析

政治過程論の分析におけるシステム分析
→世論、政治的態度、選挙行動などの分析などに力を発揮
V.O. キィや K.W. ドイッチュ等が主導的な役割

(3)最新テクノロジーと政治

1960 年代、特に人類学や社会工学などとの協力が進んだことに伴い、新たな理論が発展
→コミュニケーション理論やゲーム理論の発展

4 1960 年代

Level 1 ▷ Q85,Q86　Level 2 ▷ Q90

ベトナム戦争の深刻化や黒人問題などが注目されるようになる 60 年代、行動主義の手法に批判が投げかけられるようになった。行動主義が現状肯定的な姿勢に陥っている。行動主義は緊急の政治課題（例えば、環境問題など）に十分答えていないといったものであった。

このような行動主義への反省点に立って、70 年代以降は新たな社会変革を目指す政治学の構築が目指されることとなる。

5 1970 年代以降

Level 2 ▷ Q88,Q89

現在もさまざまな分野・学問と融合した新たな議論が展開されている。

①マクファーソンの参加民主主義

民主主義理論においては、健全な民主主義を樹立するためには、政治への市民の直接参加を必要不可欠なものと考える。

②ハーバーマスらの討議的民主主義

合意形成の過程を重視し、討議の重要性を指摘する。

③ポルスビーの議会制

議会の審議の形式に着目し、それを「アリーナ」型と「変換」型とに分類。

④マイク・モチヅキのヴィスコシティ（粘着性）

議会の法案の審議過程に注目し、議会の影響力を再検討する。

⑤ノージックらのリバタリアニズム

福祉国家の行き詰まりを前提に、古典的自由主義を引き継ぎ登場。

Q81 ウォーラスとベントリー

問 ウォーラスまたはベントリーの政治学理論に関する次の記述のうち、妥当なものはどれか。
（地方上級）

1 ウォーラスは、利益を「共有された態度」と定義し、利益集団を人々の共有された態度を基礎として、ある程度の頻度をもって相互作用する人々の集合であるとした。
2 ウォーラスは、一定の社会事象に対する単純化された固定的な概念をステレオタイプとし、政治エリートがステレオタイプを巧みに操作することで、世論を形成することが可能になるとした。
3 ウォーラスは、政治制度の形式的研究に終始していた伝統的政治学を「死せる政治学」と呼んで批判した。
4 ベントリーは、政治とは、諸集団間の対立と相互作用であり、政府がそれを調整する過程としてとらえられるとした。
5 ベントリーは、従来の政治学が人間性を十分にとらえられないまま制度論を展開してきたことを批判し、人間の非合理的要素を含めて政治を分析するべきであるとした。

PointCheck

◉G. ウォーラス ……【★★☆】

⑴心理学的分析手法の導入

ウォーラスは、従来の法律論ないし制度論的なアプローチとその合理主義的思考は、批判の対象とされるべきであるとした。彼はそれに代えて、心理学的方法を導入することを提唱し、政治における習慣、本能、暗示、模倣などといった無意識的非合理的要素こそが重要であると説く。

⑵大衆社会のもつ非合理的要素

彼は、人間が自分の欲しているものを十分に理解しているはずだという従来の前提を疑問視し、現代の人間は政治上の見解を表明するチャンスはもてるものの、彼らにはその見解を十分に検討するチャンスも時間も、そして能力もないという。彼の考察の背景には、19世紀末から20世紀初頭にかけて顕在化してきた大衆社会の登場があった。それゆえ、大衆が中心に立つ民主主義は、非合理的な判断を政治に持ち込む事態をもたらしかねないと彼は考える。そして、彼はこのような認識に基づき、ほとんどの研究者が人間性の分析に背を向ける姿勢を批判し、「まず人間の知性を過大視する自己の傾向を克服する努力をしなければならない」と主張した。

▼ウォーラスの主な著作

『政治における人間性』（1908年）：「政治の研究は今日妙に不満足な状態にある」

『偉大な社会（Great Society）』（1914年）：大衆社会の状況を早い時機に的確に指摘した。

◉ **A.F. ベントリー** ……………………………………………………………………【★★★】

⑴制度論的政治学への批判

ベントリーは、社会の変動を敏感に認識し、それが及ぼす政治への影響を政治学に応用する必要性を訴えた。彼の時代、アメリカ社会では急激な都市化、大衆化が進んでおり、ビジネスにおいては、トラストやカルテルの結成が増大し、労使双方の対立が先鋭化していた。そのような状況下、新しい政党や利益団体が続々結成されていた。このような状況は従来の制度論的政治学では対応できるものではなく、それを超えた新しいアプローチが必要とされていたのである。

⑵集団アプローチによる政治過程論

ベントリーは、「いかなる形の社会生活を研究する場合でも最大の仕事は集団の手段の分析である。集団について正しいことが述べられるならば、すべてが述べられるのである」と主張したが、彼が提示したのは、政治と行政にとどまる従来の政治学の射程の範囲を広げることであった。つまり、政府を始めとする社会に存在するさまざまな集団を基本的な分析対象として、その間で行われる圧力現象に注目するやり方である。彼によれば、多様な集団の相互的な「圧力と抵抗」のプロセスは、調整と妥協を通じて均衡へ至る過程である。彼の関心は、特に社会の諸集団間の均衡に置かれていた。この点で、彼の集団に関する見解は楽観的なものであるとされる。

ベントリーの集団アプローチに基づく政治過程論は、発表された当時はあまり評価されなかった。しかし、1920 年代以降、圧力政治への認識が深まるにつれて改めて見直されるようになる。50 年代になるとトルーマンによる再評価も行われ、現在では、ベントリーは 20 世紀の政治学の発展に最大の貢献をなしたと評されている。

▼ベントリーの主な著作

『統治の過程』(1908 年)

従来の政治学は「政治制度の最も外面的な特徴についての形式的研究」であるとし、それを「死せる政治学」であるとしている。

A81 正解ー4

1ー誤 利益を「共有された態度」として、利益集団を本肢のように定義したのは D. トルーマンである（**Q82** 参照）。
2ー誤 「ステレオタイプ」は、W. リップマンの主張である。
3ー誤 A. ベントリーの主張である。
4ー正 ベントリーの考え方は、D. トルーマンによって継承された。
5ー誤 無意識的・非合理的要素の重要性を説いたのは、ウォーラスである。

Q82 D. トルーマンの集団理論

問　社会心理学的傾向が強いD. トルーマンの集団理論の主張に関する次の記述のうち、妥当なものはどれか。（地方上級）

1　従来の理論は集団の利益の同質性や普遍性を無批判に前提とし、集団に対する政府は受動的な存在として把握しがちであったが、こうした利益集団自由主義理論を克服し、政府の自立性を高めるべきである。

2　社会の単位を階級集団に還元し、政治過程は支配階級集団による搾取と、それに対する被支配階級集団の抵抗として把握される。その過程でイデオロギーが諸集団に共有されることを通じて、社会は均衡へと向かう。

3　公共財を求める政治的利益集団の場合、目的自体は個人が集団に参加する要因とはならず、私的な選択的インセンティブが必要となる。集団利益が公共財の便益の享受である場合には、フリーライダーは避け難い。

4　政治過程を構成する最も重要なファクターは、階層化された巨大利益組織であり、これらが政府と協調的に相互作用を行う中で政策が決定される。この種の政策決定は、先進国ばかりでなく、途上国にもしばしば見られる。

5　利益集団は、共有された態度を基礎として相互作用する人々の集団である。政治的利益集団は、政府へのアクセスを求めて競争する。集団全体の均衡を促す要因は、潜在的利益集団の存在や構成員の重複参加である。

PointCheck

◉ D. トルーマン ……………………………………………………………【★★☆】

⑴社会心理学の応用

シカゴ学派の政治学者。ベントリーの理論の後継者。彼は、政治過程の実証的な研究の体系化に努めた。彼の方法論の特徴は、社会心理学を応用したアプローチ、すなわち個人と圧力団体との関係に注目するものである。

⑵利益集団・圧力集団

トルーマンによれば、利益は「共有された態度」と定義される。そして、社会集団の中で「人々の共有された特徴を基礎としたある程度の頻度をもって相互作用する人間の集合」が利益集団であるとした。利益集団と圧力集団とは同じ意味をもつものとされ、利益集団のうち、圧力をかけて「政府に対しまたはそれを通じて利益を実現しようとする」のが圧力集団であると定義し、圧力団体を機能的な概念としてとらえられる。

その一方で、トルーマンは、圧力集団が数多く存在しても社会の安定や均衡は損なわれることなく、むしろ現実は、社会の安定や均衡を維持するように機能していると考えた。それは、次に述べる潜在的利益集団と重複的メンバーシップによるとされる。

◉**潜在的利益集団**……………………………………………………………………【★★★】

社会に存在する集団同士の間に利害の鋭い対立が起きたときに、普段は集団に参加することのない人々が、自らの信念や世論、「ゲームのルール」といったものに従って対抗する集団を作り出し、これによって集団間の対立がそれほど深刻になることなく紛争が防止され、社会の一体性は損なわれず安定は保たれるとトルーマンは説く。そのような形で社会に登場してくる集団のことを、トルーマンは「潜在的利益集団」と名づけた。この概念は、ベントリーの「習慣背景」の概念を継承したものである。ここでは、「ゲームのルール」などの共通の価値体系の存在が前提とされている。

◉**重複的メンバーシップ**……………………………………………………………【★★☆】

トクヴィルは、その著『アメリカの民主主義』の中で、アメリカ人の中間団体への参加の多さに言及しているが、アメリカでは、一人の個人がいくつもの集団に同時に参加・所属することは珍しくない。そのため、ある集団が過激ないしは極端な行動に走ろうとした場合に、参加者のなかには、その集団を脱退することを通告したり、自らが属する他の集団に当該集団に対抗するように働きかけたりする者が出てくる。そのため、当該集団が過激化することが防止され均衡が保たれるとするのが、トルーマンの「重複的メンバーシップ」の考え方である。この概念も、ベントリーが提示した「集団のクリス・クロス」を継承したものである。

◉**利益集団自由主義**……………………………………………………………………【★★☆】

ベントリーやトルーマンの利益集団に対する考え方は、それらが自らの利益を追求しているにもかかわらず、それらの間の力関係は自動的に均衡し、社会の安定は損なわれることはないというものであるが、それは「予定調和」観に立つものであり、楽観的すぎると批判する見解も少なくなかった。その代表的な例が、ローウィの利益集団自由主義批判である。これは、利益団体が自らの利益の実現のために、自由に、制約を受けることなく行動している状況を、皮肉を込めて彼が名づけたものである。こうした状況により、民主主義体制は損なわれ、政府の能力は低下し、最終的に不公正がもたらされると彼は主張する。それを防ぐために提唱したのが「依法的民主主義」という概念である。それは、正規の手続きで行政を実施することにより、法の支配を再び確保することであるとされる。

A82 正解－5

1－誤　「利益集団自由主義」批判を提起したのは、T. ローウィである。
2－誤　「階級社会」論は、マルクスやエンゲルスの社会主義的立場である。
3－誤　公共財に関する「集合行為」論は、M. オルソンの提唱によるものである（**Q89**参照）。
4－誤　本肢の内容「ネオ・コーポラティズム」の考え方は欧州の一部の国で見られるもので、トルーマンの集団理論とは異なる。
5－正　トルーマンは利益集団のあり方に肯定的であった。

Q83 政治システム論

問　イーストンの政治システム論に関する次の記述のうち、妥当なものはどれか。（地方上級）

1　政治学研究に初めて理論的にシステム論を導入して、環境からの入力を受け、それを出力に変換し、さらに環境からのフィードバックにより入力を受ける装置である政治システムのモデルを提示し、政治分析の枠組みを確立することとなった。
2　政治システムはその存続のために必要な機能と機能遂行のための相互作用のパターンとしての構造からなるとする構造－機能分析を導入し、各政治システムの構造＝文化としての構造からなるとすることで、比較政治学分析の枠組みを形成した。
3　政治システムを、情報回路の中で情報を受信し、それに基づき作動することを繰り返して不断に自ら修正・自己抑制する装置であるとするサイバネティックス・モデルを展開し、情報回路の検討による政策決定過程の分析を可能にした。
4　政治システムの構成員の政治的指向の差異に注目し、そのような政治的指向を参加型、臣民型、未分化型に類型化し、特定のシステムの政治文化をこのような類型の組み合わせと定義することにより、政治文化の比較分析への道を開いた。
5　政治システムを上部構造と下部構造に分解し、政治的イデオロギーすなわち政治制度などの上部構造は生産様式などの下部構造に規定されるとして、下部構造の歴史的発展の上部構造への影響をみる政治分析の道を開いた。

PointCheck

◉政治体系（システム）……………………………………………………【★☆☆】

複数の要素がそれだけで独立して存在するのではなく、相互作用を繰り返しながらそこに1つのまとまりができることをシステムという。政治も1つのシステムとしてとらえることができる。そこでは、政治家、政党、官僚制、圧力団体といったものを個々の要素とするシステムが存在しているのである。例えば、政党制は政党という個々の要素からなるシステムである。そしてこの政党制、議会制度や選挙制度といったものをその構成要素とする、上位のシステムが存在する。このように政治システムとは、マクロレベルの社会全体を包含するような政治行動の体系である。

知識を広げる

システム論

システム論とは、「システム」という概念をキーにして、ある組織全体や状況全体を全体の把握を重視するという観点から分析する枠組みの総称である。システム論は1920年代以降、心理学、社会学、経済学、情報科学などの非常に広い範囲の学問領域において分析枠組みとして採用されてきた。従来の個々の事象や事件に注目する分析方法に対する反省から登場した。

◉イーストンの政治体系論……………………………………………………………【★★★】

アメリカの政治学者D.イーストンは、政治体系の存在に早い段階で注目し、1957年に出した論文『政治体系分析への一試論』の中で1つのモデルを提示した。イーストンは、情報科学で発達したシステム論を応用して、次にみるような政治システムのモデルを考えたのである。彼は、当時のアメリカの政治学が、細かい政治事象を実証的アプローチで追うことに熱心ではあるが、政治全体を考えたときに、それがいかなるものかについては十分な関心を払っていないと考えていた。こうした問題意識から、彼はより広い視野に立った、全体を俯瞰するような政治学の分析枠組みの構築に乗り出したのである。

イーストンの提示した政治システムは、システム内へのインプット（支持・要求）、システム内での変換、システムからのアウトプット（政策）、アウトプットからインプットへのフィードバックという循環からなる。

▼イーストンの政治体系

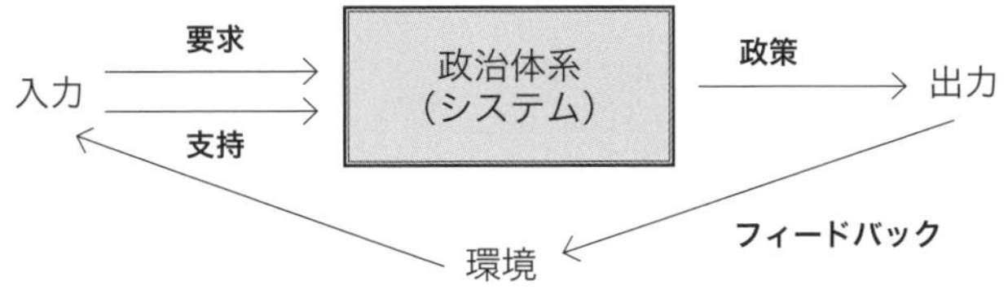

イーストンの政治システム理論は、環境からの要求が政治体系に入力されると、それを政策に変換した上で環境に出力していく過程とみるものである。国民の要求に合致した出力であれば、支持という再入力を得られる。

イーストン以後も、政治学ではこのシステム論の分析枠組みが多くの分野で応用されたが、特に政治文化論や政治意識論の分野における業績が有名である。なかでもその代表的な例が、政治文化の研究で有名なアーモンドらである（**Q84** 参照）。

A83 正解－1

1－正　政治システム全体の分析を可能にしたことが、イーストンの業績である。

2－誤　構造—機能分析を導入し、「比較政治分析」の枠組みを形成したのは、G.アーモンドである（**Q84** 参照）。

3－誤　サイバネティックス・モデルを政治学で展開したのは、K.ドイッチュである（**Q90** 参照）。

4－誤　本肢もアーモンドの政治文化論についての説明である。

5－誤　本肢は、K.マルクスの社会主義的政治経済分析についての説明である。

Q84 政治文化論

問 政治文化論に関する次の記述のうち、妥当なものはどれか。 （国家一般）

1 政治文化論は、過去20年間の政治学において急速に発展を遂げた。数理的なアプローチによる合理的選択理論によって解明しきれなかった政治現象を説明するために、近年開発された最新の政治理論である。

2 政治文化論は、基本的に比較分析の視角を内包し、異なるいくつかの政治システムにおける文化がその政治システムの運営や実績に影響を与えているという立場に立つが、実証研究としては数か国の国際比較の場合も一国内の地方自治体の比較もありえる。

3 政治文化論は、文化人類学の影響を受けて発達し、ある国の政治のあり方には国民の伝統的価値観や行動様式、すなわち文化が強く影響を与えているとし、例えば日本では「義理」「人情」のような概念が重要となる。したがって、政治文化研究には、計量分析を用いるような行動科学的な分析方法はなじまない。

4 政治文化論は、政治制度、イデオロギー、経済的要因、政治指導者の人格など従来の伝統的な政治学で用いられてきた概念では説明しきれない政治現象を解明するといわれ、オールマイティな有用性をもつ、現在の政治学における支配的な理論である。

5 同じ政治制度をもつ社会においても、政治文化が異なれば、その制度の運用が異なってくるとするのが政治文化論である。日本やその他のアジア諸国のように政治的多元主義の伝統のない国には民主主義は根づかないとする議論は、政治文化論において実証的に検証された命題として広く受け入れられている。

PointCheck

◉政治文化……【★★☆】

⑴政治文化の定義

政治文化とは、ある集団ないしは国家のメンバーが共有している政治意識の最大公約数的なものとされる。具体的には、政治に対する感情、態度、思考パターン、行動パターンなどの複合体を指す。政治文化が異なると、同じ言葉でもその意味するところは異なる。例えば、人権という言葉一つをとっても、ヨーロッパとアジアでは自ずと異なるのである。

⑵政治文化論の背景

政治文化は、それまで「国民性」「お国柄」といった漠然とした呼び方で表されていたものである。例えば、西ヨーロッパ諸国では、アジアの政治文化を「アジア的専制」という表現で一くくりにしたりしていたが、これは西ヨーロッパを先進文化ととらえ、それ以外の地域の政治をすべて一括して後進的とみなす、文化の相対性を認めない考え方の反映であった。こうしたとらえ方は、文化人類学の発達とともに反省を迫られ、それに代わるものとして登場してきたのが、政治文化の概念なのである。

⑶分析手法

政治文化の概念は、政治システムのメンバー一人ひとりの動機や態度の次元にあるミクロ政治と、政治システムそのものの次元としてのマクロ政治とを結びつける。

政治文化において最も重要なのが、G. アーモンド、S. ヴァーバー、L. パイらの研究である。彼らが最も関心を向けたのは、ある政治構造とその最も順機能的な政治文化を発見し、現実に存在する政治状況がどのくらい安定しているかを検討すること、特に参加型民主主義政治構造が安定するための条件を見つけ出すことであった。

◉アーモンドとヴァーバーの比較政治文化研究……………………………【★★☆】

彼らは5カ国（米、英、西独、イタリア、メキシコ）の政治文化の比較研究を行い、政治文化がどの程度デモクラシーに適合的かを分析した。世論調査を実施して、国民が、政治システム・入力機構（選挙で自分たちの意見を表明できること）・出力機構（行政機関・政策実施機関）・自己（自己と政治システムとの関係）という4つの対象につき、認知しているか、愛着をもっているか、評価しているか、を分析したのである。なお、以下の表にある3つの類型はあくまでも理念型であって、現実にはこれらが混合して存在する。

政治文化の類型	①政治システム	②入力機構（選挙で自分たちの意見を表明できること）	③出力機構（行政機関・政策実施機関）	④自己（自己と政治システムとの関係）
未分化型（入出とも無関心）	×	×	×	×
臣民型（出力に関心）	○	×	○	×
参加型（入出とも関心）	○	○	○	○

A84 正解－2

1－誤　政治文化論は、アーモンドの『比較政治体系』(1956年) を出発点とするもので、近年発展の著しい数理政治学よりも古くからある理論である。

2－正　政治文化とは、「政治的行為の志向の特殊なパターン（アーモンド)」、あるいは「ある集団に属する個人が共有している信条・指導原理・目的および価値だけでなく、集団の政治行動から推定しうる諸類型（ユーロー)」、とされている。政治システムの機能的分析に政治文化論がアプローチする場合、国際比較も国内の地方政府間の比較もあり得る。

3－誤　政治文化論は、マクロ政治とミクロ政治を連結した比較分析が可能で、義理・人情などの文化規範に沿った行動のミクロ的分析だけではない。政治文化論には計量分析を用いるような行動科学的な分析方法もなじむ。

4－誤　政治体制の変動を解明するが、オールマイティの分析モデルではない。

5－誤　日本やその他のアジア諸国に民主主義は根づかないとする議論は、政治文化論において実証的に検証された命題とはいえない。

Q85 ポリアーキー

問 R. ダールのポリアーキーに関する次の記述のうち、妥当なものはどれか。（地方上級）

1　ポリアーキーとは、公的異議申し立ての自由と政治参加の権利との二つの尺度により区分される現実の政治体制のうち、理念としてのデモクラシーに最も近似する政治体制のことである。
2　ポリアーキーの下では、社会生活のあらゆる分野に政治権力の独占的統制が及び、政府へのあらゆる反対運動が禁止され、国民が政治的共同体全体の目標に不断に動員される。
3　ポリアーキーは、民主主義の発展段階の観点から、防御的民主主義、発展的民主主義、均衡的民主主義および参加民主主義に分類される。
4　ポリアーキーの下では、市民の役割は政権担当者を選択することまたは政府を作ることに限定される。
5　ポリアーキーとは、少数の権力者により公衆がコントロールされている政治体制である。

PointCheck

◉ R.A. ダール ……………………………………………………………………【★★☆】

⑴ダールの民主主義観

ダールは独特な民主主義論を展開したが、当初はシュンペーターの影響を受けていた(**Q75** 参照)。彼は選挙という形式的で手続き的なものに民主主義の特徴を見出したのである。しかし、1960 年代以降、彼は、権力を正当化する根拠として民主主義をみるようになる。さらに、デモクラシーの基本を民衆の自己決定に求める参加民主主義の視点も取り入れるようになっていく。

⑵理念型としての民主主義

ダールによると、「政府決定に対するコントロールが市民間に共有され、いかなる市民の選好も他のいかなる市民の選好よりも大きいウエイトを占めることのないような状態」を達成することに民主主義の理想がある。もしくは「すべての市民の選好に対して政府が政治的に公平に責任をもって応えるという性格をもった政治体制」が民主主義なのである。このような状態を確保するために必要な諸条件は、以下のようなものである。

①投票における平等：集団の拘束力ある決定を下すことに関して、市民各自が表明した意見（preference）は、最終的な段階では平等に考慮されなければならない。
②有効な参加：集団の政策決定全過程を通じて、市民各自は最終的な結果に対して、自らの意見を表明するために十分で適当な機会をもたなければならない。
③啓発された理解：決定に必要と認められた時間内に、市民各自が最も望ましいと考え抜いた結論に達するために、十分で適当な機会をもたなければならない。
④議題に対する最終的なコントロール：市民団体（デモス）は、どんな問題が決定に値するのかを決めるための排他的な権威をもたなければならない。

⑤参加の範囲（inclusion）：デモスとは、短期滞在者を除く、すべての法律に従う成人を含む。

◉ダールのポリアーキー……【★★★】

ダールは、現実には民主主義体制で上記のような民主主義の諸条件を十分に満たしているものはないとして、デモクラシーという言葉を理念型として、民主主義の現実に存在している形態としてのポリアーキーという言葉を提案した。

このポリアーキーとは、制度上、以下のような諸条件を保障する政治体系であるとする。

⑴政策に関する政府の決定のコントロールが、選挙で選ばれた公職者に与えられることが憲法的に保障されている（(a) 自由で強制があまりみられない選挙、(b) 実質的にすべての成人が投票権をもっている、(c) 実質的にすべての成人が政府の公職を求めて選挙に立候補できる権利をもっている、(d) 表現の自由の保障、(e) 市民が代替的な情報源をもち、それにアクセスできる権利の法的保護）。

⑵以上のさまざまな権利を達成するために、市民が相対的に自立した団体を組織し、その団体に参加する権利をもっている。

これらの諸条件は、ダールによると、「公的異議申し立て（自由化）」と「政治的参加（包括性）」の２つにまとめられ、下の図のように表される。

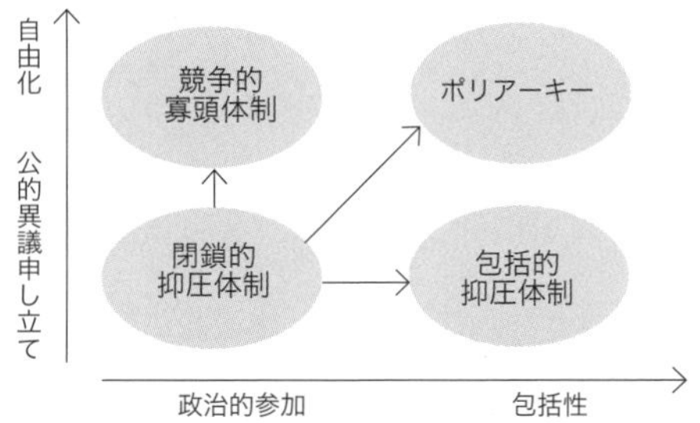

すなわち、ポリアーキーの延長にデモクラシーがあるということであり、民主化の尺度として「公的異議申し立て」の制度と「政治的参加」の制度の２つを用いながら、ポリアーキーからの乖離度をみていったのである。

A85 正解ー1

1－正　ダールはシュンペーターの影響を受け、民主化の尺度を示したのである。

2－誤　本肢は、民主主義やポリアーキーの政治体制に関する説明ではなく、むしろ全体主義体制に関するものである。

3－誤　本肢は、C.B. マクファーソンによる民主主義体制の４つのモデルに関する記述である（**Q88** 参照）。

4－誤　本肢は、シュンペーターによる競争的エリート民主主義論の説明であり、ダールのいうポリアーキーはこのような制約はない（**Q75** 参照）。

5－誤　本肢は、エリートによる少数支配体制に関する記述である。

Q86 コーンハウザーの大衆社会論

問 全体主義社会と多元的社会を示す２つの要因の組み合わせのうち、妥当なものはどれか。 (地方上級)

A エリートへの接近可能性が高く、非エリートの被操縦性が高い。
B エリートへの接近可能性が高く、非エリートの被操縦性が低い。
C エリートへの接近可能性が低く、非エリートの被操縦性が高い。
D エリートへの接近可能性が低く、非エリートの被操縦性が低い。

	全体主義社会	多元的社会
1	C	A
2	C	B
3	B	D
4	A	C
5	A	D

PointCheck

◉大衆社会……【★☆☆】

⑴一般的な定義

大衆社会は、現代の政治学を考えるにあたって、きわめて重要な概念である。大衆社会はK.マンハイムの使用した言葉であるが、広範囲にわたる社会移動が比較的容易になり、社会が細分化し、伝統的な価値体系が崩壊、人々の連帯感が希薄化している社会のことであるとされる。

⑵大衆社会の形成

大衆社会は、19世紀の産業革命によって高度産業社会が発展するようになり、交通通信手段が発達したことを主たる理由として登場した。それまで農民だった者の多くは農地を追われ、労働者として都市に流入した。そのため、都市では人口の過剰が起こり、村落共同体は分解した。その結果、個々人を直接結びつけていた絆はなくなり、匿名の大衆が大量に発生することとなった。また、マス・メディアが発達した結果、これらの人々は同じような思考や欲求をもつようになり、行動も各々似たものになる。反面で人々の間をつなぐ連帯感は希薄になったのであった。

◉ W.A. コーンハウザーの大衆社会論……………………………………【★★★】

⑴4つの社会類型

コーンハウザーは、「エリートへの接近可能性」と「非エリートの操作可能性」を指標に4つの社会類型を提示した。

		非エリートの操作可能性	
		低い	高い
エリートへの接近可能性	低い	共同体社会	全体主義社会
	高い	多元的社会	大衆社会

①共同体社会（伝統社会）

エリートの世襲が多いため、接近可能性が低く、地縁や血縁関係が強固なため、操作可能性も低い。このように共同体社会は大衆社会とは対極の位置にある社会である。

②全体主義社会

エリートの地位が固定化し独占化されるため､エリートへの接近可能性は低い。マス・メディアを利用し、またC.E.メリアムのいうミランダやクレデンダを駆使することで、大衆の操作可能性が高められる。

③多元的社会

エリートへの接近可能性が高く、社会集団が多元的に存在し、非エリートがその社会集団に結びついているため、操作可能性は低い。アメリカやイギリスにみられる。

④大衆社会

(a)「エリートへの接近可能性」が高い社会である。大衆社会では、普通選挙権や教育によって、大衆がエリート層に浸透して影響を及ぼしやすい。

(b)「非エリートの操作可能性」が高い社会である。大衆社会では、大衆がエリート層によって容易に政治心理的に操作され、政治的動員を受けやすい。

⑵多元的社会と大衆社会

コーンハウザーによると、自由民主主義に適した社会とは、多元的に自律的な社会集団が存在し、個人が複数の社会集団に所属する社会である。多元的な社会集団がないと、個人はなんの防御もなく社会にさらされ、「原子化し、孤立し」てしまう。そのため、彼らはエリートの操作を受けやすくなると彼は主張するのである。また、その場合、大衆の政治参加も無制約で混乱する可能性があるという。したがって、彼によると、「自由主義的民主主義の諸機構を破壊するような政治運動の虜になりやすい」のが大衆社会である。

A86 正解ー2

ナチズムやファシズム体制下では、国民が大量に動員された。国民を総動員したファシズム体制が大衆社会の上に築かれた事実を考えると、コーンハウザーの4類型の相関関係を十分に考察する必要がある。

Q87 現代政治理論

問 政治理論に関する次の記述のうち、妥当なものはどれか。 (国税専門官)

1 D.リースマンは、M.ウェーバーの思想に現代的意義を与え、世界と自己との関係を自己の力で主観的に構築していかなければならないとした。
2 H.ラスキは、今日の大衆社会では、人々は幼児の頃から他人に同調し、社会に適合することを教え込まれるとし、こうしたパーソナリティの構造を他人志向型と呼んだ。
3 W.リップマンは、社会における諸組織の権利を主張し、社会主義への接近を示唆するとともに、多元的国家論を展開した。
4 R.ミヘルスは、デモクラシーと平等を唱えるドイツ社会民主党においても、団体としての必然的要請から、党内に実権を握った少数グループによる寡頭制が確立される傾向があることを実証的に証明した。
5 C.E.メリアムは、デトロイト市長選挙における面接調査に基づき、有権者の投票行動を分析するとともに、棄権防止の諸方策を提起し、いわゆるミシガン学派を創設した。

PointCheck

◉H.ラスキ ……【★★★】

⑴多元的国家論

ラスキは、『近代国家における権威』や『主権の基礎』において、強力な権限をもつ国家という概念を攻撃し、政治的な多元主義の必要性を唱えた。特に、彼は労働組合が政府の統制の下に置かれることに対する危惧を表明している。

⑵国家による調整統合機能

『政治学大綱』の中では、国家を社会の基本的な装置であるとして、それを擁護する立場を取っている。一方で、国家というものは何よりもまず支配階級のために機能する傾向があるので、国家行動にはチェックが必要であるとも主張している。これに基づき彼は1920年代以降、広範な経済・社会改革を求めて運動するようになる。

⑶マルクス主義的階級国家論

支配階級による改革に対する猜疑心をもつラスキは、結局マルクス主義の立場を採ることとなった。そして、『国家―理論と現実』や『ヨーロッパ自由主義の発達』では、資本主義システムに内在する経済上の問題によって政治的な民主主義の破壊がもたらされるかもしれないと警鐘を鳴らした。戦中、戦後にかけてもラスキは、広範な経済上の改革の必要性を説くのであった。

◉ **W. リップマン**……【★★☆】

⑴マス・メディアの分析

リップマンは、ジャーナリストとして多くの雑誌や新聞に記事を掲載し、マス・メディアの研究から「擬似環境」や「ステレオタイプ」などの概念を提唱する。若い頃は社会主義や進歩主義に対する理解を示していたが、次第にその政治姿勢は古典的な伝統を擁護するという意味で、保守主義的なものになった。

⑵理性による道徳上の秩序

彼は、人民主権ということを恐れた。人民の意志よりも上位の法則、すなわち理性の法則・自然法則があると考えたからである。

リップマンは、人間界においては道徳的な秩序があり、理性はその秩序の枠組みとして機能するものであるとする。それゆえ、人を支配するということは権利ではなく、道徳上の秩序を理解することができる人々が担うべき役目なのである。

⑶エリートの理性

競争、紛争、権力の追求は政治の要素であるとした上で、リップマンは、それゆえに優れた政治を行うためには、チェック・アンド・バランスによって権力を抑制することが必須であると強調するのである。このように、リップマンの主張は、保守・現実主義の立場から一貫してエリートの理性を訴え、その自省を促すものであった。

知識を広げる

ミシガン学派

心理学を応用した投票行動の分析をしたことで有名なのが、ミシガン学派である。それは有権者個々人の政治上の意見や意識から投票行動の説明を試みるものである。

ミシガン学派は、投票行動の分析から政党支持説を導き出した。すなわち、人に頼まれて支持政党以外の政党に投票しても、そのような状況がなくなると本来の支持政党に投票するという、有権者と政党との一体化の強さを実証した。

また、ミシガン学派は大統領選挙ごとに調査を繰り返したが、それによって、調査は単なる個人単位の行動科学研究であるばかりでなく、選挙を単位とした政治学的研究にもなっている。

A87 正解－4

1－誤　これはリップマンの論旨である。リップマンは、マス・メディアと世論による民主主義の危険性を訴えている。

2－誤　これはリースマンの論旨である。リースマンは、大衆が他人の動向に左右されていることを指摘し、これを他人志向型と呼んでいる。これに対し、自己の良心に従って行動するものを内部志向型と呼んでいる。

3－誤　これはラスキの論旨である。多元的国家論とは、国家を他の諸集団と同様の機能的集団の1つにすぎないとするものである（**Q27** 参照）。

4－正　寡頭制の鉄則についての記述である。

5－誤　最後のミシガン学派が誤っており、シカゴ学派が正しい。

Q88 現代の民主主義理論

問 民主主義に関する次の記述のうち、妥当なのはどれか。 （国家一般改題）

1　J.A. シュンペーターによれば、民主政治の特質は複数の政治集団が選挙での投票獲得をめぐって競争するという点にあるが、彼は、その競争には具体的な政策を盛り込んだ選挙公約の提示が不可欠であり、政権を獲得した政治リーダーにはその遵守が求められるとした。つまり、政策の決定権はあくまで選挙民にあるべきであって、政治リーダーの役割は限定されなければならないという主張である。

2　R. ダールによれば、民主政治の特質は多数の集団が政策決定へのアクセスを求めて激しく競い合うという点にある。そして、集団間の競争が最も活発に展開されるのが選挙であり、選挙においては集票力、すなわち集団の規模こそが集団の影響力を測るバロメータとなる。よって、通常の政治過程においては、最大規模の集団が選挙に勝利して、政治権力を独占的に握ることになるという。

3　T.J. ロウィらの参加民主主義論は、古典的な伝統に立ち返って市民の直接的な政治参加を重視すると同時に、政治参加は自己利益、特に経済的利益を実現するための手段であるという自由主義的な立場をとる。そして、代議制民主主義は個々人の経済的利益を守るためには十分に機能していないため、重要な争点については積極的に国民投票を実施するなど、直接民主主義の手法を取り入れる必要があると主張する。

4　討議的民主主義は、集団に固有な政策選考から生じる利害対立が集団間の力関係や取引によって調整されるとする。特に A. ガットマンは、討議的民主主義による合意形成には市民の政治への直接参加が不可欠であるとしている。

5　A. レイプハルトによれば、多数派による支配は多数派の独裁を招き、結果として民主政治そのものを危機に陥れるとして、合意型の民主主義は少数派の保護を指向する。具体的には、選挙制度には少数派の代表性を確保する比例代表制が採用され、重要事項の決定は多数決ではなく全会一致とすることが基本とされる。さらに、大連立にみられるように多くの政党が政権に参加するなどの特徴をもっている。

PointCheck

◉ B. マクファーソンの４つのモデル ……………………………………【★★★】

自由民主主義体制の４つのモデルを示し、特に参加民主主義の重要性を主張した。

①防御的民主主義：政府の抑圧から国民を守るための政治システム（ベンサム）

②発展的民主主義：個人の自己実現、人類向上の手段（ミル）

③均衡的民主主義：政治的財の需給均衡を維持するシステム（シュンペーター、ダール）

④参加民主主義　：基底的な地域社会および職場のレベルでの直接民主主義と上位レベルでの間接民主主義とを結合した複合的な政治参加のシステムに、改善された競争的政党システムを組み合わせたシステム

◉**多極共存型民主主義と多元社会（A. レイプハルト）**……………………………【★★★】

社会に深い亀裂や顕著な異質性が存在する場合には民主主義は安定しないと考えられていたのに対し、レイプハルトは、ベネルクス３国、スイス、オーストリアなどを調査して、異質性が目立ち多元化した社会であっても、安定した民主主義が確立し得ることを実証した。これらの諸国では、言語、宗教、民族など異質なグループが存在し、各グループ間に生じている緊張は高い。しかし、各集団をリードするエリートは、それぞれ一層の協力の必要性を認識し、協調行動をとるように努力し、その結果、これらの国では、安定した民主主義が確立しているのである（多極共存型民主主義）。

〈多極共存型民主主義が形成される基本的要素〉

①大連合の形成：重要な区画（セクション）のエリートたちは、大連合に協力する
②相互拒否権の存在：少数派の重大な利益の犠牲を防止する役割を果たす
③比例原理の重視：選挙だけでなく、公務員任命や補助金交付にも貫かれる
④区画の自律性：少数派の関心のある問題は少数派の自決に任せる

◉**討議的民主主義（A. ガットマン）**……………………………………………………【★★★】

討議的民主主義は1990年代以降登場してきた考え方で、次のような特徴をもつ。

①討議を重視：自らのそれまでの認識を変えるような討議
②討議のルールを重視：虚偽や暴力が伴う討議は禁止され、討議は理性的に行われる
③２回路制の民主主義：第１の回路としての代議制民主主義と、第２の回路としての討議的民主主義の２つは、互いに補い合う関係にある

Level up Point!
民主主義の最新重要論点となるのが、シュンペーターの「競争的エリート民主主義」、マクファーソンの「参加民主主義」、ガットマンの「討議的民主主義」、レイプハルトの「多極共存型民主主義」。これらの分類比較を確実に行っておきたい。

A88 正解ー5

1ー誤　シュンペーターによれば、国民の役割は政治リーダー・エリートの選出であり、政策の判断・決定をすることではない（**Q75** 参照）。

2ー誤　ダールのポリアーキーは「公的異議申し立て」と「政治的参加」に分けられる（**Q85** 参照）。政策決定に対するアクセスは各集団・市民に公平に共有されなければならず、数的な競争原理によるものではない。

3ー誤　直接民主主義と間接民主主義が結合した複合的な参加システム（参加民主主義）を提唱したのは、マクファーソンである。ローウィは、利益集団自由主義批判の立場から、法の支配確立を目指す「依法的民主主義」を提唱した。

4ー誤　ガットマンは、市民の政治への直接参加を不可欠なものとはしていない。討議的民主主義と代議制は補い合うもので、間接民主主義の意義も認めている。

5ー正　ベルギーやオランダのような多元的利害対立がある社会であっても、安定した民主主義が可能であるとレイプハルトは主張する。

Q89 集合行為理論

問 集合行為に関する次の記述のうち、妥当なものはどれか。 (国家一般)

1 集合行為による利益は排除可能性と競合性という公共財の特徴を備える。日本放送協会(NHK)は国民の受信料によって運営されており、その放送は、国民が等しく利益を享受できるものであり、公共財とみなされる。
2 T.ホッブズによれば、個人は社会契約という集合行為によって自然権を第三者に授権することができず、自己保存のため「万人の万人に対する闘争」を回避することができない。ホッブスは、そのような自然状態を「リヴァイアサン」と呼んだ。
3 ゲーム理論における囚人のジレンマは、個人の合理性に基づく場合にのみ集合行為が成り立つことを示している。したがって、個人の合理的な判断が難しい大規模な集団や国家など組織間の集合行為にはゲーム理論を応用することはできない。
4 M.オルソンによれば、集合行為による利益は、「ただ乗り」する個人でも享受できるため、利己的な個人は集合行為に「ただ乗り」しようとする。オルソンは、「ただ乗り」のし難い小規模な集団を除いて、集合行為が成り立つのは、それが強制されるか、集合的な利益とは異なる何らかの個別的な利益があるからだとした。
5 本人・代理人(プリンシパル・エージェント)モデルとは、本人が代理人を雇う場合の情報の非対称性に着目し、雇い主である本人が情報優位である代理人の支配下に置かれる状態を論じるものであり、J.M.ラムザイヤーらが主張する我が国における官僚優位論に理論的根拠を提供している。

PointCheck

◉ M.オルソンの集合行為理論 ……【★★★】

経済学者であるオルソンは、経済学が前提とする合理的人間観から集合行為の可否を検討し、公共財が供給されるか否かは集団の規模によるとした。

公共財とは、多くの人が同時に利用でき(非競合性・集団性)、対価の支払いを拒む者を排除できない(非排除性)という2つの性格をもつもので、身近なところでは公園や道路、国際政治レベルではNATOなどの国際秩序維持機構である。公共財を使用する者は、享受する利益を最大にしようとするが、使用するためのコストは最低に抑えようとし、極端な場合、対価を払わず「ただ乗り(フリーライダー)」しようとする。この「集合行為のジレンマ」から、大集団の場合では集合行為が成立しづらくなる。反対に、ただ乗りの監視がしやすく、享受する利益の割合が大きい小集団の場合には、集団行為が成立し公共財の供給がなされる。さらに、オルソンは、集合行為の成立には選択的誘因(参加すると得られる便益・参加しないと被る不利益)の提示が有効であることを指摘した。

◉プリンシパル＝エージェント・モデル……………………………………………【★★☆】

依頼人と弁護士、経営者と会計士、患者と医者というように、本人が代理人を使って仕事を実行させたり、サービスの提供を受けたりする関係をプリンシパル＝エージェント・モデルという。代理人を雇う側（本人）が抱える情報上の問題に応じて、契約、経営、組織のあり方が決定されていく状況を理論化し、体系的に分析することを目指すものである。政治学に応用すると、政治家と官僚、圧力団体と官僚、国民と官僚といった行為者間の関係が、このプリンシパル＝エージェント・モデルとみなすことができるとされる。そのため、このモデルを使った政治学における研究が1980年代以降発表されてきており、特にJ.M.ラムザイヤーらによる日本の研究は反響を呼んだ。

プリンシパル＝エージェント・モデルでは、本人が代理人に関してほとんど情報をもち得ないという情報の非対称性の問題がある。例えば、依頼人が弁護士の業績、法律知識、やる気、弁論能力についての情報を完全には把握できないような場合には、弁護士は自分の能力を過大に評価し、不相応な高い報酬を請求したり、約束された結果を出さなかったりといった事態が起こる可能性がある。こうした事態を予想できる依頼者は、弁護士のこれまでの業績を照会したり、彼らの働きを監視したりするといった対応をとることになる。

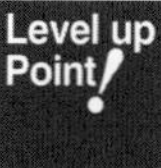

オルソンは、経済・財政学では著名な学者で、集合行為論を提唱し政治学にも大きな影響を与えた。プリンシパル＝エージェント・モデルも、経済・経営学の分野で発展した理論が政治的関係に展開されたものである。経済的な基礎知識・能力を活用して理解しよう。

A89 正解ー4

1－誤　公共財は非競合性と非排除性の２つの性格をもつものなので、電波放送は通常、公共財とみなされる。

2－誤　ホッブズのいうリヴァイアサンとは、自然状態のことではなく、国家を指す。

3－誤　囚人のジレンマは、国家などの集団にもあてはまる。国家間の緊張が高まったとき、国家はこのジレンマに陥りやすいとされる。

4－正　公共財とただ乗りの関係が集団の集合行為の正否を決める。

5－誤　ラムザイヤーの分析は、我が国における官僚優位論に理論的根拠を与えるものではない。ラムザイヤーは政治家と官僚の関係を分析し、官僚がリードする政策決定の実態は自民党のためのシステムと考えたのである。

Q90 20世紀の政治学

問 20世紀の政治学に関する次の記述のうち、妥当なものはどれか。 （国税専門官）

1 G. ウォーラスは、イギリスの地方議会議員として、活動した自らの政治的経験を基礎に、『政治における人間性』を著した。その中で、人間がその社会行動において常に理性的であるという前提を立て、それに基づいた理性主義的な政治学を展開した。

2 A.F. ベントリーは、著書『政治の過程』の中で、伝統的な政治学のアプローチのうち、制度論的アプローチよりも哲学的アプローチを重視した。そして、集団の相互作用として政治現象を理解するのではなく、個人を単位として政治社会を把握しようとした。

3 20世紀の政治学は科学的な分析を志向するものであるといわれている。その中心的役割を果たしたのは、アメリカ政治学であり、1920年代から30年代にかけて、C.E. メリアムやH.D. ラズウェルなどのシカゴ学派が、経験的事実の観測と分析に基づく政治学の科学化を推し進めた。

4 D. イーストンは、著書『政治分析の枠組み』、『政治生活の体系分析』の中で、システムズ・アナリシスの手法を取り入れ、政治体系モデルを構築した。これは、環境からインプットされた要求が政策という形でアウトプットされる過程においては、政党、立法機関、行政機関による閉鎖的な政策決定メカニズムが存在するという前提に基づくモデルである。

5 1960年代後半のアメリカ合衆国における都市の荒廃、環境の悪化、ベトナム戦争の泥沼化等を背景として行動主義に対して批判的な意見が出されるようになった。このいわゆる脱行動主義革命を背景に、K.W. ドイッチュは機械論的モデルであるサイバネティックス・モデルも政治学へ適用することを唱えた。

PointCheck

◉シカゴ学派……………………………………………………………【★★☆】

シカゴ大学の学者をリーダーとして、その周りに集まった、人文科学、社会科学などの分野に属する研究者によって形成されたグループを指す。社会科学においては、社会学、政治学、経済学の3分野で20世紀初頭から半ばにかけて、このグループは極めて大きな業績をあげた。政治学におけるシカゴ学派は、社会学におけるシカゴ学派の影響を受け、それに呼応する形で登場し、アメリカの政治学の発展に最大限の貢献をなしたとされる。

この学派が明確な形で認識されるようになったのは1920年代初めであるが、その頃メリアムが同大学政治学部の部長に就任し、さらにアメリカ政治学学会会長に就任した（1924〜25年）。その後もシカゴ学派の代表的な政治学者は、次々とアメリカ政治学学会の会長に就任することになる。

シカゴ学派の政治学を代表する学者として、政治行動の研究に精神分析学の方法を応用したラズウェル、政治文化の分析に比較政治の観点を用いたアーモンド、政治過程・圧力団体研究の一般理論を打ち立てようとしたトルーマン、そして政党・圧力団体の実証的な研究に従事して大きな業績を残したキィ等が挙げられる。彼らの研究にみられる特徴は、従来の政治学の制度論的形式主義を捨てて、心理学、医学、人類学、生物学、社会学などと結びつきながら、目標を実証主義的に実現する新しい科学的政治学を志向したところにある。ラズウェルによれば、シカゴ学派は「だれが、どのような条件の下で、どのような方法で行動するかを発見すること」を目指したのであった。

◉サイバネティックス……………………………………………………………【★★☆】

1947年にサイバネティックスを提唱したアメリカの数学者N. ウィーナーによると、サイバネティックスとは「生物と機械における制御と通信」の科学とされる。通信、制御、情報処理という点では、対象が動物であろうと機械であろうと変わらない。ゆえに、その研究の際には統一的な観点から行うべきだというのが、ウィーナーの主張であった。イーストンやK.W. ドイッチュらは、このサイバネティックスを政治学の分析に応用した。特にドイッチュは、コミュニケーション理論とサイバネティックスによって政治の通信と制御のシステムを考案し、これを「統治の神経」モデルとした。

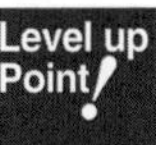

現代の政治学は、社会学・心理学・経済学・統計学など他の学問分野との共同研究で、新たな展開をみせた。学派の流れで研究の発展を確認すると意図や背景が理解できてくる。

A90 正解－3

1－誤　ウォーラスは、今後の政治学は人間の非合理性に注目した分析を行うべきであると主張した。

2－誤　ベントリーは、制度論的アプローチの終焉を予測し、集団的アプローチに基づく政治過程論を主張した。

3－正　アメリカの政治学におけるシカゴ学派の業績を理解する。

4－誤　イーストンによれば、政策決定に影響を与えるのは、政党、立法機関、行政機関に限られるわけではない（**Q83**参照）。

5－誤　イーストンが行動主義批判の主張をしたのは1969年であるが、ドイッチュがサイバネティックスを応用した『統治の神経』を発表したのは63年である。

第10章 日本政治史

Level 1 p202～p215　Level 2 p216～p221

1 藩閥政治の時代

Level 1 ▷ Q91,Q94　Level 2 ▷ Q100

⑴藩閥政治と政党 ▶p202 ▶p208

藩閥とは、戊辰戦争・明治維新において中心的役割を果たし、維新後も長く政官界・陸海軍に極めて強力な影響力をもった薩摩閥と長州閥を指す。なかでも、山県有朋と伊藤博文を指導者とした2つのグループが、圧倒的な権力を掌握した。この二人は同じ長州藩出身ではあったが、政党制に関しては対照的な考えをもっており、伊藤が肯定的であったのに対し、山県はほぼ一貫して否定的であった。

⑵自由民権運動以降 ▶p202

藩閥政治（政府側は「超然政治」と呼んだ）に対しては､民党を中心に反発も強かった。1898年には大隈重信、板垣退助との協力による日本最初の政党内閣である隈板（わいはん）内閣ができるが、短命に終わる。その後も大隈内閣、原内閣と、藩閥以外の出身者による内閣ができたが、それらも藩閥、特に山県をはじめとする元老の承認なくしては不可能であった。結局、藩閥政治が完全に終焉を迎えたのは、第二次護憲運動後である。一方でこの間、日本は日清・日露と二度の戦争に勝利し、第一次世界大戦にも戦勝国の列に加わり、国際的な地位を飛躍的に高めたのであった。

2 政党内閣の時代

Level 1 ▷ Q91　Level 2 ▷ Q98,Q100

日本で実質的に衆議院の多数党が内閣を組織するという政党内閣制が確立したのは、憲政会、政友会、革新倶楽部の護憲三派による加藤高明内閣に始まる（1924年）。この後、1931年に犬養毅が暗殺されるまでのほぼ8年間、政党内閣が続く。この間、加藤内閣の下で普通選挙法が施行される一方で、治安維持法が制定される。外交面では、田中外交の一時期を除き、幣原（しではら）外交による英米協調の路線が継続して採られた時期でもあった。

3 日本型ファッショの隆盛の時代から戦争へ

Level 2 ▷ Q100

1930年代に入ると、大恐慌の経験や満州事変を契機として国際的孤立感を深めていた日本国内では、軍部や民間右翼を中心に、資本家や既存の政治家を攻撃し、天皇中心の専制的な政治体制を確立することを求める声が高まりをみせるようになる。5・15事件や2・26事件などの､一部の軍人と右翼によるテロ･クーデターはそのような声が表面化したものであった。

その間、こうした状況を利用しつつ、軍部の政治的影響力は拡大を続け、軍部の同意なしには内閣を組織することもできないという事態が現出する。その後、軍が国政をリードする状況は第二次世界大戦が終わるまで続くのであった。

4 占領期の政策

Level 1 ▷ Q93　Level 2 ▷ Q100

占領当初、アメリカ軍を中心とする占領軍は、日本の武装解除と同時に日本の民主化を強力に推し進めたが、その後、冷戦の深化とともに日本の工業力に注目し、方針を転換した。「極東の工場」を再建し、強力な日本政府を育成することで、ソ連の脅威に対する防壁の役割を担わせることに向けた政策を採るようになる。一方で、吉田政権をはじめとする国内の保守勢力は、日本の国力回復を実現するためにはアメリカとの協力が有益であると考え、積極的にアメリカの冷戦政策に協力する姿勢を示すようになった。▶ p206

5 55年体制下の日本政治

Level 1 ▷ Q93～Q96　Level 2 ▷ Q99

⑴日米安保体制 ▶ p210 ▶ p212

日本は、1951 年にサンフランシスコ平和条約に調印する。占領が終了し、国際社会に復帰することになった。50 年代後半から 60 年代初頭にかけて自民党政権は、対外的にはアメリカとの関係を基軸とする政策を採り、再軍備の道を歩み出す。しかし、安保改定に際して世論が強い反発を示し、岸政権が崩壊したことから自民党政権は経済重視の政策に転換することとなった。

⑵高度経済成長期 ▶ p212

すでに日本経済は 1950 年の朝鮮戦争勃発に始まる特需により回復基調に入っていたが、池田内閣の所得倍増計画や田中内閣の列島改造論などは、当時の政府の経済志向を示すものであった。その結果、日本の経済力は 70 年代初頭に高度経済成長は止まるものの、60 年代から 80 年代にかけてほぼ一貫して拡大を続け、80 年代にはアメリカに次ぐ世界第 2 位の「経済大国」となるに至る。それは他国との貿易摩擦をも生むこととなり、貿易摩擦が外交面での極めて重要な争点となる。

一方で、安全保障に対するコストの負担は最低限のものにとどめる、つまり経済優先・軽武装という方針が採られ、70 年代後半に安全保障の面でアメリカから応分の負担を求める要求が強くなって以降も大きく変わることはなかった。

6 55年体制以後

Level 1 ▷ Q97　Level 2 ▷ Q99

冷戦が終結し、ある意味で安定していた国際関係が流動化する。大規模なテロ事件が頻発し、極東地域において緊張が高まるに従って、PKO をはじめ日本の安全保障面における貢献を求める国際社会の声が高まった。また、日本政府は従来、不景気に対しては大規模な公共投資を行うことで対応してきたが、2000 年以降、財政赤字の額は危機的な段階に達し、緊縮財政が採られるようになった。▶ p214

Q91 戦前の政党

問 明治、大正期における我が国の政党に関する次の記述のうち、妥当なものはどれか。
（国家一般）

1 国会開設に備え、自由党と進歩党が結成され、本格的な政党活動が展開されるようになった。自由党はイギリス流の自由主義を基本信条とし、ルソーの思想に影響されて急進的な立場をとった。
2 大日本帝国憲法の発布に際して、黒田清隆首相らにより政党からの政権の超然主義が強く主張されたため、第一回総選挙においてほとんど議席を獲得することができなかった各政党は、藩閥政権と妥協せざるを得なかった。
3 隈板内閣の頃になると、藩閥・官僚の指導者であった伊藤博文でさえ政党を無視できなくなり、自ら立憲政友会を組織した。やがて、犬養毅や尾崎行雄らが第一次護憲運動を展開し、政党政治の発達に大きく貢献した。
4 明治末期の社会主義運動の昂揚に応じて、労働農民党、日本共産党等の無産政党が次々と誕生し、治安警察法や治安維持法による厳しい取り締まりにもかかわらず、大正、昭和へと引き継がれていった。
5 普通選挙法の成立後最初の選挙の結果、立憲政友会によって我が国最初の政党内閣である原敬内閣が成立し、その後、大政翼賛会の結成まで政党内閣が継続した。

PointCheck

◉戦前の日本の政党……………………………………………………………【★★☆】

(1)立憲政友会

1900年、伊藤博文を初代総裁に戴き、憲政党の党員や伊藤系官僚が参加して結成された政党。その主張は、日本の帝国主義的発展に貢献するために挙国一致体制を作ることにあり、党の運営は、総裁が独裁的に決定する総裁専制で行われた。この時期、政党は藩閥との対決姿勢を転換し、藩閥との提携・協力の方向を探りつつあったが、立憲政友会の誕生は、こうした状況を反映するものであった。第四次伊藤内閣以来、西園寺公望内閣、山本権兵衛内閣、原敬内閣、田中義一内閣等の政権与党となった。

(2)立憲民政党

昭和前期、立憲政友会に並ぶ力をもった政党。憲政会と政友本党との合同により、1927年に結成。同党の政綱は、「議会中心主義の徹底」と「各種社会政策を実行」することであった。28年の第1回普通選挙では立憲政友会に並ぶ候補者を当選させて、与野党勢力伯仲状況を作り出した。その後、浜口雄幸内閣では、与党として緊縮財政と協調外交を二大方針に掲げる。井上準之助蔵相の下、金の解禁と産業の合理化を推し進めるとともに軍備縮小を断行した。

(3)無産政党

無産政党とは、社会主義に影響を受けた政党を指す。そのことを公然と表明することができなかった時代につけられた名前である。社会主義思想はすでに明治期には現れていたが、運動が特に活性化するのは、第一次世界大戦やロシア革命を経て、さらに国内でデモクラシー思潮が拡大するのに伴ってであった。全国的な無産政党として農民労働党が1925年に結成されたが、これはそのような思想の高まりを反映したものである。この党は共産主義との密接な関係が疑われ、即日禁止に追い込まれたが、翌年共産主義者を除外した上で労働農民党（労農党）が結成される。26年末には社会民衆党（社民党）が結成されるが、これはマルクス主義を拒絶し、議会主義、国民政党の立場に立つものであった。また、社民党と労農党との中間に位置する階級政党の日本労農党が結成されたが、こちらはマルクス主義に思想的影響を受けたものであった。さらに32年には、社民党と全国労農大衆党とが合同して社会大衆党が結成されることになる。

▼明治時代に自由民権運動を支えた二大政党

党名	中心人物	主張	立場・性格
自由党 (1881～84)	板垣退助 後藤象二郎 植木枝盛	主権在民 一院制の議会 普通選挙の実現 条約改正	日本最初の近代的政党 フランス流の急進自由主義 全国に自由民権運動を推進 不平士族・農民が支持層 後に憲政党結党で大隈と合流
立憲改進党 (1882～96)	大隈重信 犬養毅 尾崎行雄	二院制の議会 国権拡張 貿易振興	イギリス流の穏健的立憲主義 政治漸進主義 商工業者・知識人が支持層 後に憲政党を経て立憲政友会に合流

A91 正解－3

1－誤　自由党は、フランス流の急進自由主義の影響を受けた。進歩党は、立憲改進党に続き大隈が党首となり、板垣の自由党と合流して憲政党を結党するまで存在した政党である。

2－誤　初期議会では、自由党・立憲改進党などの民党（野党）が過半数を占めた。

3－正　伊藤博文は政党政治に対して肯定的であった。

4－誤　無産政党は合法的社会主義政党を指す。当時、日本共産党は非合法であり、無産政党には含まれない。

5－誤　1918年に成立した原敬内閣は普通選挙に否定的で、普通選挙法は後の加藤高明内閣の下で1925年に成立した。

Q92 明治・大正の政治思想家

問 我が国の政治思想に関する次の記述のうち、妥当なのはどれか。 （国家一般）

1 福沢諭吉は、西洋の自然法思想を念頭におきつつ天賦人権論を展開し、人間は生まれながらに自由かつ平等であるとした。その上で、一人一人が個人として知識と徳を身につけることが重要であると訴え、他人との交際を重んじるべきではないとした。
2 吉野作造は、国家の政策は究極的には民衆の意向を反映したものでなければならず、そのためには民意が議会を監督し、議会が政府を監督するような制度が不可欠であるとしたが、この民本主義が大日本帝国憲法を否定する内容であったため厳しく攻撃された。
3 植木枝盛は、私擬憲法「日本国国憲案」を起草し、徹底した人民主権の立場から人民の抵抗権や革命権を論じ、一院制の議会を提唱したが、選挙の在り方に関する考え方の違いから、彼自身が同時期の自由民権運動に加わることはなかった。
4 美濃部達吉は、イェリネクに代表されるドイツ国法学を批判し、国家は法人格を有する団体とは異なるとした上で天皇を国家の最高機関として位置付けたが、この天皇機関説は天皇を統治権の主体と考える立場からの強い批判にさらされた。
5 中江兆民は、ルソーの人民主権論と儒学の教養をもとに、民権運動を擁護した。彼によれば、政治社会とはそこにおいて各人が道義に従って自らを治めるという「自治之政」を行う場であり、人民の参加する憲法制定議会開催が必要であるとされた。

PointCheck

◉植木枝盛……………………………………………………………………【★★☆】

明治時代前期に活躍した自由民権運動家。高知に生まれ、板垣退助の演説を聞いて政治思想に興味をもつようになったといわれる。立志社の設立に加わり、その建白書の草稿を起草した。その後、愛国社の再興、国会期成同盟の結成などに参加し、政党としての自由党結成に参画した。当時、数十に及ぶ憲法草案が作られたが、植木が立志社草案として起草した私擬憲法「日本国憲法」は、最も徹底した民主主義の精神を示しているといわれる。第1回総選挙の際には、立候補して当選するものの、第1回帝国議会で土佐派の1人として予算案に関し政府案に賛成して、自由党を脱党する。その後、自由党に復帰するも、その直後に死去。著作として、『民権自由論』『一局議院論』『報国纂録』などがある。

◉中江兆民……………………………………………………………………【★☆☆】

明治時代の思想家。長崎でフランス語を学ぶ。維新後はフランスに留学。帰国後、東京で仏蘭西学舎（後の仏学塾）を開く。『東洋自由新聞』の主筆を務め、自由党の機関紙『自由新聞』の社説を執筆する。民主主義原理に立った。政治論・国会論・外交論・軍事論・部落解放論など、多岐にわたって言論活動を展開した。第1回帝国議会に際し議員となるが、すぐに辞職した。その後、近衛篤麿の提唱した国民同盟会に参加し、政界改革を目指す。著作・翻訳書として『三酔人経綸問答』、『民約訳解』（ルソーの『社会契約論』）、『非開花論』（ルソーの『学問芸術論』）などがある。

◉平塚らいてう……………………………………………………………………【★☆☆】

大正から昭和にかけての女性運動家のリーダーで、自由恋愛論・母性論を展開した。第一次世界大戦後には新婦人協会を結成し、婦人参政権運動を展開する。昭和に入ると社会主義思想に近づき、無政府主義運動にも関わる。第二次世界大戦後は女性運動・平和運動に力を注ぎ、革新勢力の平和運動に関わった。著書として、『円窓より』『現代と婦人の生活』などがある。

◉福沢諭吉………………………………………………………………………………【★★☆】

明治の思想家。「一身独立して一国独立」の主張を展開するとともに封建道徳を強く批判するなど、価値観を変革することを説いた。また、実学を提唱し、彼の主著の１つである『学問のすゝめ』は偽書を含め、数百万部売れたといわれるほどのベストセラーとなった。自由民権運動に際しては、『国会論』で国会の即時開設を説いたが、民権運動の高まりとともに、それに対して警戒心を抱くようになり、官と民が融和することを説くに至る。また、「尚商立国」を目指し、アジアに対する進出を強く提唱した。日清戦争については、「文野明暗の戦」として、これを強く支持することを表明した。

◉吉野作造………………………………………………………………………………【★★☆】

大正時代の代表的政治学者。民本主義を提唱した。ヨーロッパ留学の経験からデモクラシーが世界の大勢で、労働者がその担い手になりつつあることを学んだとされる。『中央公論』の大正５年１月号の「憲政の本義を説いて其有終の美を済すの途を論ず」では、デモクラシーの用語に民本主義の訳語を与え、政治の目的は民衆の利福にあり、政策の決定は民衆の意向によるべきだと説いた。普通選挙と言論の自由に支えられた政党政治の実現を要求した。彼の民本主義論は知識人や先進的労働者に支持され、大正デモクラシー運動の発展に貢献した。また、彼は友愛評議員に就任し、労働運動を援助した。さらに、軍部が主導する大陸侵略政策を批判し、朝鮮・中国のナショナリズムに理解を示した。

A92 正解ー5

１－誤　ほぼ「学問のすゝめ」に準じるが、最後の「他人との交際」について福沢は、Societyを「人間交際」と訳し、学問は人間交際のために必要としている。

２－誤　吉野の民本主義は、明治憲法下での統治体制を前提に民権拡大を主張するものであった。憲法の否定や激しい攻撃などはなかった。

３－誤　前半は正しいが、植木は政党結成に参画し自由民権運動の中心となった。

４－誤　ドイツ国法学の国家法人説の観点から、美濃部は天皇機関説を主張した。

５－正　キリスト教教養のない日本で、中江は儒教を基礎に人民主権論を展開した。

Q93 戦後の政治過程

問　第二次世界大戦後の我が国の政治過程に関する次の記述のうち、妥当なものはどれか。
（国家一般）

1　第二次世界大戦後の占領期、我が国では連合国軍総司令部（GHQ）が間接統治を採用したため、我が国の官僚制は戦時の省庁編成を変えることなく、高度成長期まで一貫して政策作成の主導権を握り続けた。
2　いわゆる「55年体制」の長期化に伴って、政策決定における自由民主党の影響力の増加が見られ、各政策領域における族議員の台頭がこの傾向を助長した。
3　「55年体制」の確立とともに、行政部官僚の影響力が大幅に減退したため、いわゆる「私的諮問機関」の数を含めても、審議会の数は大幅に減少した。
4　我が国においては、圧力団体への参加が団体員の自発性を契機としていることから、圧力団体の下部ほど活動が活発である。
5　我が国の国会活動においては、本会議よりも委員会が中心的役割を果たし、しかも各委員会は担当省庁に対し監督権をもっているため、圧力団体の活動も各省庁に対するより国会の委員会の審議を対象に行われる。

PointCheck

◉ GHQによる戦後改革……………………………………………………………【★★☆】

戦後改革とは、占領軍によって行われた日本の非軍事化、民主化のための改革を意味する。

⑴**軍隊の解体**：大本営が1945年9月に廃止され、11月には、陸軍省、海軍省が廃止された。それらは海外からの復員業務のみを担当する第一、第二復員省となった。

⑵**人権の保障**：GHQは、45年10月には「人権指令」を出した。これは言論の自由などを内容とするものであった。これにより、政府は治安維持法や人権抑圧立法を廃止し、社会主義者や共産主義者などを釈放した。またGHQは、国家と神道が行政的、財政的に結びつくことを禁じた。さらに、女性に参政権を付与することを時の幣原内閣に指示した。一方、労働組合運動に関しては、労働組合運動を奨励し、45年12月には労働組合法が制定された。

⑶**国家機構の改革**：天皇は「日本国の象徴であり、日本国民統合の象徴」としての地位を与えられることとなった。また、巨大な官庁内務省が解体されるともに、地方自治制度が導入された。さらに、国民が主権者に位置づけられることとなり、国会がその代表機関となったために、国会の地位が強化された。貴族院は廃止され、参議院が設置された。

⑷**経済改革**：財閥が解体され、さらに47年4月には独占禁止法が公布され、経済上の独占的支配の排除が確立した。農地改革では、不在地主に関しては所有する小作地すべてを、在村地主の場合は1ヘクタールを超える小作地を、政府が強制的に買収することとなった。この結果、耕地の9割強が自作農地となった。

◉鉄の三角形……………………………………………………………【★★★】

政治家、官僚、業界（利益団体）の間の、インフォーマルな協力関係のこと。日本の政治を非公式にコントロールしていると考えられている。

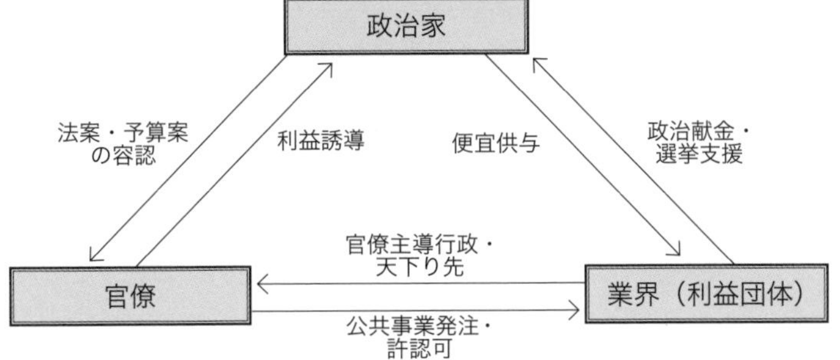

◉族議員……………………………………………………………【★★★】

ある政策領域について専門知識と実務経験をもち、その領域に関して大きな発言権をもつ議員のこと。その意向は、その政策領域を管轄する省庁の政策決定に大きな影響を与える。省庁間で政策上の対立が生じた場合には、それを調整し、特定利益団体や省庁の利害を代表して行動する。防衛族、建設族、商工族などと呼称する。

族議員の活動が注目を集めるようになったのは1970年代末であるとされる。従来、日本の政治を実質的に動かしているのは官僚集団であった。しかし、自民党の長期政権が続くうちに、自民党の議員は長期間、特定の常任委員会に在籍したり、党の政務調査会に属したりすることにより、70年代頃になると官僚を越える専門知識を蓄える議員も出てきた。同時に、高度経済成長が終わったことにより税収が大幅に減少し、予算や政策の優先順位をめぐって省庁間に競争・摩擦が起こることが多くなった。その調整に手腕を発揮したのが族議員であり、彼らは非常に大きな影響力を行使できる立場に立つようになった。

A93 正解ー2

1ー誤　方針転換する前の占領軍（GHQ）の施策は、マッカーサーの急進的改革であり、内務省解体と通産省設置など省庁編成にも及んだ。

2ー正　55年体制が池田勇人内閣の下で安定化すると、自民党の部会や調査会での審議をリードし、特定の政策分野で大きな影響力をもつ「族議員」が台頭してきた。

3ー誤　いわゆる「吉田学校」出身の官僚政治家（池田勇人、佐藤栄作ら）が保守本流となるにしたがい、官僚の影響力も増していった。

4ー誤　我が国で、団体員が自発的に圧力団体へ参加しているとは言い難い。むしろ「集団丸抱え的性格」が指摘されている。

5ー誤　日本では、族議員を通じて行政部へ圧力活動が行われることが多い。

Q94 政党の変遷

問 我が国の政党の歴史に関する次の記述のうち、妥当なものはどれか。 （国家一般）

1 明治憲法の制定により帝国議会が設置され、衆議院議員選挙が実施されるようになった。明治政府は、買収・威嚇・選挙干渉などの手段によって、政府支持の与党育成に全力を注いだ。そのため、日清戦争までの衆議院は圧倒的な与党優位の状況にあり、政府は増税や軍拡を意のままに進めることができた。だが、日清戦争以後には、衆議院は自立性を強め、政府への対決姿勢を強めた。

2 議院内閣制を採らない明治憲法の下で政党が権力の中枢につくためには、軍部、官僚、貴族院などに政党の影響力を浸透させる必要があった。このため、当時の政党指導者は政権を掌握すると、県知事など前内閣時に要職についていた官吏を更迭することで官僚を傘下に置こうとした。1930年代には、このような政党による官僚の政治的任用は腐敗をもたらすものとして厳しく批判された。

3 日中戦争になると政党政治批判は一層激しくなり、1940（昭和15）年には既成政党は解散し、全体主義的な一党制樹立のため憲法は停止された。このため衆議院議員選挙の実施も凍結され、太平洋戦争が終結するまで衆議院選挙は行われなかった。

4 占領下の我が国政府は、占領軍の意向を汲んで効率的な統治に当たることが必須条件とされた。占領軍は閣内の統一意思形成が難しい連立政権を嫌ったため、新憲法制定から55年体制崩壊に至るまで、我が国では連立政権は成立しなかった。占領期には保守政党が交互に内閣を組織する形で政権交代がなされた。

5 我が国の政党政治は、親分－子分関係など前近代的人間関係に基づく組織原理によって運営されている。保守政党の派閥はこの代表例であり、我が国の政党政治の伝統といってよい。したがって、第二次世界大戦前の我が国の政党においては、派閥の組織化は現在よりもはるかに強く、議員は原則としてどこかの派閥に属するものとされ、議員が派閥の方針に拘束される度合いは極めて大きかった。

PointCheck

◉初期議会 理解を深める ……【★☆☆】

日本最初の議会は、1890年11月に召集された。この第1回帝国議会では、衆議院で多数を占めていたのは、自由党、改進党を中心とする民党（野党）側であった。彼らが政府提出の予算案を大幅に削減しようとしたため、議会は紛糾した。政府は民党の一部議員の懐柔・離間工作を行い、この結果、板垣ら幹部を含む自由党内土佐派が政府の意向に同調することになった。そのため、予算案は一部の修正を行っただけで議会を通過した。

この後92年に開会した第4議会まで、衆議院では民党側が政府提出の予算案を削減することを試みる。これに対し、貴族院は衆議院の決定を覆し、藩閥政府を援護するために政府原案を復活させた。また、第5、第6議会では、当時交渉が進んでいた条約改正の問題で、民党側により政府が窮地に追い込まれるという場面もあった。そのため、政府は相次いで衆議院の解散を行って窮地を脱しようとした。このような中で、重要議案は可決を見ることなく、廃案あるいは審議未了となった。

知識を広げる

新体制運動

近衛文麿のイニシアチブによって推し進められた運動で、統制型の経済に基づく国家体制作りを目指す「革新官僚」と呼ばれる官僚の新しいグループ、国家社会主義者、陸軍の一部将校等により推進された。既成政党による政党政治を現状にそぐわないとするこの運動は1940年に特に活発化した。その結果、第二次近衛内閣期に、近衛を総裁に戴く官制の国民組織である大政翼賛会が発足することとなる。

◉派閥……………………………………………………【★★★】

⑴大政党と派閥

幹部議員といわゆる陣笠議員とを結びつける、政党内の非公式な集団を指す。大政党に典型的に現れる現象で、衆議院で中選挙区制が行われていた時代には、自民党と社会党のみが派閥を内部で作るほどの議員の数を有していた。特に55年体制下の自民党において派閥のシステムが発展したといわれる。

⑵自民党の派閥政治

自民党はその発足当初から派閥連合体の性格を帯びていたが、派閥が長期にわたって存続してきたのは、一般に、衆議院の中選挙区制と総裁公選制にあるとされる。

①中選挙区制

中選挙区制では、各選挙区で複数の候補者を擁立して当選させなければならなかった。そこで派閥が地域・支持団体を調整し、票の適当な分配を行ったのであった。

②総裁公選制

派閥の長は、自らの派閥に属する国会議員を基礎票として総裁の座＝総理大臣の座を目指した。1970年代から80年代にかけて派閥は極めて強い力をもつようになった。しかし、田中派を中心とする派閥抗争が激化すると、「派閥あって、国なし」という強い非難が国民からあがるに至る。衆議院選挙制度の改革によって小選挙区制が導入されたことにより、派閥の力は低下したといわれる。

A94 正解ー2

1ー誤　日清戦争までの衆議院は圧倒的与党優位の状況にあったわけではない。
2ー正　この後、政党は国民の支持を失い、軍部の影響力が拡大することになる。
3ー誤　憲法が停止された事実はない。
4ー誤　新憲法制定から55年体制崩壊（1993年）までに、片山・芦田連立政権があり、また中曽根政権も一時期、新自由クラブとの連立に踏み切っている。
5ー誤　派閥形成の傾向は戦後の方がより強い。

Q95 戦後の政治

問 我が国の戦後政治に関する次の記述のうち、妥当なものはどれか。 （国税専門官）

1 1947（昭和22）年、戦後初の総選挙で第一党となった日本社会党と自由党、国民協同党との3党連合による片山内閣が発足したが、この内閣は過半数に達しない少数連立内閣であった。

2 1955（昭和30）年、日本社会党の統一に引き続き、自由党と日本民主党が合同して自由民主党を結成した。これによって、その後長く続く政治の枠組みができあがった。

3 1960（昭和35）年、社会党右派が離党して民主社会党を結成した。同党は、5年以内の政権獲得を目指して、この年の総選挙で40人を当選させたが、その後は公明党、共産党に押され、20人前後の議席を占めるにとどまっている。

4 1967（昭和42）年の総選挙で、公明党は初めて国会に議席を獲得し、多党化に拍車がかかった。69年の総選挙では大幅に議席を伸ばして野党第二党となり、その後も一貫して野党第二党の地位を確保している。

5 1979（昭和54）年の総選挙で、大平内閣は一般消費税を打ち出したため過半数を制することができなかった。このため、新自由クラブから閣僚を起用して、2党連立による第二次大平内閣が発足することとなった。

PointCheck

◉ 55年体制……………………………………………………【★★★】

⑴社会党右派・左派統一と保守合同

1955年、共産党以外の社会主義政党が統合すると、これに対応することを迫られた保守政党、自由党と民主党も合同に踏み切った。これにより、この後日本の政党政治は2大政党制に移行するものと考えられた。一般的には、このような政治体制が55年体制と呼ばれる。しかし、実際には自民党の長期単独政権が続くこととなったのであった。

⑵ 55年体制の進展

自民長期政権の継続は、主に高度経済成長や政府の施策によって、50年代にみられたような経済格差が政治争点となりにくくなったことや、民社党の分裂にみられるように野党が多党化し、野党勢力が弱体化したことにあったと考えられる。そのため、この当時の状況は与野党の勢力比から、2大政党制ではなく、「1.5政党制」とも呼ばれる。

70年代に入り、公害問題や自民党の金権問題が注目を集めると、野党勢力は議席を増やすこともあったが、自民党から政権を奪うまでにはいかなかった。80年代に入ると、イデオロギーの対立が弱まり、国民生活が「一億総中流」意識をもつといわれるほどに向上するようになると、国民の野党離れが加速することになり、当時の社会党に「万年野党」という呼称が定着したことに見られるように、自民党の「一党優位性」が確立することになる。

⑶細川連立政権と55年体制崩壊

80年代の後半に至り、冷戦が終結するなどの国際環境の変化は自民党政権に従来のやり方の変更を迫った。特に湾岸戦争の勃発は、それまでともすればないがしろにされてきたきらいのある安全保障の問題が注目されるきっかけとなった。また、リクルート事件、自民党幹部による金権疑惑やスキャンダルは自民党に対する国民の信頼を大きく損なった。そして、93年半ばには自民党が分裂、非自民8党派が合流して細川連立政権が成立し、ここに55年体制は終焉を迎えたのであった。

◉公明党 理解を深める……【★☆☆】

1964年に発足した政党。宗教団体である創価学会を母体にしている。当初は宗教政党としての色彩が強かったが、70年に政教分離を表明し、70年代末から80年代初めに社会党との協調路線を採った。その後、中道路線を採るようになった。90年代後半には多くの議員を新進党に合流させたものの、同党が解散すると、98年に公明党に復帰した。

◉多党化 理解を深める……【★★☆】

1960年代の経済成長に伴い、保守長期政権が続くようになると、多党化の動きがみられるようになった。日本社会党から右派グループを中心に民主社会党（民社党）が60（昭和35）年に分立し、また64（昭和39）年には公明党が誕生した。さらに75（昭和50）年には、ロッキード事件にみられるような金権腐敗の体質からの脱却を目指し、新しい自由主義の創造を唱えて、河野洋平ら自民党から離党した議員が新自由クラブを結成した。

◉与野党（保革）伯仲 理解を深める……【★★☆】

1970年代半ばになると、金権問題や公害問題などが注目を浴び、自民党政権に対する批判が高まりをみせる。このような状況を背景にして、1976年に行われた総選挙では、自民党が保守合同後初めて過半数を割る大敗を喫し、時の三木政権は倒れた。

A95 正解－2

1－誤　戦後第1回の総選挙（1946年）の第一党は、自由党である。この結果、吉田内閣が発足した。片山内閣は、社会党・民主党・国民協同党の連合で、過半数を制していた。

2－正　この体制が55年体制といわれる。

3－誤　民主社会党（民社党）は、結党時衆議院議員が38人だったが、その年の総選挙の結果、17人にまで落ち込んだ。後に細川内閣・羽田内閣で連立政権に参加するが、1994年に解党した。

4－誤　公明党は60年代末、議席数を大幅に伸ばしたが、72年の総選挙では議席を減らし、野党第二党を共産党に譲っている。その後、細川内閣で連立与党となるまでは野党第二党であった。

5－誤　第二次大平内閣では、新自由クラブは連立に参加していない。

Q96 55年体制の政治家

問 戦後の我が国の政権に関する次の記述のうち、妥当なのはどれか。 （国家一般）

1 池田勇人内閣は、「寛容と忍耐」をスローガンに、所得倍増計画を提示して国民生活水準の顕著な向上と完全雇用の達成のために経済の安定的成長の極大化を目指した。また、外交面では、国際通貨基金（IMF）8条国へ移行して通商・金融面での自由化を果たすとともに、経済協力開発機構（OECD）への加盟を実現した。

2 佐藤栄作内閣は、対米協調路線を基本とし、対米貿易黒字が恒常化するなど深刻となっていた日米経済摩擦問題を解決するため、繊維輸出の自主規制を実施した。また、沖縄返還を目指したが、昭和45（1970）年の日米安全保障条約改定に対する国民的規模の反対運動を受け、返還交渉の合意に至ることなく同年、退陣した。

3 田中角栄内閣は、過密過疎を解消し、全国土に効果を及ぼすネットワークを形成するために鉄道、高速道路、情報通信網、港湾などの整備を図ることを主な内容とする「新全国総合開発計画（新全総）」を閣議決定した。また、昭和47（1972）年には田中首相が日中国交正常化を図るため中華人民共和国を訪問し、同年、日中平和友好条約が締結された。

4 福田赳夫内閣は、高まる政治不信に対して選挙制度改革で対応すべく小選挙区比例代表並立制を導入するための政治改革関連法案を提案した。また、不況脱出のための国際協力の重要性を主張し、日米独3国が高い成長率を達成することで積極的な役割を果たすという「機関車理論」を受け入れ、年7％成長の達成を国際公約とした。

5 大平正芳内閣は、高度経済成長を背景に衆議院、参議院同日選挙で自由民主党が圧勝した後誕生し、法案、予算などについて安定した国会運営を行った。また、外交面では、政府開発援助（ODA）倍増政策を打ち出すとともに地域の相互依存の深まりを重視して、アジア諸国に加え、米国、オセアニア諸国も含めた環太平洋連帯構想を提唱した。

PointCheck

◉ 60年代から70年代にかけての日本政治……………………………………………【★★☆】

1960年の安保改定は国民の強い反対を受けながらも、国会での強行採決という形で実現したが、そのために岸政権は退陣せざるを得なくなった。この事件はその後の自民党政権に、安全保障をはじめとする政治問題よりも経済問題を優先すべきという教訓を与えた。岸内閣を継いだ池田内閣は「所得倍増計画」を打ち出し、その後の内閣も基本的にはこの路線を踏襲した。一方で、70年代に入ると派閥の活動が活発化し、強い結束力を示すとともに日本の政治の方向性に極めて大きな影響を与えるようになった。70年代から80年代にかけて、田中派、大平派、三木派、中曽根派、福田派の間で、合従連衡と熾烈（しれつ）な闘争が展開されたのである。なかでも田中派と福田派との間の争いは激しく、「角福戦争」と呼ばれた。

知識を広げる

池田勇人内閣

第一次(1960 年 7 月〜 60 年 12 月)、第二次(〜 63 年 12 月)、第三次(〜 64 年 11 月)。池田勇人は所得倍増計画を掲げ、高度経済成長への道筋をつけた。これにより、岸内閣以降混乱していた政治的雰囲気が変わったといわれる。外交面では日米関係が基本とされた。また、この内閣の下で日本は IMF8 条国に移行し、OECD にも加盟した。

田中角栄内閣

第一次（1972 年 7 月〜 12 月)、第二次（〜 74 年 12 月)。田中角栄は、首相就任時、国民各層からの大きな支持を受けていた。54 歳の田中は戦後の首相としては若く、また学歴が小学校卒であり、国民の目には庶民的に映ったからである。「決断と実行」をスローガンにして、72 年 9 月には日中国交正常化を実現し、内政面では「日本列島改造論」を掲げた。しかし、この政策の結果、地価の高騰や急激なインフレがもたらされ、週刊誌で金権スキャンダルが噴出すると、その責任をとって退陣した。

福田赳夫内閣

1976 年 12 月〜 78 年 12 月。三木内閣の後を受けて成立した。78 年 8 月に日中平和友好条約に調印。78 年 11 月には自民党初の党総裁予備選挙で大平正芳に敗れ、退陣。

A96 正解ー1

1 ー正　国内経済成長を背景に、国際的地位の向上も達成した。

2 ー誤　佐藤栄作は経済重視の池田内閣を引き継ぎ、外交・平和面での成果（日米繊維摩擦の解決・沖縄返還・非核三原則）も評価されている。ただ、7 年を越える長期政権に対する自民党内の不満があり、後継総裁選で田中角栄が勝利した後に内閣総辞職をしている。

3 ー誤　「新全総」は佐藤政権下での行政計画であり、日中平和友好条約を締結したのは田中の次の福田政権下である。

4 ー誤　2 年足らずの在任で福田赳夫内閣の実績は、日中平和友好条約、サミットでの「機関車国理論」、東南アジア協調の「福田ドクトリン」など、外交に関するものが多い。自民党内の派閥抗争の中、政治改革など内政は停滞気味といわれた。政治改革関連法案が具体化されるのは後の海部政権で、成立は細川政権まで待つことになる。

5 ー誤　福田赳夫との自民党総裁選に勝利し大平政権は誕生し、対米協調路線、環太平洋連帯構想など、新冷戦下の外交に尽力した。初めての衆参同日選挙を行うも選挙期間中に大平が急死し、「弔い選挙」は自民党の圧勝となった。

Q97 戦後の連立政権

問　第二次世界大戦後の我が国の連立政権に関する次の記述のうち、妥当なものはどれか。
（国家一般）

1　第二次世界大戦後初の衆議院選挙で第一党となった自由党と進歩党との連立で組閣された鳩山内閣は、安定した政治基盤の下で連続7年を超える長期政権となった。その間、憲法改正やサンフランシスコ講和条約および日米安全保障条約の締結など、我が国の国際社会への復帰に向けて、大きな成果を上げた。また、対米協調下で経済外交を重視し、再軍備には消極的であった。

2　社会党は、日米安全保障条約の締結をめぐる国内世論の昏迷の中で、左右両派が合同を果たした。その後、戦後初めての中選挙区制の下で行われた衆議院選挙で第一党となり、民主党との連立で片山内閣が成立した。我が国初の社会党政権であったが、党内の路線対立が激しく、10ヶ月足らずで民主自由党の吉田内閣に政権を譲り渡すこととなった。

3　宮沢政権の下で進められた選挙制度改革により、小選挙区比例代表並立制が新たに導入された。この制度の下で行われた衆議院選挙の結果、自民党の議席数は過半数を割り込み、日本新党などによる連立政権である細川内閣が発足した。細川内閣は、政治資金規正法の改正や政党助成法の制定など政治改革に積極的に取り組んだが、連立与党間において他の政策課題をめぐる主張の隔たりが大きく、社会党の政権離脱により総辞職となった。

4　平成6（1994）年に、村山社会党委員長を首班として、社会党、新進党、新党さきがけの3党による連立政権が発足した。村山内閣では、戦後50年の節目にアジア諸国に対するお詫びの気持ちを表明する談話を公表するなど戦後処理問題に取り組んだほか、地方分権推進法の制定などの成果を上げた。しかし、国連平和維持活動への自衛隊の派遣を巡り連立与党間の意見集約ができなかったことから連立政権を維持できず、村山内閣は総辞職した。

5　第一次橋本内閣は、自民党、社民党、新党さきがけによる連立政権であったが、第二次橋本内閣では、社民党および新党さきがけは閣外協力することとなり、自民党が単独内閣を組織した。この内閣は、内閣機能の強化、中央省庁の再編成、政策評価制度の導入、独立行政法人制度の創設などの中央省庁等改革の実現に取り組んだ。

PointCheck

◉連立政権……………………………………………………………………【★★☆】

日本の戦後政治において、保守・革新ともに政党が複数あったために、連立政権は戦後しばらくの間は常態であったといえる。しかし、55年体制が始まるとともに、むしろ例外的なものとなった。

そして、1990年代以降は、一転して再び単独政権の方が例外的となる。小選挙区制の導入によって、イギリス・アメリカにみられるような二大政党制が日本でも形成されるものと予想されたが、日本ではむしろ連立政権が組まれることが多くなったのである。

なお、衆議院での過半数維持のために不可欠の小党は、勢力比以上の影響力をもつことがあるとされ、それは「相対的弱者効果」と呼ばれるが、小渕連立政権の自由党はそのような力を発揮した例といえる。

◉**主な連立政権**……【★☆☆】

内閣名	連立の状況
片山内閣	日本社会党、民主党、国民協同党などの連立。社会党内の左右両派の対立により、総辞職に追い込まれる
芦田内閣	片山内閣と同じ連立枠組みの政権。昭和電工疑獄事件で総辞職
中曽根内閣	自民党と新自由クラブとの連立。戦後政治の総決算を掲げる。新保守主義を唱え、国鉄、電電公社、専売公社を民営化
細川内閣	日本新党を中心に、日本共産党を除く非自民８党派による連立政権。55 年体制が終焉を迎える。衆議院への小選挙区比例代表並立制を導入
村山内閣	日本社会党、自民党、新党さきがけによる連立政権。片山内閣以来の社会党が首班を出した政権。阪神淡路大震災、オウム事件発生
橋本内閣	村山内閣と同じ連立枠組みの政権。ただし、第二次橋本内閣では、社会民主党、新党さきがけが閣僚を出さなかった
小渕内閣	自民党、自由党、公明党（第二次）による連立内閣
小泉内閣	自民党と公明党による連立政権。道路公団および郵政民営化
第一次安倍内閣	自民党・公明党の連立内閣。2007 年参院選で自民党大敗により辞任。続く福田・麻生内閣では、参議院で野党が過半数の「ねじれ国会」が生じる
菅内閣	政権交代を実現した民主党・鳩山内閣は、沖縄米軍基地移設問題での社民党連立政権離脱や、「政治とカネ」の問題で退陣。続く菅内閣は国民新党との連立を維持するも、2010 年参院選で再びねじれ状態に

A97 正解－5

1－誤　この時首班であったのは吉田茂である（第一次吉田内閣）。鳩山一郎は公職追放されたため、この時は首相になれなかった。戦後２回目の総選挙（1947 年）では社会党が第一党となり、片山内閣が成立する。

2－誤　社会党の左右両派が合同したのは 1955 年である。また、片山内閣の次は芦田内閣である。

3－誤　小選挙区比例代表並立制が導入されたのは、細川政権のときである。

4－誤　村山内閣は、自民党・社会党・新党さきがけ（自社さ）の連立政権である。国連平和維持活動への自衛隊の派遣をめぐる与野党間の意見の集約ができなかったことから総辞職したわけではない。PKO 協力法・自衛隊カンボジア派遣は宮沢政権の時である。

5－正　この内閣で始まった行政改革の結果、現行の１府 12 省庁体制が誕生した。

Q98 戦前の外交

問　1921年から1922年にかけて軍備制限と太平洋・極東問題を討議するために開催された「ワシントン会議」に関する次の記述うち、妥当なものはどれか。　(国家総合類題)

1　ワシントン会議の正式参加国は、アメリカ、イギリス、フランス、日本、ドイツの５カ国であり、このほか中国がオブザーバーとして参加した。
2　軍縮問題については、主力艦の保有量の比率に関し日本が主張を譲り、イギリス、アメリカ、日本の比率は５：５：３とされた。しかし、日本は帝国議会の反対もあり、軍縮を実行に移そうとしなかった。
3　中国については、参加国の間で領土の保全と機会均等に関して条約を締結するとともに、不平等条約の改定により、中国の主権回復が実現した。
4　山東問題については、日中両国間の直接交渉が会議外で進められたが、旧ロシア（ソ連）権益の中国への返還要求を日本側は一切拒否した。
5　ワシントン会議では、日英同盟問題も討議され、交渉の結果、太平洋の属領諸島に関する四カ国条約が結ばれ、それとともに日英同盟の失効が確認された。

PointCheck

◉ワシントン会議（1921～22年）……………………………………………【★☆☆】

・四カ国条約（1921年）……太平洋諸島の現状維持と紛争の平和的解決
　(日、米、英、仏)　　　　→日英同盟廃止を決定
・九カ国条約（1922年）……中国の領土・独立・主権の尊重、門戸開放、商工業の機会均等
　(日、米、英、仏、伊、ベルギー、ポルトガル、オランダ、中国)
・山東懸案解決に関する条約（1922年、日中二国間）→日本が山東省における権益を返還

◉ワシントン体制……………………………………………………………【★★☆】

「ワシントン体制」とは、アメリカのハーディング大統領の提唱により開催されたワシントン会議で締結された諸条約・協定に基づき、東アジア・太平洋地域に形成された国際秩序を指す。日本は、原首相が積極的な支持を表明し、英米協調路線が基軸となった。この路線は、加藤高明・若槻礼次郎・浜口雄幸憲政会＝民政党内閣においても継承され、さらに、中国に関しては中国情勢への不干渉と商業進出が方針とされた（当時外相であった幣原喜重郎外相の名をとって「幣原外交」と呼ばれる）。第一次世界大戦後、アメリカは日本の帝国主義的政策に懸念をもっており、ワシントン体制はそのような日本の動きを封じることを目的とするものであった。しかし、日本は当時経済力において米・英に遠く及ばず、また英米への経済上の依存度も高かった。そのような理由から、1920年代の日本政府は、英米協調路線を歩むが、1930年代に入り、日本はワシントン体制に挑戦する方針に転換し、最終的に太平洋戦争が勃発することとなった。

◉ロンドン会議から政党内閣の終焉へ……………………………………【★★☆】

ワシントン条約では対象となっていなかった補助艦の保有制限について交渉するため、1930 年、ロンドンで軍縮会議が開催された。この会議で浜口雄幸内閣は、軍令部や野党の政友会をはじめとする国内の反対を押し切って条約に署名する。しかし、軍令部の意向を無視したのは天皇の統帥権を干犯するものであるとする世論が巻き起こり、浜口首相が銃撃されるという事件が発生する。その後、首相や閣僚、経済界の有力者をねらったテロが活発化し、1932（昭和 7）年 5 月 15 日には、海軍将校を中心とするグループにより犬養毅首相が首相官邸で暗殺されるという五・一五事件が発生、ここに 1920 年代半ばの加藤高明内閣の成立から続いてきた日本の政党内閣は終焉を迎えることになった。

◉戦間期の主な軍縮条約……………………………………【★☆☆】

条約名	対象	内容
ワシントン海軍軍縮条約 （1922 年）	主力艦	英・米・日・仏・伊の保有比率を 5：5：3：1.67：1.67 主力艦の新規建造を 10 年間中止する
ロンドン海軍軍縮条約 （1930 年）	補助艦	英・米・日の保有比率を 10：10：7 主力艦の建造中止期間を 5 年延期する

Level up Point!
日本政治史の分野からは、戦後の政党制や政治過程についての出題が多い。おろそかになりがちな戦前の外交政策については、教養試験の強化も兼ねてここでチェックしておきたい。

A98 正解ー5

1 ー誤　ドイツは参加していない。イタリアが参加した。
2 ー誤　日本は同条約を履行した。
3 ー誤　中国は、主権を失ってはいない。
4 ー誤　日本は中国との間で山東省の問題に関し、二国間条約を結んだ。また、山東省にあったのはドイツ権益である。
5 ー正　日英同盟は桂内閣下の 1902 年に締結され、1921 年のワシントン会議にて廃止が決定された。同盟の失効自体は 1923 年である。

Q99 戦後の安全保障政策

問　我が国の安全保障政策に関する次の記述のうち、妥当なものはどれか。　（国家一般）

1　第二次世界大戦後、吉田内閣においてサンフランシスコ講和条約が調印されると同時に、日米安全保障条約も調印された。日米安全保障条約は、昭和35（1960）年に改定され現在に至っているが、集団的自衛権をめぐり議論がなされてきた。内閣法制局は、個別的自衛権の行使は憲法に違反するが、集団的自衛権の行使は憲法に違反しないという見解を示している。

2　1960年代、安全保障政策の原則の一つである「非核三原則」が佐藤内閣により提唱された。この原則は、核兵器をもたず、作らず、使用しないことをうたったものであり、沖縄の返還と関連して70年代に入り国会で決議された。

3　1980年代、大平内閣は安全保障政策に「総合安全保障」という概念を導入した。この背景には、とりわけ資源のほとんどを海外に依存している我が国にとって、非軍事的な脅威に対応する安全保障、非軍事的手段による安全保障も必要だという認識が、石油危機を契機として高まったことが挙げられる。

4　1990年代初め、宮沢内閣において国際平和協力法が、自衛隊の国連平和維持活動への参加の是非と憲法解釈をめぐる与野党間の論戦を経て成立した。同法に基づき、初めて自衛隊の海外派遣が、モザンビークでの国連平和維持活動に参加するために行われた。

5　1990年代半ば、橋本内閣のときに日米安全保障共同宣言が行われた。この宣言は、冷戦後の日米同盟の重要性を再認識し、「日米防衛協力のための指針（ガイドライン）」の見直しを引き続き行うことを表明した。ガイドラインは、78年に初めて設定されて以来、5年ごとに見直しが行われている。

PointCheck

●日本の主要な外交・安全保障政策……………………………………………………【★★★】

内閣名	外交・安全保障政策
吉田内閣	警察予備隊発足（1950）→保安隊（52）→自衛隊（54）
鳩山内閣	ソ連との国交回復、国際連合に加盟（1956）
岸内閣	日米安全保障条約を改定（1960）
佐藤内閣	非核三原則（もたず・つくらず・もちこませず）を言明
福田内閣	アジア外交の三原則＝福田ドクトリンを表明。日本の軍事大国化を否定（1977）
大平内閣	日米防衛協力のための指針（ガイドライン）を決定（1978）
中曽根内閣	日米の運命共同体としての同盟関係を強調（1983）
宮沢内閣	国連平和維持活動協力法成立。カンボジアPKOのため自衛隊を派遣（1992）
橋本内閣	ガイドラインに「日本周辺事態有事」の協力を盛り込む（1997）
小泉内閣	テロ対策特別措置法成立。イラクへ自衛隊派遣
安倍内閣	ガイドラインに、有事から平時まで軍事的協調行動を行う「切れ目のない対応」や、世界規模での協力・支援体制を定める（2015）

◉福田ドクトリン……【★☆☆】

1970年代後半、ベトナムからアメリカが撤退し、ソ連の勢力がアジアに拡大してくるに伴い、日本は新たな安全保障の枠組みを打ち立てることを迫られた。その認識の下に1977年に出されたのが、福田ドクトリンである。①日本の軍事大国化の否定、②東南アジア諸国と密接な関係の構築、③東南アジア全域の平和と繁栄への寄与、の三本柱からなる。

◉非核三原則……【★★★】

核兵器を、もたず、つくらず、もちこませずとするもの。1968年国会では、「非核三原則決議」が採択されたが、それ以来、日本の国是とされてきた。しかし「非核三原則」は、当時から米国の「核の傘」への依存という矛盾を抱えたものであった。

◉テロ対策特別措置法……【★☆☆】

アメリカ軍やその他の国家の軍による、対テロ戦争への協力を主眼とする法律。日本は、米軍やその他の外国軍に物品や役務の提供、遭難者の捜査活動、被災者の支援などの活動を公海や相手国の同意を得た領域で行うことになっている。2007年11月に期限切れとなり、海上自衛隊は海上における給油支援活動を停止した。以後、インド洋で給油活動を再開するための新テロ対策特別措置法が、越年国会、参院否決・衆院再可決という異例の方法で2008年1月に成立した。

◉日米防衛協力のための指針（ガイドライン）……【★★★】

1978年に承認された指針では、情報、作戦、後方支援のため日米両国が協力する態勢の整備であったが、1997年には、「周辺事態」での日米の防衛協力の重要性を強調し、さらに2015年には、有事のみならず平時から軍事的協調行動、地球規模での日米協力体制を定めた改定が行われた。これによって、周辺国有事の際の後方支援に限らない自衛隊の後方支援、集団的自衛権を容認する安全保障法制が作り上げられた。

冷戦終結後、アジア特に極東の国際情勢が不安定といわれている。これに伴い、日本の安全保障政策が、外交政策、憲法解釈論とセットで議論されている。

A99 正解ー3

1ー誤　政府見解では、必要最小限の「個別的自衛権」は憲法上認められるとする。「集団的自衛権」は、国際法上日本も有するが、憲法上許されないと解している。

2ー誤　「非核三原則」とは、「もたず、つくらず、もちこませず」。

3ー正　80年代に入ると貿易摩擦激化とともに、アメリカは日本に安全保障の分野で応分の負担を迫るようになった。

4ー誤　カンボジアでのPKO活動（1992年）が最初のもの。

5ー誤　この見直しは、1978年のガイドライン制定以来のもの。5年ごとの見直しは行われていない。

Q100 財政史

問　近代日本の財政と政治に関する次の記述のうち、妥当なものはどれか。　(国家一般)

1　明治維新後、日清戦争勃発までの時期において、政府は国内政治の紛糾を避けるために、専ら外資導入によってその財政的基礎を築いた。西南戦争後の財政担当責任者となった、松方正義は思い切ったインフレ政策をとり、1880年代を通して、米価は上昇し続けたため、この時期の地主の租税負担はきわめて軽微なものであった。したがって、政府と地主の間にはこの時期を通して協調関係が維持されていた。

2　日清戦争後の清国への遼東半島の返還を要求した、いわゆる三国干渉によって日本国内には朝野を問わず、ロシアに対する復讐心が強まった。国民は対露復讐戦準備のための増税の導入に協力し、また日露戦争勃発時には戦時公債はおおむね国内市場で引き受けられた。このため、日露戦争においては、外債の調達は重視されず、むしろ英米からの政治的・経済的独立が目指された。

3　1931（昭和6）年12月に発足した犬養毅内閣は、金輸出を再禁止した。これ以後、2・26事件まで続いた「高橋財政」と呼ばれる時期においては、為替レートの下落放任、国内における金利の引き下げ、財政支出の拡大策などが採られた。これにより輸出は増進し、内需も財政支出を先頭に消費や民間投資も伸び始めて、日本経済は次第に恐慌から回復していった。

4　日中戦争が勃発すると、国際収支を均衡させながら戦時増産を行うために、統制経済の導入が不可欠となった。しかしながら、統制経済は社会主義的計画化を連想させるため、政府内には強い反対論があった。特に、反共産主義イデオロギーの根強かった石原莞爾をはじめとする陸軍参謀本部は、統制経済の導入に反対し、大蔵省と対立した。

5　冷戦の深刻化は、日本を西側陣営にとどめるため、アメリカの対日占領政策の転換を促した。このため、1949（昭和24）年に来日したドッジは、ドッジ・ラインと呼ばれる一連の財政・金融政策を打ち出した。これは、戦後不況にあえぐ日本経済を公債の発行と大規模な公共投資によって救済しようとしたものであり、資本・労働の両陣営から歓迎された。

PointCheck

◉松方財政……………………………………………………………………【★★☆】

松方正義は、1881（明治14）年からほぼ11年間にわたって日本の財政の舵を取った。松方が大蔵卿に就任したとき、日本は経済危機の状況にあった。前任の大隈重信が行った積極財政が、西南戦争の処理などでの不換紙幣の急増によって失敗したためである。松方は緊縮財政を目指し、具体的には、軍拡・鉄道建設以外の歳出の削減、政府事業の地方への移譲、消費税をはじめとする増徴、不換紙幣の整理を行った。この結果、財政状況は好転したものの、物価が下落し不況が訪れることとなった。これは松方デフレとも呼ばれる。

◉高橋財政……………………………………………………………………【★★☆】

1930（昭和５）年１月、時の浜口内閣は金解禁を行った。しかし、アメリカで大恐慌が始まったばかりであり、この影響もあって、金解禁は日本の景気を大きく落ち込ませるものとなった。1931（昭和６）年に蔵相に就任した高橋是清は、就任早々に金輸出を禁止し、為替を低水準に誘導する政策を採った。これにより、日本製品、特に綿織物などの輸出が増加した。しかし、軍事費の増加や農村の不況対策などのため政府支出は、高橋蔵相の下で大幅な増加傾向を見せた。

◉経済統制……………………………………………………………………【★☆☆】

日本では1920年代末以降、ソ連の第一次５カ年計画（1928年）に刺激され経済統制への関心が高まった。満州国では一足先に経済統制政策が実施されていたが、日本国内でも1937年には、日中戦争の勃発に伴い、生産拡充計画や物資動員計画などの戦時経済統制が始まる。しかし、この経済統制は所期の効果を上げられず、ソ連やドイツのような政経両面での全体主義的な国家構築が、一部の政治家や官僚、軍人の中で高まりを見せた。この動きは、大政翼賛会や経済新体制構想という形で結実することになる。

◉ドッジ・ライン……………………………………………………………【★★★】

1947年以降、米ソ関係が急速に悪化したことから、アメリカは対日政策を変更し、日本の経済的自立を早め、経済的安定を確立するという方針を立てた。それに基づき、アメリカの公使ジョセフ・ドッジが来日し、一連の経済政策を指導した。その内容は、①均衡予算の作成、②単一為替レート（1ドル＝360円）の実施、③見返り資金の創設による輸出の促進などで、これにより戦後のインフレは沈静化した。

Level up Point!

最新政治学の状況からは、財政政策的な側面も重要なポイントとなる。経済・財政学の知識に加えて、政治学からは近代の財政史をまとめておくことが望ましい。

A100 正解－3

1－誤　殖産興業政策や西南戦争の軍事費調達（不換紙幣の乱発）のために悪性のインフレが生じていたのに対し、大蔵卿松方正義が採ったのはデフレ政策である。このため、農民の生活は窮乏を極め、寄生地主制の進展をみた。

2－誤　日露戦争では、軍事費のうちの相当な部分を外債に依存せざるを得なかった（1902年に日英同盟が成立していたこともあり、高橋是清日銀副総裁が英国に派遣された）。

3－正　高橋是清蔵相は、就任当日に金輸出再禁止を断行、井上財政（緊縮財政、国債の縮減、金輸出解禁）から路線転換した。そして、満州事変、五・一五事件と事態が急展開する中で、財政膨張を賄うために赤字公債発行を余儀なくされた。

4－誤　石原莞爾をはじめとする陸軍参謀本部は、むしろ統制経済推進派である。

5－誤　ドッジ・ラインは、通貨価値の安定を優先させる緊縮政策である。

INDEX

※色のついた数字は、Level 2 です。

【さ行】

【た行】

【な行】

【は行】

【ま行】

【や行】

【ら行】

◆参考文献

飯坂良明	『現代政治学』	日本放送出版協会
高畠通敏	『政治学への道案内』	三一書房
山川雄巳	『政治学概論』	有斐閣
辻中豊	『利益集団』	東京大学出版会
升味準之助	『日本政治史１～４』	東京大学出版会
内田満 他	『現代政治学の基礎知識』	有斐閣
藤原保信	『政治思想の現在』	早稲田大学出版部
田口富久治	『政治学の基礎知識』	青木書店
大西健夫 編	『ドイツの政治』	早稲田大学出版部
奥島孝康・中村紘一 編	『フランスの政治』	早稲田大学出版部
白鳥令・佐藤正志 編	『現代の政治思想』	東海大学出版会
森尾忠憲	『政治学』	創成社
小笠原弘親 他	『政治思想史』	有斐閣
片岡寛光・奥島孝康	『アメリカの政治』	早稲田大学出版部
佐々木毅 他	『西洋政治思想史』	北樹出版
白鳥令・砂田一郎 編	『現代政党の理論」	東海大学出版会
大嶽秀夫 他	『政治学』	有斐閣
勝田吉太郎・山崎時彦 編	『政治思想史入門』	有斐閣
大山礼子	『国会学入門」	三省堂
西原正・土山實夫 編	『日米同盟 Q&A』	亜紀書房
中村勝範 編	『主要国政治システム概論』	慶應義塾大学出版会
深川由紀子	『2 時間でわかる 図解 韓国の仕組み』	中経出版
馬場康男・岡沢憲芙 編	『イタリアの政治』	早稲田大学出版部
川勝平太・三好陽 編	『イギリスの政治』	早稲田大学出版部
G．サルトーリ／岡沢憲芙・川野秀之 訳	『現代政党学』	早稲田大学出版部
川上貞史 他	『現代の政党と選挙』	有斐閣
堀江湛 編	『現代政治学』	法学書院
久米郁男 他	『政治学』	有斐閣
加藤秀治郎	『政治学』	芦書房
加茂利男 他	『現代政治学』	有斐閣
秦郁彦 編	『世界諸国の制度・組織・人事』	東京大学出版会
大学教育社 編	『現代政治学事典』	ブレーン出版
阿部齊 他 編	『現代政治学小辞典　新版』	有斐閣
猪口孝 他 編	『政治学事典』	弘文堂
内田満 編	『現代日本政治小辞典』	ブレーン出版
外務省外交史料館日本外交史辞典編集委員会	『日本外交史辞典』	山川出版社
中国研究所 編	『中国年鑑』	創土社

本書の内容は、小社より2020年3月に刊行された
「公務員試験 出るとこ過去問 7 政治学」(ISBN：978-4-8132-8749-0)
および2023年3月に刊行された
「公務員試験 出るとこ過去問 7 政治学 新装版」(ISBN：978-4-300-10607-5)
と同一です。

公務員試験　過去問セレクトシリーズ

公務員試験(こうむいんしけん)　出(で)るとこ過去問(かこもん)　7　政治学(せいじがく)　新装第2版(しんそうだいはん)

2020年 4 月 1 日　初　　版　第 1 刷発行
2024年 4 月 1 日　新装第2版　第 1 刷発行

編 著 者　T A C 株 式 会 社
(出版事業部編集部)
発 行 者　多 田 敏 男
発 行 所　TAC株式会社　出版事業部
(TAC出版)

〒101-8383
東京都千代田区神田三崎町 3-2-18
電話　03 (5276) 9492 (営業)
FAX　03 (5276) 9674
https://shuppan.tac-school.co.jp/

印　　刷　株式会社 光 邦
製　　本　株式会社 常 川 製 本

ISBN 978-4-300-11127-7
N.D.C. 317

公務員講座のご案内

大卒レベルの公務員試験に強い！

2022年度 公務員試験

公務員講座生※1
最終合格者延べ人数※2

5,314名

※1 公務員講座生とは公務員試験対策講座において、目標年度に合格するために必要と考えられる、講義、演習、論文対策、面接対策等をパッケージ化したカリキュラムの受講生です。単科講座や公開模試のみの受講生は含まれておりません。
※2 同一の方が複数の試験種に合格している場合は、それぞれの試験種に最終合格者としてカウントしています。(実合格者数は2,843名です。)
＊2023年1月31日時点で、調査にご協力いただいた方の人数です。

国家公務員(大卒程度)		計2,797名
地方公務員(大卒程度)		計2,414名
国立大学法人等	大卒レベル試験	61名
独立行政法人	大卒レベル試験	10名
その他公務員		32名

1位 全国の公務員試験で合格者を輩出！

詳細は公務員講座(地方上級・国家一般職)パンフレットをご覧ください。

2022年度 国家総合職試験

公務員講座生※1
最終合格者数 **217名**

法律区分	41名	経済区分	19名
政治・国際区分	76名	教養区分※2	49名
院卒/行政区分	24名	その他区分	8名

※1 公務員講座生とは公務員試験対策講座において、目標年度に合格するために必要と考えられる、講義、演習、論文対策、面接対策等をパッケージ化したカリキュラムの受講生です。単科講座や公開模試のみの受講生は含まれておりません。
※2 上記は2022年度目標の公務員講座最終合格者のほか、2023年度目標公務員講座生の最終合格者40名が含まれています。
＊ 上記は2023年1月31日時点で調査にご協力いただいた方の人数です。

2022年度 外務省専門職試験

最終合格者総数55名のうち
54名がWセミナー講座生※1です。

合格者占有率※2 **98.2%**

外交官を目指すなら、実績のWセミナー

※1 Wセミナー講座生とは、公務員試験対策講座において、目標年度に合格するために必要と考えられる、講義、演習、論文対策、面接対策等をパッケージ化したカリキュラムの受講生です。各種オプション講座や公開模試など、単科講座のみの受講生は含まれておりません。また、Wセミナー講座生はそのボリュームから他校の講座生と掛け持ちすることは困難です。
※2 合格者占有率は「Wセミナー講座生(※1)最終合格者数」を、「外務省専門職採用試験の最終合格者総数」で除して算出しています。また、算出した数字の小数点第二位以下を四捨五入して表記しています。
＊ 上記は2022年10月10日時点で調査にご協力いただいた方の人数です。

WセミナーはTACのブランドです

無料体験入学のご案内

3つの方法でTACの講義が体験できる!

教室で体験

迫力の生講義に出席

予約不要! 最大3回連続出席OK!

1. 校舎と日時を決めて、当日TACの校舎へ

TACでは各校舎で毎月体験入学の日程を設けています。

2. オリエンテーションに参加(体験入学1回目)

初回講義「オリエンテーション」にご参加ください。体験入学ご参加の際に個別にご相談をお受けいたします。

3. 講義に出席(体験入学2・3回目)

引き続き、各科目の講義をご受講いただけます。参加者には体験用テキストをプレゼントいたします。

- 最大3回連続無料体験講義の日程はTACホームページと公務員講座パンフレットでご覧いただけます。
- 体験入学はお申込み予定の校舎に限らず、お好きな校舎でご利用いただけます。
- 4回目の講義前までにご入会手続きをしていただければ、カリキュラム通りに受講することができます。

※地方上級・国家一般職、理系(技術職)、警察・消防以外の講座では、最大2回連続体験入学を実施しています。また、心理職・福祉職はTAC動画チャンネルで体験講義を配信しています。
※体験入学1回目や2回目の後でもご入会手続きは可能です。「TACで受講しよう!」と思われたお好きなタイミングで、ご入会いただけます。

ビデオで体験

校舎のビデオブースで体験視聴

TAC各校のビデオブースで、講義を無料でご視聴いただけます。(要予約)

各校のビデオブースでお好きな講義を視聴できます。視聴前日までに視聴する校舎受付までお電話にてご予約をお願い致します。

ビデオブース利用時間 ※日曜日は④の時間帯はありません。

① 9:30 ~ 12:30　② 12:30 ~ 15:30
③ 15:30 ~ 18:30　④ 18:30 ~ 21:30

※受講可能な曜日・時間帯は一部校舎により異なります。
※年末年始・夏期休業・その他特別な休業以外は、通常平日・土日祝祭日にご覧いただけます。
※予約時にご希望日とご希望時間帯を合わせてお申込みください。
※基本講義の中からお好きな科目をご視聴いただけます。(視聴できる科目は時期により異なります)
※TAC提携校での体験視聴につきましては、提携校各校へお問合せください。

Webで体験

スマートフォン・パソコンで講義を体験視聴

TACホームページの「TAC動画チャンネル」で無料体験講義を配信しています。時期に応じて多彩な講義がご覧いただけます。

TACホームページ https://www.tac-school.co.jp/

※体験講義は教室講義の一部を抜粋したものになります。

TAC出版 書籍のご案内

TAC出版では、資格の学校TAC各講座の定評ある執筆陣による資格試験の参考書をはじめ、資格取得者の開業法や仕事術、実務書、ビジネス書、一般書などを発行しています！

TAC出版の書籍

＊一部書籍は、早稲田経営出版のブランドにて刊行しております。

資格・検定試験の受験対策書籍

- 日商簿記検定
- 建設業経理士
- 全経簿記上級
- 税　理　士
- 公認会計士
- 社会保険労務士
- 中小企業診断士
- 証券アナリスト
- ファイナンシャルプランナー(FP)
- 証券外務員
- 貸金業務取扱主任者
- 不動産鑑定士
- 宅地建物取引士
- 賃貸不動産経営管理士
- マンション管理士
- 管理業務主任者
- 司法書士
- 行政書士
- 司法試験
- 弁理士
- 公務員試験(大卒程度・高卒者)
- 情報処理試験
- 介護福祉士
- ケアマネジャー
- 社会福祉士　ほか

実務書・ビジネス書

- 会計実務、税法、税務、経理
- 総務、労務、人事
- ビジネススキル、マナー、就職、自己啓発
- 資格取得者の開業法、仕事術、営業術
- 翻訳ビジネス書

一般書・エンタメ書

- ファッション
- エッセイ、レシピ
- スポーツ
- 旅行ガイド（おとな旅プレミアム/ハルカナ）
- 翻訳小説

(2021年7月現在)

書籍のご購入は

1 全国の書店、大学生協、ネット書店で

2 TAC各校の書籍コーナーで

資格の学校TACの校舎は全国に展開!
校舎のご確認はホームページにて

資格の学校TAC ホームページ
https://www.tac-school.co.jp

3 TAC出版書籍販売サイトで

CYBER BOOK STORE TAC出版書籍販売サイト

TAC 出版 で 検索

24時間ご注文受付中

https://bookstore.tac-school.co.jp/

新刊情報をいち早くチェック!

たっぷり読める立ち読み機能

学習お役立ちの特設ページも充実!

TAC出版書籍販売サイト「サイバーブックストア」では、TAC出版および早稲田経営出版から刊行されている、すべての最新書籍をお取り扱いしています。
また、無料の会員登録をしていただくことで、会員様限定キャンペーンのほか、送料無料サービス、メールマガジン配信サービス、マイページのご利用など、うれしい特典がたくさん受けられます。

サイバーブックストア会員は、特典がいっぱい! (一部抜粋)

通常、1万円(税込)未満のご注文につきましては、送料・手数料として500円(全国一律・税込)頂戴しておりますが、1冊から無料となります。

専用の「マイページ」は、「購入履歴・配送状況の確認」のほか、「ほしいものリスト」や「マイフォルダ」など、便利な機能が満載です。

メールマガジンでは、キャンペーンやおすすめ書籍、新刊情報のほか、「電子ブック版TACNEWS(ダイジェスト版)」をお届けします。

書籍の発売を、販売開始当日にメールにてお知らせします。これなら買い忘れの心配もありません。

地方上級・国家一般職(大卒程度)・国税専門官 等 対応　TAC出版

過去問学習

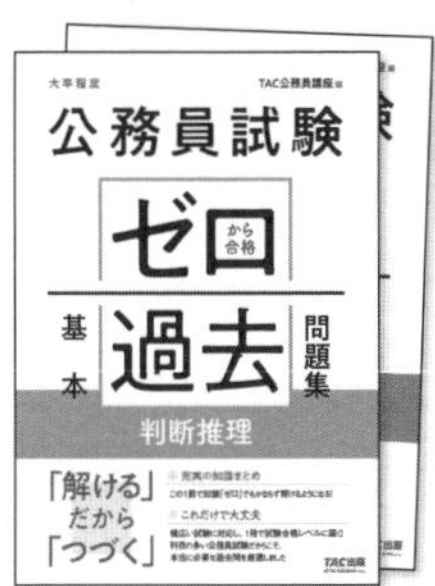

『ゼロから合格 基本過去問題集』
A5判
TAC公務員講座
●「解ける」だから「つづく」／充実の知識まとめでこの1冊で知識「ゼロ」から過去問が解けるようになる、独学で学習を始めて完成させたい人のための問題集です。

全12点
・判断推理　・数的推理　・空間把握・資料解釈
・憲法　・民法Ⅰ　・民法Ⅱ
・行政法　・ミクロ経済学　・マクロ経済学
・政治学　・行政学　・社会学

『一問一答で論点総チェック』
B6判
TAC公務員講座講師 山本 誠
●過去 20 年の出題論点の 95%以上を網羅
●学習初期の確認用にも直前期のスピードチェックにも

全4点
・憲法　・民法Ⅰ
・民法Ⅱ　・行政法

『出るとこ過去問』 A5判
TAC出版編集部
●本試験の難問、奇問、レア問を省いた効率的なこの1冊で、合格ラインをゲット！ 速習に最適

全16点
・憲法　・民法Ⅰ　・民法Ⅱ
・行政法　・ミクロ経済学　・マクロ経済学
・政治学　・行政学　・社会学
・国際関係　・経営学　・数的処理(上・下)
・自然科学　・社会科学　・人文科学

直前対策

『小論文の秘伝』
A5判
年度版
TAC公務員講座講師 山下 純一
●頻出 25 テーマを先生と生徒のブレストで噛み砕くから、解答のツボがバッチリ！
●誌上「小論文道場」で答案改善のコツがわかる！
●合格者のアドバイスも掲載！

『面接の秘伝』
A5判
年度版
TAC公務員講座講師 山下 純一
●面接で使えるコア(自分の強み)を見つけられる「面接相談室」で自己分析が進む！
●集団討論のシミュレーション、官庁訪問のレポートも掲載！

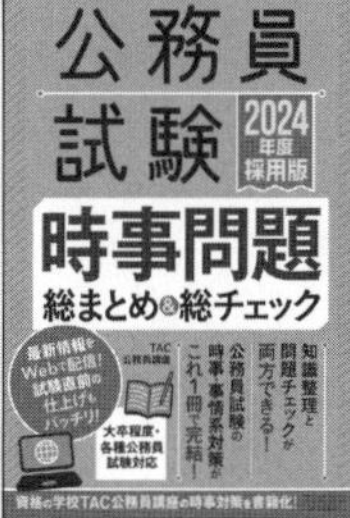

『時事問題総まとめ&総チェック』
A5判
年度版
TAC公務員講座
●知識整理と問題チェックが両方できる！
●試験種別の頻出テーマが一発でわかる！

『科目別・テーマ別過去問題集』
B5判 **年度版**
TAC出版編集部
●試験ごとの出題傾向の把握と対策に最適
●科目別、学習テーマ別の問題掲載なので、学習のどの段階からも使えます

・東京都Ⅰ類B (行政／一般方式)
・特別区Ⅰ類 (事務)
・裁判所 (大卒程度／一般職)
・国税専門官 (国税専門A)
・国家一般職 (大卒程度／行政)

TAC出版の書籍はこちらの方法でご購入いただけます

1 全国の書店・大学生協
2 TAC各校 書籍コーナー
3 インターネット　CYBER BOOK STORE TAC出版書籍販売サイト　アドレス https://bookstore.tac-school.co.jp/

(2023年3月現在・刊行内容、刊行月、表紙等は変更になることがあります／**年度版** マークのある書籍は、毎年、新年度版が発行される予定です)

書籍の正誤に関するご確認とお問合せについて

書籍の記載内容に誤りではないかと思われる箇所がございましたら、以下の手順にてご確認とお問合せをしてくださいますよう、お願い申し上げます。

なお、正誤のお問合せ以外の**書籍内容に関する解説および受験指導などは、一切行っておりません。**
そのようなお問合せにつきましては、お答えいたしかねますので、あらかじめご了承ください。

1 「Cyber Book Store」にて正誤表を確認する

TAC出版書籍販売サイト「Cyber Book Store」の
トップページ内「正誤表」コーナーにて、正誤表をご確認ください。

CYBER BOOK STORE TAC出版書籍販売サイト

URL:https://bookstore.tac-school.co.jp/

2 1の正誤表がない、あるいは正誤表に該当箇所の記載がない ⇒ 下記①、②のどちらかの方法で文書にて問合せをする

★ご注意ください★

お電話でのお問合せは、お受けいたしません。

①、②のどちらの方法でも、お問合せの際には、「お名前」とともに、
「対象の書籍名（○級・第○回対策も含む）およびその版数（第○版・○○年度版など）」
「お問合せ該当箇所の頁数と行数」
「誤りと思われる記載」
「正しいとお考えになる記載とその根拠」
を明記してください。
なお、回答までに１週間前後を要する場合もございます。あらかじめご了承ください。

① ウェブページ「Cyber Book Store」内の「お問合せフォーム」より問合せをする

【お問合せフォームアドレス】

https://bookstore.tac-school.co.jp/inquiry/

② メールにより問合せをする

【メール宛先　TAC出版】

syuppan-h@tac-school.co.jp

※土日祝日はお問合せ対応をおこなっておりません。
※正誤のお問合せ対応は、該当書籍の改訂版刊行月末日までといたします。

乱丁・落丁による交換は、該当書籍の改訂版刊行月末日までといたします。なお、書籍の在庫状況等により、お受けできない場合もございます。
また、各種本試験の実施の延期、中止を理由とした本書の返品はお受けいたしません。返金もいたしかねますので、あらかじめご了承くださいますようお願い申し上げます。

TACにおける個人情報の取り扱いについて
■お預かりした個人情報は、TAC（株）で管理させていただき、お問合せへの対応、当社の記録保管にのみ利用いたします。お客様の同意なしに業務委託先以外の第三者に開示、提供することはございません（法令等により開示を求められた場合を除く）。その他、個人情報保護管理者、お預かりした個人情報の開示等及びTAC（株）への個人情報の提供の任意性については、当社ホームページ（https://www.tac-school.co.jp）をご覧いただくか、個人情報に関するお問い合わせ窓口（E-mail:privacy@tac-school.co.jp）までお問合せください。

（2022年7月現在）